新文科建设教材

物流管理学

蔡 玫 编著

清华大学出版社
北京

本书封面贴有清华大学出版社防伪标签，无标签者不得销售。
版权所有，侵权必究。举报：010-62782989，beiqinquan@tup.tsinghua.edu.cn

图书在版编目（CIP）数据

物流管理学 / 蔡玫编著. -- 北京 : 清华大学出版社, 2024.12.
(新文科建设教材). -- ISBN 978-7-302-67746-8

Ⅰ．F252

中国国家版本馆 CIP 数据核字第 2024UK5675 号

责任编辑：	贺　岩　朱晓瑞
封面设计：	李召霞
责任校对：	王荣静
责任印制：	曹婉颖

出版发行：清华大学出版社
网　　址：https://www.tup.com.cn，https://www.wqxuetang.com
地　　址：北京清华大学学研大厦 A 座　　　　邮　　编：100084
社 总 机：010-83470000　　　　　　　　　　邮　　购：010-62786544
投稿与读者服务：010-62776969，c-service@tup.tsinghua.edu.cn
质 量 反 馈：010-62772015，zhiliang@tup.tsinghua.edu.cn
课 件 下 载：https://www.tup.com.cn，010-83470332
印 装 者：三河市龙大印装有限公司
经　　销：全国新华书店
开　　本：185mm×260mm　　　印　张：15.75　　　字　数：358 千字
版　　次：2024 年 12 月第 1 版　　　　　　　　印　次：2024 年 12 月第 1 次印刷
定　　价：49.00 元

产品编号：095525-01

前　言

2021年7月，中华人民共和国人力资源和社会保障部（简称人社部）发布了《2021年第二季度全国招聘大于求职"最缺工"的100个职业排行》，其中物流管理专业位居榜单前列。随着经济全球化趋势的加强，物流管理专业人才已被列入我国12类紧缺人才名单。物流业越来越多地参与到产业链、价值链和创新链的再造过程中。《国务院办公厅关于积极推进供应链创新与应用的指导意见》指出：发展现代供应链要以提高发展质量和效益为中心，以供应链与互联网、物联网深度融合为路径，以信息化、标准化、信用体系建设和人才培养为支撑，创新发展供应链新理念、新技术、新模式，高效整合各类资源和要素，提升产业集成和协同水平，打造大数据支撑、网络化共享、智能化协作的智慧供应链体系，推进供给侧结构性改革，提升我国经济全球竞争力。

南京信息工程大学于2005年批准设立物流管理专业并同年开始招生，是江苏省较早开设该专业的高校之一。物流管理为江苏省"十二五"重点专业类建设点。经过十几年的努力，形成了以供应链管理、应急物流以及物流系统与运营优化等研究方向为核心的专业特色。物流管理专业致力于培养能够解决经济和社会系统中的物流管理科学理论和工程实践问题的复合型人才。物流管理专业以供应链管理理论与方法、物流系统优化理论与运营管理方法、物流工程技术与装备的开发与应用、采购管理理论与方法等为核心知识体系。南京信息工程大学努力将物流管理专业建设成具有行业特色的国内一流、在国际有一定影响的专业。

编者从2006年开始一直从事物流管理概论性课程的教学，在教学过程中不断探索概论性课程的教学目标。本书是物流管理专业的基础课，要为学生提供一张物流管理专业的地图，让学生了解物流管理专业包含哪些内容，这些内容之间的关系是什么。结合编者多年从事物流专业本科教学的经验，本书构建了理论与实践结合的现代物流管理体系，吸纳了一般物流与供应链管理类教材的优点，突出体系完善、内容全面的特点。

感谢肖婧梅、胡素琼、王雅、简兴莲、洪元元、王秋寒、高宇同学对本书的撰写与校正提供的帮助。本书在编撰过程中引用了大量参考文献，对文献的作者表示感谢。

蔡　玫

2024年9月

目 录

第 1 篇 物流理论与方法

第 1 章 导论 ... 3
1.1 物流管理的发展过程 ... 3
1.2 物流管理相关概念 ... 7
1.3 典型的物流学说 ... 9
参考文献 ... 11
补充阅读 ... 11

第 2 章 物流系统 ... 19
2.1 系统的概述 ... 19
2.2 物流系统及其特征 ... 22
2.3 物流战略管理 ... 25
课后习题 ... 37
参考文献 ... 37

第 3 章 物流基本功能 ... 38
3.1 运输 ... 38
3.2 仓储 ... 43
3.3 包装 ... 47
3.4 装卸搬运 ... 49
3.5 配送 ... 55
3.6 流通加工 ... 62
课后习题 ... 65
参考文献 ... 65

第 2 篇 企 业 物 流

第 4 章 仓储管理 ... 69
4.1 储备与仓库 ... 69
4.2 仓储规划与设计 ... 75

  4.3 仓储作业流程管理 ··· 82
  课后习题 ··· 89
  参考文献 ··· 90

第 5 章 库存管理 ··· 91
  5.1 库存及其分类 ··· 91
  5.2 库存问题的基本思想 ·· 93
  5.3 随机性库存问题 ··· 102
  5.4 库存管理策略 ·· 107
  课后习题 ··· 109
  参考文献 ··· 109

第 6 章 运输管理 ··· 110
  6.1 运输方式 ··· 110
  6.2 运输成本 ··· 118
  6.3 运输规划 ··· 123
  课后习题 ··· 132
  参考文献 ··· 132

第 7 章 配送管理 ··· 133
  7.1 配送流程与配送形式 ·· 133
  7.2 物流配送中心运营管理 ··· 138
  7.3 配送合理化 ··· 148
  课后习题 ··· 152
  参考文献 ··· 152

第 8 章 物流信息管理 ··· 153
  8.1 物流信息系统设计 ··· 153
  8.2 物流信息技术 ·· 160
  课后习题 ··· 168
  参考文献 ··· 169

第 9 章 供应链管理 ··· 170
  9.1 供应链管理概述 ··· 170
  9.2 供应链物流管理原理 ·· 178
  9.3 供应链物流管理方法 ·· 181
  课后习题 ··· 187

参考文献 ··· 187

第3篇 现代物流技术展望

第10章 新技术影响下的物流 ··· 191
10.1 冷链物流 ·· 191
10.2 智慧物流 ·· 198
课后习题 ··· 203
参考文献 ··· 204

第11章 新需求影响下的物流 ··· 205
11.1 电子商务 ·· 205
11.2 供应链金融 ·· 211
11.3 逆向物流与废弃物物流 ··· 222
11.4 应急物流 ·· 227
11.5 第三方物流 ·· 234
课后习题 ··· 240
参考文献 ··· 240

第1篇

物流理论与方法

第1章

导　论

1.1　物流管理的发展过程

作为支撑国民经济发展的基础性、战略性、先导性产业的物流行业，物流专业人才已被列为我国12类紧缺人才之一。中华人民共和国国家发展和改革委员会副秘书长高杲表示，2020年，我国物流企业有40多万家，从业人员超5000万人[①]。"十四五"时期，我国物流业发展仍将处于重要战略机遇期，在国民经济中的产业地位将进一步提升，是构建新发展格局的重要支点。同时，物流人才需求仍面临巨大缺口，人才数量、质量、结构仍需要优化，尤其在数字化转型、智能化改造、物流业与制造业深度融合、国际物流大通道建设等方面仍需补齐人才短板。

1.1.1　国际上物流管理的发展历程

从国际上看，物流管理的发展经历了三个阶段。

第一阶段为运输管理阶段。

物流管理起源于第二次世界大战中军队输送物资装备所发展出来的储运模式和技术。在战后这些技术被广泛应用于工业界，并极大地提高了企业的运作效率，为企业赢得更多客户。当时的物流管理主要针对企业的配送部分，即在成品生产出来后，如何快速且高效地经过配送中心把产品送达客户，并尽可能维持最低的库存量。美国物流管理协会那时叫作实物配送管理协会，而加拿大供应链与物流管理协会则叫作加拿大实物配送管理协会。

在这个阶段，美国少校琼西·贝克（Chauncey Baker）于1905年在其所著的《军队和军需品运输》中提出了物流的概念。他是从军事后勤的角度提出的，称物流（logistics）是"与军备的移动与供应有关的战争的艺术的分支"。事实上，这个阶段的物流管理有的只是运输管理、仓储管理、库存管理。

第二阶段为物流管理阶段。

---

① 中国发布 | 国家发改委：我国物流企业40多万家 从业人员超5000万人发布时间：2020-03-06 12:51:58 | 来源：中国网 | 作者：赵晓雯 http://news.china.com.cn/txt/2020-03/06/content_75781458.htm

现代意义上的物流管理出现在 20 世纪 80 年代。这个阶段的基本特征是分销物流概念得到了发展且占据了统治地位，形成和发展了物流管理学，并且也形成了物流学派、物流产业和物流领域。

人们发现利用跨职能的流程管理的方式去观察、分析和解决企业经营中的问题非常有效。通过分析物料从原材料运到工厂，流经生产线上每一个工作站，产出成品，再运送到配送中心，最后交付给客户的整个流通过程，企业可以消除很多看似高效率却实际上降低了整体效率的局部优化行为。因为每个职能部门都想尽可能地利用其产能，没有留下任何富余，一旦需求增加，则处处成为瓶颈，导致整个流程的中断。又如，运输部作为一个独立的职能部门，总是想方设法降低其运输成本，这本身是一件天经地义的事，但若其因此将一笔需要加快运输速度的订单交付海运而不是空运，虽然省下了运费，却失去了客户，导致整体的失利。后者在第 1.3.4 小节提出的"**效益悖反说**"会详细说明。传统的垂直职能管理已不适应现代大规模工业化生产，而横向的物流管理却可以综合管理每一个流程上的不同职能，以取得整体最优化的协同作用。

第三阶段为供应链管理阶段。

20 世纪 90 年代随着全球一体化的进程，企业分工越来越细化。各大生产企业纷纷外包零部件生产，把低技术，劳动密集型的零部件转移到人工最廉价的国家生产。以美国的通用、福特和克莱斯勒三大车厂为例，一辆车上的几千个零部件可能产自十几个不同的国家，几百个不同的供应商。这样一种生产模式给物流管理提出了新课题：如何在维持最低库存量的前提下，保证所有零部件能够按时、保质、保量，以最低的成本供应给装配厂，并将成品车运送到每一个分销商。这已经远远超出一个企业的管理范围，它要求与各级供应商、分销商建立紧密的合作伙伴关系，共享信息，精确配合，集成跨企业供应链上的关键商业流程，保证整个流程的畅通。只有实施有效的供应链管理，方可达到同一供应链上企业间协同作用的最大化。市场竞争已从企业与企业之间的竞争转化到供应链与供应链的竞争。

在这样的背景下，加拿大物流管理协会于 2000 年改名为加拿大供应链与物流管理协会，以反映行业的变化与发展。美国物流管理协会曾试图扩大物流管理概念的外延来表达供应链管理的理念，最后因多方反对，不得不修订物流管理概念，承认物流管理是供应链管理的一部分。

1.1.2　我国物流发展历程

我国物流发展经历了四个阶段。

1. "储"与"运"组合（20 世纪 80 年代以前）

我国在确立改革开放政策之前，以及之后的一段时期内，仍然处于传统的计划经济体制条件，当时物流就已经有了一定程度的萌芽。在传统的计划经济体制下，国家对生产资料和重要的生活资料（消费品）实行计划生产、计划分配和计划供应。与这种统购统销的流通体制相适应，国家各相关部门自成体系，按照中央统一下达的计划，对本系统的物品进行统一的储存和运输，从而形成了国有储运企业（含仓储、运输企业）一统物流天下的局面。这一时期的物流表现为"储"与"运"组合，国有储运企业成为物流的主体力量。传统的仓库和储备形态，已不足以支持经济发展和企业生产的要求，将储运联结在一起实现一体化，自然成为一种选择。因此，在经济界和企业界已经自发出现了对现代物流的需求。

2. 学习和引进阶段（20世纪80年代—20世纪90年代初）

自1978年中共十一届三中全会确立了"改革开放"国策之后，各个经济领域都开始了解发达国家的进展。这个时期不同的政府部门相关领域的工作考察团，开始广泛地对国外进行考察。考察带有"对口"的性质，我国当时承担组织、领导和管理物资流通工作的国家物资局（以后升格为中华人民共和国物资部）开始把在日本已经风行的物流领域作为考察的对口对象。从20世纪70年代末—20世纪80年代末的10年间，先后组织出国考察和接待国外物流考察团40余次，尤其和日本建立了物流领域的沟通关系。这些考察活动对国内产生了很大影响，不仅是考察报告和考察资料成为国内研究物流的重要信息资源，更重要的是，通过考察培养了一批人才。前后参与考察的几百位领导、企业家、专家学者中的相当一部分成为研究和推行物流的第一批骨干力量。

我国经济的发展感受到了现代物流的需求，个别为发达国家产品进入我国市场进行服务的物流企业率先接受了现代物流运作理论，其成功的运作逐渐产生了一定影响。国内进行现代物流探索和初期实践的领域，取得了经验和教训。理论界和政府推动营造了现代物流的舆论。物流及物流有关的专业设置，确立了物流学科，培养了一批物流人才。

3. 创新发展社会化物流服务（20世纪90年代）

20世纪70年代初发生了世界性石油危机，审视这次危机，其实我们可以清楚地看到推行物流合理化、实施现代物流是应对这次危机的有效方法。20世纪90年代末，东南亚发生金融危机，由于改革开放之后我国和东南亚存在密切的经济交往关系，我们对这次危机有了切身的感受，尤其是以现代物流为支柱产业的国家和地区表现出了比较强的抗御危机的能力，使过去将近20年的现代物流的理论准备迅速被经济界和管理层所接受。那个时期世界银行公布的一组对比性的数据显示，我国物流成本远远低于发达国家，使经济界震惊于我国物流的潜力。这些外在因素迅速触发了我国经济领域潜在的现代物流需求，现代物流在我国迅速启动。

1992年5月，商业部印发《关于商品物流（配送）中心发展建设的意见》，要求商业储运企业进一步深化改革探索发展物流中心、配送中心，并对上海、广东等地的部分商业储运企业进行试点；原物资部也在同期组织物资代理与加工配送试点。

1995年8月，国内贸易部印发《关于进一步推动商业物资储运业改革与发展的意见》，提出储运业改革与发展的目标是逐步建立与生产和流通协调发展的，以专业化、社会化、现代化、国际化为特征的储运体系。

在这一阶段，储运企业从行业自身特点与优势出发调整经营方向，储运企业不断加强与发展，物流功能进一步完善，并逐步向现代物流（配送）中心发展。

4. 现代物流的快速发展阶段（2000年至今）

21世纪开始，物流业受到国家各级政府的高度重视，国家加强对物流业的发展规划，物流政策环境得到明显改善，我国现代物流业步入快速发展轨道，有以下四大方面的重大进展。

（1）物流政策环境的建设。2011年，国务院办公厅印发《国务院办公厅关于促进物流业健康发展政策措施的意见》，提出切实减轻物流企业税收负担等具体措施；2012年，商务部发布《商务部关于促进仓储业转型升级的指导意见》，引导仓储企业由传统仓储中心向多功能、一体化的综合物流服务商转变；2016年，国务院办公厅转发国家发展和改革委员会《物流业降本增效专项行动方案（2016—2018年）》；2019年2月，国家发展和改革委员会等部门联合印发《关于推动物流高质量发展促进形成强大国内市场的意见》，出台构建高质量物流基础设施网络体系等措施，以巩固物流降本增效成果，增强物流企业活力，提升行业效率效益水平，畅通物流全链条运行。

（2）物流规划工作。物流规划工作是这个时期极具特点的现代物流建设。包括北京、上海、天津、深圳等在内的全国50多个省、直辖市、中心城市开始或者已经制定了物流规划，数不清的产业和企业也通过制定物流规划切实地开始现代物流系统的建设。如此集中在同一时间、如此广泛、如此大规模地制定一个产业的发展规划，这在我国经济发展的历程中是很少有的事情，也是国际上的一项创举。在这些规划中，仅物流基地和园区就规划了200多个。

（3）物流平台建设。作为现代物流基础的物流平台建设，正在大规模地展开并取得了相当大的进展。物流平台不仅是物流运作的物质基础，也是整个国民经济的基础，因此多年来物流平台一直受到国家的重视，并且已经发挥了基础作用，达到了一定规模。进入21世纪之后，物流平台建设不但在加速"做大"，而且注重完善平台的结构。

进展最为理想的是物流信息平台。受惠于国家信息化建设，我国的信息基础网络和实用信息技术已经能够支持现代物流的信息运作需求：远程、及时的通信和数据交换，货物静态和动态识别，精确和便捷的定位，自动化和无人化的操作管理等。铁路、公路线路的网络，在我国的东部和发达地区，已经完成了基本的布局，平台的建设迅速向全国尤其是西部地区推进，覆盖全国有效的物流平台远景已十分明朗。

（4）全社会都开始重视物流。最近几年，物流已经明显成为我国国民经济的极大"热点"之一。几年前尚且不为人所知的物流行业，现在已经成为热门行业，物流业成为媒体的热点。我们可以看到资源向物流这个热点的明显倾斜：新建了大量的、各种类型的物流企业，几十亿、上百亿甚至上千亿元的资本涌入物流领域，发达国家许多知名物流企业纷纷登陆我国。10年前国内名牌大学还不愿涉足物流，仅有少数几所高等院校开设物流管理专业，现在已经多达200多所，清华大学、南开大学、同济大学、复旦大学、西南交通大学等名牌大学进入物流人才培养领域，标志着物流人才和物流学术的新发展局面。

1.1.3 现代化经济体系建设任务与物流产业转型要求

物流产业的战略转型有三大任务。第一是物流产业自身转型升级，可规模化、可网络化运营经营。第二是物流基于供应链引领关联产业转型升级。第三是物流产业创新和产业融合模式创新。这样我们就有可能由新模式构建关联产业转型升级的生态，生态最后反过来以需求方的身份推动物流业转型升级，这是供求关系的大调整，也是国家供给侧结构性改革的核心要义。

变革表达以下意思：一是构建产业体系；二是实现产业的网络化、智能化运作；三是需求捕捉力。三个变革决定了现代化经济体系下物流业自身要转型，同时要扮演一个重要的角色。这么一种发展关系的逻辑是什么？就是以信息化为核心的物流企业的转型，构建完善的物流供应链系统，支撑引领现代产业链，最终使中国产业占据全球价值链中高端的地位。为了实现这一目标，对物流业而言，就是要为高质量发展的品质经济，这里包括品质制造、品质物流、品质流通、品质消费，提供品质物流，并且是以智慧化为核心的智慧物流。

1.2 物流管理相关概念

1.2.1 物流的定义

物流一词的起源，有各种各样的说法，一般来说，物流一词的使用始于 1905 年。但是，现代社会的物流，特别是作为经营领域的物流，实际上开始于第二次世界大战。当然，作为军事领域的"后勤"一词是否属于物流领域暂且别论，它的使用可以追溯到古希腊、罗马时代。不论是古代的战争、第二次世界大战还是现代海湾战争，没有物流的支援，军事行动则完全不能想象。

如果从有限的资料追根寻源的话，物流（logistics）是从古希腊语 logistike（计算）和 logistes（计算人员），到拉丁语的 logista，再到法语的 logistique，最后发展至英语的 logistics。1962 年美国物流管理协会（Concil of Logistics Management，CLM）对物流做了精要的概括："所谓物流，即以最高效率和最大成本收益，以满足顾客需要为目的，从商品的生产地点到消费地点，对包括原材料、在制品、最终成品及其相关信息的流动与储存进行设计、实施和控制的过程。"中华人民共和国国家标准《物流术语》将物流定义为：物流是物品从供应地向接收地的实体流动过程中，根据实际需要，将运输、储存、采购、装卸搬运、包装、流通加工、配送、信息处理等功能有机结合起来实现用户要求的过程。

现代物流是联结供给主体和需求主体，克服空间间隔和时间间隔的有效、快速的商品流动并提供增值服务的经济活动过程。具体包括运输、保管、包装、装卸搬运、流通加工、配送及信息处理活动。

1.2.2 物流的价值

物流既是国民经济的基础，也是国民经济的重要组成部分。物流通过不断输送各种物质产品，使生产者不断获得原材料、燃料，以保证生产过程的正常运行，并不断将产品运送给不同需求者，以使这些需求者的生产、生活得以正常进行。这些互相依赖的存在，是靠物流维系的，国民经济因此得以成为一个有内在联系的整体。经济体制的核心问题是资源配置，资源配置不但要解决生产关系问题，而且必须解决资源的实际运达问题，物流正是保证资源配置最终实现的重要环节。物流还以其本身的宏观效益支持国民经济的运行改善国民经济的运行方式和结构，促使其优化。

在特定条件下，物流是国民经济的支柱。在特定的国家或特定的产业结构条件下，物流在国民经济和地区经济中能够发挥带动与支持整个国民经济的作用，能够成为国家或地区财政收入的主要来源，是主要的就业领域，能成为科技进步的主要发源地和现代科技的应用领域。例如，欧洲的荷兰、亚洲的新加坡、美洲的巴拿马等，特别是日本，以流通立国，物流的支柱作用显而易见。

一个新的物流产业可以有效改善国民经济的产业结构。物流产业是物流资源在各个领域重新整合后形成的一种复合型或聚合型产业。例如，运输资源的产业化就形成了物流运输业，仓储资源的产业化就形成了仓储业等。与此同时，这些物流资源也分散在多个领域、包括制造业、流通业等，把产业化的物流资源加以整合，就形成了新的物流服务业，它也是一种复合型产业。因此，物流产业可以有效改善国民经济的产业结构。

物流的微观价值表现为时间效用、空间效用、生产效用。

1. 物流的时间效用

（1）缩短时间创造价值。缩短物流时间，可获得多方面的好处，如减少物流损失、降低物流消耗、增加物的周转、节约资金等。从全社会物流的总体看，加快物流速度、缩短物流时间，是物流必须遵循的一条经济规律。

（2）弥补时间差创造价值。在经济社会中，需求和供给普遍地存在着时间差。例如，粮食的生产较集中，但消费是一年365天，天天有所需求，因而供给和需求之间出现时间差。物流便是以科学的、系统的方法去弥补、改变这种时间差，以实现其时间价值。

（3）延长时间差创造价值。通常加快物流速度，缩短物流时间，以尽量缩小时间间隔创造价值，但是，在某些具体物流中也存在人为地、能动地延长物流时间来创造价值。例如，秋季集中产出的粮食、棉花等农作物，就是通过物流的储存、储备活动，有意识地延长物流的时间，以均衡人们的需求，配合待机销售的囤积性营销活动。

2. 物流的空间效用

（1）从集中生产场所流入分散需求场所创造价值。现代化大生产的特点之一，往往是通过集中的、大规模的生产提高生产效率，降低成本。在一个小范围集中生产的产品可以覆盖大面积的需求地区，有时甚至可覆盖一个国家乃至若干国家。通过物流将产品从集中生产的低价位区转移到分散于各处的高价位区，有时可以从中获得很高的利益，物流的场所价值也依此决定。

（2）从分散生产场所流入集中需求场所创造价值。和上面相反的情况在现代社会中也不少见。例如，粮食是分散生产出来的，而一个大城市对粮食的需求却相对大规模集中；一个大汽车厂的零配件生产分布非常广，但却集中在一个大厂中装配。这就形成了分散生产和集中需求，物流便因此取得了场所价值。

（3）从低价值生产流入高价值需求创造场所价值。在现代社会中供给与需求的空间差比比皆是，十分普遍。除了由大生产场所决定之外，有不少是由自然地理和社会发展因素决定的。例如，农村生产的粮食、蔬菜却在城市销售，南方生产的荔枝却在各地销售。这么复杂交错的供给与需求的空间差都是靠物流来弥合的，物流行业也从中取得了利益。

在经济全球化的浪潮中，国际分工和全球供应链的构筑使得企业选择在成本最低的地区进行生产，通过有效的物流系统和全球供应链，在价值最高的地区销售。信息技术和现代物流技术为此提供了条件，使物流得以创造价值。

3. 物流的生产效用

"物"通过加工而提高附加价值，取得新的使用价值，这是生产过程的职能。在流通过程中，可以利用流通加工的特殊生产形式，使处于流通过程中的物通过特定方式的加工而增加附加价值。这就是物流创造加工价值的活动。物流创造加工价值是有局限性的，它不能取代正常的生产活动，而只能是生产过程在流通领域的一种完善和补充。但是，物流过程的增值功能往往通过流通加工得以体现。所以，根据物流对象的特性，按照用户的要求进行加工活动，可以对整个物流系统的完善起到重要作用。尤其是在网络经济时代，物流作为基于用户的服务方式，依托信息传递的及时性和准确性，得以有效地组织加工活动，因此它的增值作用也是不可忽视的。

1.3 典型的物流学说

1.3.1 黑大陆理论和物流冰山理论

物流领域有两个著名的理论：黑大陆理论和物流冰山理论。

1962年，著名的管理学家彼得·德鲁克在《财富》杂志上发表了《经济的黑色大陆》，他将物流比作"一块未开垦的处女地"，强调应高度重视流通及流通过程中的物流管理。彼得·德鲁克曾经讲过"流通是经济领域的黑暗大陆"。黑大陆理论认为：我们对物流领域很多东西还缺乏透彻的了解，尤其是物流成本。物流冰山理论则是专门针对物流成本而言的，日本早稻田大学西泽修教授把物流成本的状况比作"物流冰山"。露出水面的仅是冰山的一角，我们能够清楚地看到的不过是物流成本的一小部分，大部分沉在水面之下，尤其是我们根据现有数据认识到的物流成本，远远不足以反映实际的物流成本。

1.3.2 商物分流说

商流，即商业性交易，实际上是商品价值运动，是商品所有权的转让；物流，是商品实体的流通。所谓商物分流，是指流通中的两个组成部分（商业流通和实物流通）各自按照自己的规律与渠道独立运动。本来商流、物流是紧密结合在一起的，进行一次交易，商品便易手一次，商品实体便发生一次运动。物流和商流是相伴而生并形影相随的，两者共同运动，过程相同，只是运动形式不同。

现在，商流和物流出现了明显的分离，即商流、物流在时间、空间上的分离。商贸企业可以不再有实际的存货，不再有真实的仓库，仅仅拥有商品的所有权，存货可以由工厂保管，也可以由市郊的物流中心保管。当销售时，商贸企业完成的仅仅是所有权的转移，而具体的物流则交给工厂或物流中心处理。

1.3.3 第三利润源

第三利润源的说法主要出自日本。"第三利润源"是对物流潜力及效益的描述。经过半个世纪的探索，人们认可物流的黑大陆理论，认为物流虽有不清楚的领域，但绝不是不毛之地，而是一片富饶之源。尤其是经受了1973年石油危机的考验，物流的地位已经非常牢固。

从历史发展来看，人类历史上曾经有过两个大量提供利润的领域，第一个是资源领域，第二个是人力领域。资源领域起初是廉价原材料、燃料的掠夺或获得，然后是依靠科技进步节约消耗、综合利用、回收利用，乃至大量人工合成资源而获取高额利润，习惯称之为第一利润源。人力领域最初是廉价劳动，然后是依靠科技进步提高劳动生产率，降低人力消耗，或采用机械化、自动化来降低劳动消耗，从而降低成本、增加利润。这个领域习惯被称作第二利润源。在前两个利润源潜力越来越小、利润开拓越来越困难的情况下，物流领域的潜力被人们所重视，按时间顺序排为第三利润源。

这三个利润源注重于生产力的不同要素：第一利润源的挖掘对象是生产力中的劳动对象，第二利润源的挖掘对象是生产力中的劳动者，第三利润源则主要挖掘生产力要素中劳动工具的潜力，与此同时也挖掘劳动对象和劳动者的潜力，因而更具全面性。

第三利润源理论的最初认识基于两个前提条件：第一，物流是可以完全从流通中分化出来的，它自成一个独立运行的系统，有本身的目标、本身的管理，因而能对其进行独立的、总体的判断；第二，物流和其他独立的经营活动一样，它不是总体成本的构成因素，而是单独的盈利因素。物流可以成为利润中心型的独立系统。

第三利润源的理论，反映了日本人对物流的理论认识和实践活动，反映了他们与欧洲人、美国人的差异。一般而言，美国人对物流的主体认识可以概括为服务中心型。而欧洲人的认识可以概括为成本中心型。显然，服务中心和成本中心的认识与利润中心的认识差异很大。服务中心和成本中心主张的是总体效益或间接效益。而第三利润源利润中心的主张，指的是直接效益。但是如果广义理解第三利润源，不但把第三利润源看成直接的谋利手段，而且特别强调它的战略意义，特别强调它是在经济领域的潜力将尽的情况下的新发现，是经济发展的新思路。也许它会对今后的经济有推动作用，和经济发展中曾有的廉价原材料的推动作用一样，这恐怕是现在学术界更多人的理解。第三利润源的真正价值是从直接利润延伸出来的战略意义。

第三利润源学说最初是由日本早稻田大学教授西泽修提出来的。西泽修认为物流可以为企业提供大量直接或间接的利润，是形成企业经营利润的主要活动。物流也是国民经济中创利的主要领域。同样的解释还反映在日本另一位物流学者谷本谷一先生编著的《现代日本物流问题》和日本物流管理协议会编著的《物流管理手册》中。后来第三利润源才逐步在其他国家流传开。与黑暗大陆理论略有不同，第三利润源学说是对物流价值（或物流职能）的理论评价，它从一个侧面反映出当时人们重视物流管理和深化理论研究的实际情况。

1.3.4 效益悖反说和物流的整体观念

效益悖反说指的是物流的若干功能要素之间存在着损益的矛盾，即某一个功能要素的优化和利益发生的同时，必然会存在另一个或几个功能要素的利益损失，反之也如此。这是一种此消彼长、此盈彼亏的现象，虽然在许多领域这种现象都是存在着的。但在物流领域，这个问题似乎尤其严重。

效益悖反说有许多有力的实证支持。例如：

（1）减少物流网络中仓库的数目并减少库存，必然会使库存补充变得频繁而增加运输的次数。

（2）简化包装，虽然可以降低包装成本，但是由于包装强度的降低，在运输和装卸的破损率会增加，且在仓库中摆放时亦不可堆放过高，降低了保管效率。

（3）将铁路运输改为航空运输，虽然增加了运费，但是提高了运输速度；不但可以减少库存，还降低了库存费用。

所有这些都表明，在设计物流系统时，要综合考虑各方面因素的影响，使整个物流系统达到最优，任何片面强调某种物流功能的企业都将会蒙受不必要的损失。由此可见，物流系统就是以成本为核心，按最低成本的要求，使整个物流系统化。它强调的是调整各要素之间的矛盾，把它们有机地结合起来，使成本变为最小，以追求和实现部门的最佳效益。

单纯认识到物流可以具有与商流不同特征而独立运动这一点，是物流科学走出的第一步。在认识效益悖反的规律之后，物流科学迈出了认识物流功能要素的一步，即寻求解决和克服各功能要素效益悖反现象的方法。当然，或许也曾有过追求各个功能要素全面优化的企图。但在系统科学已在其他领域形成和普及的时代，科学的思维必将导致人们寻求物流的总体最优化。不但要将物流细分成若干功能要素来认识物流而且要将包装、运输、保管等功能要素有机联系起来，使之成为一个整体来认识物流，进而有效解决效益悖反的问题，追求总体效益，这是物流科学的一大发展。

参考文献

[1] http://www.chinawuliu.com.cn/zixun/201802/27/328919.shtml，汪鸣：十九大后我国物流业的战略走向，发布时间：2018-02-27 08:52:53 中物联公路货运分会.

[2] 胡海清. 现代物流管理概论[M]. 北京：机械工业出版社，2018.

[3] 王之泰. 也谈黑大陆与物流冰山[J]. 中国储运，2012(5)：31. DOI：10.16301/j.cnki.cn12-1204/f.2012.05.023.

[4] 舒辉. 物流理论研究综述[C]//. 第二届中国物流学术年会论文集. [出版者不详]，2003：248-253.

补充阅读

美国物流的发展历史

1. 冬眠的 20 世纪 50 年代

20 世纪 50 年代美国的物流处于休眠状态，其特征是这一领域并没有一种处于主导的物流理念。在企业中，物流的活动被分散进行管理。比如，在企业中运输由生产部门进行管理，库存由营销部门管理。其结果使物流活动的责任和目的相互矛盾。究其原因，主要是美国经济的快速发展使得企业的生产满足不了需求，企业的经营思想是以生产制造为中心，根本无暇顾及流通领域中的物流问题。

2. 概念化的 20 世纪 60 年代

美国 20 世纪 60 年代的主要经济发展目标是向"富裕的社会"前进。其间是美国历史上的繁荣时期。虽然，当时东西方处于冷战状态，但美国国内的经济发展速度很快。当时支撑美国经济发展的主要动力是以制造业为核心的强有力的国际竞争能力。美国的工业品向全世界出口，"MADE IN USA"成为优质品的代名词。因此，美国 20 世纪 60 年代是大量生产、大量消费的时代。生产厂商为了追求规模经济进行大量生产，而生产出的产品大量地进入流通领域。大型百货商店、超级市场纷纷出现在城市的内部和郊区。

与此相反的是，20 世纪 60 年代美国企业的物流系统却没有很大的改进，如果从物流系统现代化的角度进行定义的话，不如说 20 世纪 60 年代是美国物流的停滞期。究其原因有如下两点。

第一，在持续地大量生产、大量消费的美国经济时代，对于企业来说，并没有太大的压力。在大量生产、大量消费的生产模式下，虽然企业一般都拥有大量的仓库，但由于经济的快速增长，企业的收益相对稳定，使得企业对削减库存不太关心。在 20 世纪 60 年代，备货日期达到 30 天，为此，企业一般都拥有大量库存。作为企业的物流管理者，大量库存是天经地义的事，没有必要进行改善。

第二，对提供运输服务的物流企业，美国政府制定了严格的管理制度。比如，对卡车运输和铁路运输业者，洲际通商委员会（Interstate Commerce Commission，ICC）制定了严格的准入制度和运费规定，这样就限制了物流行业间的竞争。运费成为不可浮动的定价，企业也就不可能通过压低价格来削减运输成本。另外，一旦由于通货膨胀导致运费上升，则运输业者还可通过交通管理部门提高运费转嫁危机。因此，一般企业对物流系统的改革并不热心，而且，大多数利用自家车辆进行货物运输。

实际上，由于政府的管理制度限制了物流的发展，同时也没有给予企业更多改革权力，所以当时大多数企业并不考虑物流改革，仅把物流作为一个成本核算的部门。对物流的理解也只停留在工厂的产成品的物理性的移动功能。

综上所述，20 世纪 60 年代物流的发展得益于以下两个方面。

第一，消费者需求模式的改变。20 世纪 60 年代的大量生产和大量消费，使得人口迅速的增长，出现了农村向城市的转移，同时，中心城市的人口向城市边缘地区转移。这一趋势的变化导致超市和大型百货店向郊区扩张。同时，人口的增加也促使超市等商品的种类和花色大幅度增加，使得经营者不得不大幅提高库存量。这也造成订货频率和数量的增加。

第二，企业成本的压力。20 世纪 50 年代以前，美国没有任何一家企业统计过物流成本在销售额中的比例。进入 20 世纪 60 年代，由于竞争的激烈，企业开始向降低生产成本以外的领域寻求出路。据统计，当时物流成本占国民生产总值（Gross National Product，GNP）的 15%，个别企业物流费用在销售额中占到 22%。而当时的英国是 16%，日本达到27%。企业开始意识到物流对企业降低成本的作用。物流总成本概念的引入、计算机技术的发展、线性规划技术、模拟仿真系统的大量运用给物流系统的规划、设计等提供了支持,当然还有军事上的经验支持。

3. 发展的20世纪70年代

20世纪70年代的美国经济发生了重大变革,石油危机对美国经济产生了深刻的影响。石油价格从1973年的2美元一桶高涨到40美元。由于能源价格的高涨,造成通货膨胀、企业率增加。物价上涨给美国企业的经营带来了很多困难,迫使企业开始考虑改善物流系统。这是因为:

第一,原油价格的上涨,直接导致油价上涨,使得运输成本大幅提高。依照ICC的规定,货物运输业者很容易将燃料上涨的价格转嫁到运价中,使得利用卡车运输的企业成本增加,所以企业不得不研究如何降低物流费用。

第二,物价上涨也导致美国经济停滞不前,影响产品的销售,其结果使得企业产品积压。过去,企业的库存始终处于粗放经营状态,而现在则成为企业的重大问题。另外,当时美国为了抑制通货膨胀,采取了高利息的政策,这就给拥有大量产品库存的企业带来了需要负担高额利息的压力。为此,20世纪70年代的美国企业开始全面改善大量生产、大量消费时代的物流系统。

这样,20世纪70年代的美国企业,外部环境的变化给企业自身带来了改善物流系统的推动力,同时也促使政府开始修改作为高物流成本温床的管理政策。企业经营者也开始意识到传统的物流政策已经限制了自由竞争,不利于经济的发展。以1978年航空货物运输政策改善为契机,20世纪80年代美国政府出台了一系列鼓励自由竞争的政策并得到了企业的欢迎。

在此,有必要一提的是,20世纪70年代的前期出现了一种新的物流服务方式,它就是1973年由弗雷德·史密斯(Fred Smith)使用8架小型飞机开始的航空快递业务。史密斯在大学的毕业论文中论述了如何有效利用基地的问题,大学毕业后,进一步检验了其理论的正确性,开始组建联邦快递(Federal Express)公司,提供航空快递服务。联邦快递公司提供全美国翌日到达的"门到门"航空快递服务,它的服务是以及时性、准确性以及可信赖性为原则。这种运输方式的出现,对美国物流的发展产生了重要的影响。

另外,物流总成本的概念也为美国物流的发展产生了推动作用。

4. 物流革新的20世纪80年代

1)宽松的政策

20世纪80年代,美国政府出台了一系列物流改善政策,给美国物流的发展带来了极大的促进作用。在政策改善对象的卡车运输业,新企业的出现,增加了行业竞争的激烈程度,使得很多企业破产。相反,由于政策环境的宽松,使得利用运输服务的企业得到了实惠。占GNP物流费用的比例,在20世纪80年代大幅减少,显示了政策环境的改善对经济的直接影响效果。

20世纪80年代的美国经济开始出现国际化倾向,给一般企业带来了很强的竞争压力。这一时期,很多外资企业进入美国是增加竞争压力的重要因素之一。另外,不仅是原材料和零件,很多美国企业也开始进口外国的产品,同时,由于美元贬值,很多企业也积极地出口产品。这样，在国际化的进程中，美国企业意识到提高国际竞争力的重要性。

2）从传统物流向现代物流的转化

在这一进程中，物流在企业经营战略中的地位逐渐被企业接受，一些大型企业开始主动积极地改善企业的物流系统。其象征是对物流的理解从传统物流（physical distribution，PD）向现代物流的转化。物流原本是军事用语，然后逐渐被经济界所使用。20世纪70年代初物流概念及物流的重要性仅被一小部分企业所认识，到了20世纪80年代，已被大多数企业所接受。因此，可以说，20世纪80年代是美国企业全面进入物流领域的时代。

在此之前，对物流的理解仅停留在对运输、保管、库存管理等个别功能的分别管理，现代物流出现后，改变了这一认识。现代物流是指企业从原材料的采购到产品的销售整个过程的效率化，而不是个别功能的效率。在现代物流的实践过程中，涌现了很多既提高了物流的合理化，又增加了企业利润的企业。这对于企业来说，一旦认识了物流在企业经营中的重要性，物流在企业中的地位也就得以提高。物流管理部门成为企业经营战略中的重要职能部门。

3）JIT管理思想的导入

在20世纪80年代，作为企业削减库存的重要方法，准时制（just in time，JIT）方式急速普及。由于20世纪70年代企业的重要课题是削减库存，所以，美国的很多企业也开始引入日本汽车工业开发的JIT管理方式。JIT方式的采用，大大降低了企业的库存，但同时却给运输带来了新的压力，即企业对运输服务的准确性和及时性要求比以往任何时候都高。因此，能否提供高质量的服务成为企业竞争的重要条件。

JIT是在多品种、小批量生产领域的一种存货管理的零售库存方式，通过准时的衔接，不再以库存作为生产过程的保障，而是以即时供应作为保障，这样就降低了企业库存压力，提高了利润。

4）新技术的革新

另外，在这一时期，铁路运输也出现了很多革新，以铁路运输为主的多式联运（intermodal transport）开始迅速普及。而且这一时期，铁路集装箱运输也开始迅速发展。例如，双层集装箱运输方式（double stack train）就是这一时期的产物。这种运输方式的产生，给美国国内集装箱运输提供了重要的支撑。

航空快递运输的大量出现也是这一时期的产物。由于企业大量采用JIT的生产方式，翌日送达的要求逐渐增多，给航空快件运输的发展带来了巨大的推动作用。其结果，在前述Federal Express公司之后，涌现了诸如UPS、DHL等众多的航空快递企业。还有一些航空货代企业也开始通过购买运输机进入这一领域。有鉴于此，航空公司在20世纪80年代取消了航空货物专机。

在这一时期，Federal Express为了扩大势力收购了Flying Tiger公司，一跃成为美国航空业界的最大企业。

20世纪80年代，一般货物的快递运输发展也很迅速，如UPS公司。UPS公司在全美国提供翌日或第三日到达的快递业务。其营业收入在20世纪90年代达到了100亿美元，航空快递收入也达到了 30 亿美元。

与此同时，卡车运输业者也积极加入航空快递业的竞争行列。比如，UPS 在 20 世纪 80 年代成立了航空运输子公司，成为仅次于 Federal Express 公司的第二大公司。另外，如 CF（Consolidated Freightways）公司 1989 年收购了 Emery Air Freight 公司，也进入了这一领域。

5）新的管理形式：企业外包制的开展

外包制（outsourcing）是美国企业 20 世纪 80 年代兴起的管理思想。当时美国企业将企业流程再造作为经营合理化的重要手段，重新对业务内容、资源的分配进行考虑。

外包制也就是通过撤出非核心竞争业务提高经营效率。外包则成为当时降低成本提高企业竞争能力的重要手段而受到重视。

外包制的经济环境：经济的低速增长；收益水平低下；信息技术的进步；业务专门化、多样化。

外包企业的条件：具有综合能力；有资金实力；核心竞争力明确；有先进的信息系统支撑；具备各种人才；具有企业顾问能力；具有灵活的系统。

委托企业的条件：有高度的委托管理体系；本企业在人才、技术和成本方面较弱；具有先进的信息系统。

外包的优势：整合资源进行战略投资；固定费用流动化；专门服务的有效利用；生产效率提高；成本降低；增强国际竞争力。

因此，20 世纪 80 年代，美国企业在新的物流理念的指导下，改善物流系统，开始提供多样的物流服务，可以说，20 世纪 80 年代迎来了美国物流革新的新时代。

5. 整合的 20 世纪 90 年代

1）供应链管理理论的产生

进入 20 世纪 90 年代，美国企业的物流系统更加系统化、整合化，也从物流向供应链管理（supply chain management，SCM）转化。物流与供应链管理的区别在于，物流强调的是单一企业内部的各物流环节的整合，而供应链并不仅仅是一个企业物流的整合，它所追求的是商品流通过程中所有链条企业的物流整合。具体指的是商品到达消费者手中，中间要经过零售商、批发商、制造商、原材料零件的供应商等，而物流则处于流动的整个环节。若要低成本、快速地提供商品，仅考虑单一企业内部的物流整合是远达不到目的的，必须对链条的所有企业的物流进行统一管理、整合才能实现上述目标，这就是供应链管理的基本概念。

具体来说，供应链管理有如下几个特征。

在供应链上，两个以上企业结成长期的战略同盟，并对相互之间的物流进行整合和同步管理。在这种关系中也包括卡车运输公司和第三方物流公司。

供应链中的各个企业已经不是传统交易中的竞争对手，形成了长期互惠互利的共生关系。

供应链中的各个企业共同拥有需求信息、销售信息、库存信息、出货信息等，因此，电子数据交换（electronic data interchange，EDI）等信息技术成为系统的关键。

依照供应链管理的基本思想，很多行业已经开始进行实践。在食品杂货业被称为有效客户反应系统(efficient consumer response,ECR),在纺织业被称为快速反应系统(quick response,QR)。即使仅在开展 ECR 的食品行业,由于批发业和生产企业的联合,初步推算可以节约 300 亿美元。因此,90 年代美国的企业,通过供应链管理积极地推进企业物流的合理化和效率化。

另外,20 世纪 90 年代,美国出现了新的物流服务业态——第三方物流服务。由于货主企业多样化的物流需求,美国新兴的物流市场在 20 世纪 90 年代前便急速扩大。

2) 精益思想的产生

(1) 精益物流的原理。精益物流(lean logistics)起源于精益制造(lean manufacturing)的概念。它产生于日本丰田汽车公司在 20 世纪 70 年代所独创的"丰田生产系统",后经美国麻省理工学院的研究和总结,正式发表在 1990 年出版的《改变世界的机器》。

精益思想是指运用多种现代管理方法和手段,以社会需求为依据,以充分发挥人的作用为根本,有效配置和合理使用企业资源,最大限度地为企业谋求经济效益的一种新型的经营管理理念。

精益物流则是精益思想在物流管理中的应用,是物流发展中的必然反映。

(2) 精益物流的内涵。作为一种新型的生产组织方式,精益制造的概念给物流及供应链管理提供了一种新的思维方式。它包括以下几个方面。

以客户需求为中心。要从客户的立场,而不是仅从企业的立场或一个功能系统的立场,确定什么创造价值、什么不创造价值。

对价值链中的产品设计、制造和订货等每一个环节进行分析,找出不能提供增值的浪费所在。

根据不间断、不迂回、不倒流、不等待和不出废品的原则制定创造价值流的行动方案,及时创造仅由顾客驱动的价值。一旦发现有造成浪费的环节就及时消除,努力追求完美。

所以,作为 JIT 的发展,精益物流的内涵已经远远超出了 JIT 的概念。所谓精益物流,指的是通过消除生产和供应过程中的非增值的浪费,减少备货时间,提高客户满意度。

(3) 精益物流的目标。根据顾客需求,提供顾客满意的物流服务,同时追求把提供物流服务过程中的浪费和延迟降至最低程度,不断提高物流服务过程的增值效益。

(4) 精益物流系统的特点。精益物流系统具备如下四方面的特点。

拉动型的物流系统。在精益物流系统中,顾客需求是驱动生产的原动力,是价值流的出发点。价值流的流动要靠下游顾客来拉动,而不是依靠上游的推动,当顾客没有发出需求指令时,上游的任何部分不提供服务,而当顾客需求指令发出后,则快速提供服务。系统的生产是通过顾客需求拉动的。

高质量的物流系统。在精益物流系统中,电子化的信息流保证了信息流动的迅速、准确无误,还可有效减少冗余信息传递,减少作业环节,消除操作延迟,这使得物流服务准时、准确、快速,具备高质量的特性。

低成本的物流系统。精益物流系统通过合理配置基本资源,以需定产,充分合理地运用优势和实力;通过电子化的信息流,进行快速反应、准时化生产,从而消除诸如设施设备空耗、人员冗余、操作延迟和资源等浪费,保证其物流服务的低成本。

不断完善的物流系统。在精益物流系统中，全员理解并接受精益思想的精髓，领导者制定能够使系统实现"精益"效益的决策，全体员工贯彻执行，上下一心、各司其职、各尽其责，达到全面物流管理的境界，保证整个系统持续改进、不断完善。

（5）精益物流系统的基本框架，以客户需求为中心。在精益物流系统中，顾客需求是驱动生产的原动力，是价值流的出发点。价值流的流动要靠下游顾客来拉动，而不是依靠上游的推动，当顾客没有发出需求指令时，上游的任何部分不提供服务，而当顾客需求指令发出后，则快速提供服务。系统的生产是通过顾客需求拉动的。

①准时

在精益物流系统中，电子化的信息流保证了信息流动的迅速、准确无误，还可有效减少冗余信息传递，减少作业环节，消除操作延迟，这使得物流服务准时、准确、快速，具备高质量的特性。

货品在流通中能够顺畅，有节奏的流动是物流系统的目标。而保证货品的顺畅流动最关键的是准时。准时的概念包括物品在流动中的各个环节按计划按时完成，包括交货、运输、中转、分拣、配送等各个环节。物流服务的准时概念是与快速同样重要的方面，也是保证货品在流动中的各个环节以最低成本完成的必要条件，同时也是满足客户要求的重要方面之一。准时也是保证物流系统整体优化方案能得以实现的必要条件。

②准确

准确包括：准确的信息传递，准确的库存，准确的客户需求预测，准确的送货数量，等等。准确是保证物流精益化的重要条件之一。

③快速

精益物流系统的快速包括两方面含义：第一是物流系统对客户需求的反应速度，第二是货品在流通过程中的速度。

物流系统对客户个性需求的反应速度取决于系统的功能和流程。当客户提出需求时，系统应能对客户的需求进行快速识别，分类，并制定出与客户要求相适应的物流方案。客户历史信息的统计，积累会帮助制定快速的物流服务方案。

货品在物流链中的快速性包括货物停留的节点最少，流通所经路径最短，仓储时间最合理，并达到整体物流的快速。速度体现在产品和服务上，是影响成本和价值重要因素，特别是市场竞争日趋激烈的今天，速度也是竞争的强有力手段。快速的物流系统是实现货品在流通中增加价值的重要保证。

④降低成本、提高效率

精益物流系统通过合理配置基本资源，以需定产，充分合理地运用优势和实力；通过电子化的信息流，进行快速反应、准时化生产，从而消除诸如设施设备空耗、人员冗余、操作延迟和资源等浪费，保证其物流服务的低成本。

⑤系统集成

精益系统是由资源、信息流和能够使企业实现精益效益的决策规则组成的系统。精益物流系统则是由提供物流服务的基本资源、电子化信息和使物流系统实现精益效益的决策规则所组成的系统。

具有能够提供物流服务的基本资源是建立精益物流系统的基本前提。在此基础上，需要对这些资源进行最佳配置，资源配置的范围包括：设施设备共享、信息共享、利益共享等。只有这样才可以最充分地调动优势和实力，合理运用这些资源，消除浪费，最经济合理地提供满足客户要求的优质服务。

⑥信息化

高质量的物流服务有赖于信息的电子化。物流服务是一个复杂的系统项目，涉及大量繁杂的信息。电子化的信息便于传递，这使得信息流动迅速、准确无误，保证物流服务的准时和高效；电子化信息便于存贮和统计，可以有效减少冗余信息传递，减少作业环节，降低人力浪费。此外，传统的物流运作方式已不适应全球化、知识化的物流业市场竞争，必须实现信息的电子化，不断改进传统业务项目，寻找传统物流产业与新经济的结合点，提供增值物流服务。

使系统实现精益效益的决策规则包括使领导者和全体员工共同理解并接受精益思想，即消除浪费和连续改善，用这种思想方法思考问题，分析问题，制定和执行能够使系统实现精益效益的决策。

（来源：网络，中物联冷链委整理发布 https://www.sohu.com/a/220853766_608787）

第 2 章

物 流 系 统

2.1 系统的概述

2.1.1 系统的含义

系统的通用数学模型可以用下式表示：

$$S = f(A_1, A_2, A_3, \cdots, A_n)$$

式中：S——系统；A_n——单元元素。

系统是由两个或两个以上相互区别或相互作用的单元有机地结合起来，完成某一特定功能的综合体。第一，系统由两个或两个以上要素组成；第二，各要素间相互联系，使系统保持相对稳定；第三，系统具有一定结构，以保持系统的有序性，从而使系统具有特定的功能。

2.1.2 系统的概念和特征

系统具有以下六个基本特征。

1. 多单元、多因素

一个系统都是由两个以上的单元构成的。这些单元可以是人、事、物，也可以是一些其他因素。例如，学习班级系统，其不同层次的单元分别是人、组、岗位和职务等。而铁路系统的单元则是各条铁路、各段铁路的物、组织和人员等。

2. 单元之间互相区别又互相联系

这些单元之间必须互相区别，又互相联系。没有区别，就不是不同的单元，因而也就不能构成系统；但是有区别没有联系，也不能够构成系统。例如，某班的同学，就不能够和社会上一些毫不相干的人构成一个班级系统。这种区别，可以是个体上的或逻辑上的区别，也可以是空间上的或时间上的区别。这种联系则是指在系统给定功能上的联系。例如，一个班的同学，在班级系统中，是在共同学习这一点上发生联系的。在此以外的其他点上，如血缘关系，经济关系等可能就没有联系。

3. 具有特定功能

一个系统具有一个特定的功能,也就是系统的目的或宗旨。系统的功能不同,系统的结构也就不同,系统的功能决定系统的结构。例如,班级系统的特定功能,就是组织一班人共同学习而培养造就高等人才。

4. 有机结合体

一个系统应当是多个单元的有机结合体,不是一个简单的组合,更不是一个凑合体。所谓有机的结合体,就是互相协调配合、互相联系、不可分割,我中有你、你中有我。例如,一个班的行动和成绩,甚至每个同学所取得的进步,都离不开别的同学的协调、配合和帮助。

5. 往下可以再分,往上可以再合

一个系统往下可以分成若干个子系统,子系统还可以往下再分成更小的子系统,这样一直分解到最小基本单元,往上可以是一个更大的系统的组成部分。例如,班级系统,在内部可以分成组、寝室,而组、寝室又可细分为个人;在外部,班级又和其他班级合成一个系,班级作为一个整体处于系这个系级之中,参与系里的活动。

6. 系统都有一个环境

每一个系统都毫不例外地处于一个更大的系统之中,这个更大的系统就是系统的环境。系统都必然有一个外部环境。系统的外部环境是系统生存和正常运行的条件,如物质条件、人员条件、能源条件、信息条件等,没有这个环境条件,系统就不能生存和正常运行。例如,如果没有系、院、校提供的教师、教室、食堂、宿舍、水电等,班级系统就无法生存和正常运行。

2.1.3 系统的环境和模式

系统的环境是系统所处的更大的系统,是系统所处的外部条件,是系统无论情愿或不情愿都必须接受的约束条件和运行条件。它具体体现为系统外部与系统之间进行的为保证系统生存和正常运行所必需的物质、能源、人员和信息的交换,如原材料、设备、工具、电力、水源、资金、劳力、技术、管理、政策、市场、信息等。这些东西可以归结为两大类:一类是有形的物质资料,统称为物资;另一类是无形的,统称为信息。这种交换的方式也可以分成两大类:一类是直接的;另一类是间接的。这种交换的形式也可以分成两类:一类是输入;另一类是输出。

因此,系统与环境之间的交换关系具体包括以下三个方面的内容。

1. 系统的输入

系统的输入是指环境对系统的输入。例如,环境向系统输入物资、人员和信息等。这种输入是一种直接输入,是系统处理的对象。例如,大学是一个高教系统,社会是大学的外部环境,这个外部环境向大学这个系统输入高中毕业生,则这些高中毕业生就是这个大学的培养对象,将被培养成高等人才。工厂是一个生产系统,社会向工厂输入原材料,则这些原材料就是工厂这个生产系统的加工对象,将被加工成产品。

2. 系统的输出

系统的输出是指系统对环境的输出,是一种直接输出,这种输出都是系统处理的结果。例如,大学向社会输出大学毕业生,这些大学毕业生都是大学这个系统培养教育的成果。工厂把原材料加工成产成品,推向社会销售,这些产成品也是工厂这个生产系统加工处理的成果。

3. 约束和干扰

约束和干扰是指环境对系统处理形成的外部条件,是环境对系统的间接输入、强迫性输入,是系统处理的约束条件。约束主要表现为环境对系统在能源、信息、物资、人员、技术、政策、风俗、地理、气候等方面的经常性地、间接地输入。干扰,也是一种约束,它与一般约束不同的地方,就在于它是一种偶然的约束,是突然发生、不能够预先估计到的约束,例如天灾人祸、突发事故等。它们突然降临到系统上,强迫性地对系统进行干扰破坏。

输入、转换处理、输出是系统的三要素。比如,一个工厂输入原材料,经过加工处理,得到一定产品作为输出,这就是一个生产系统(图 2-1)。

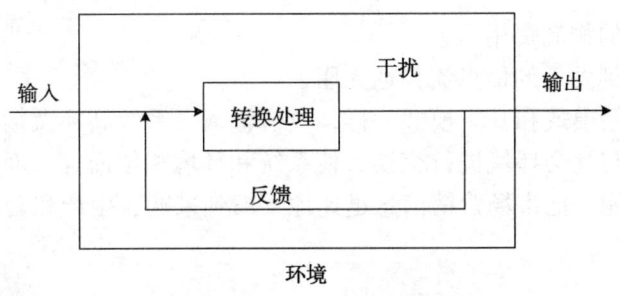

图 2-1 生产系统示意图

2.1.4 运用系统思想处理问题的基本原则

1. 整体性原则

整体性原则就是要把系统作为一个整体,不要见木不见林。总体大于各部分的总和,不仅是量变,也是质变。若干具有关联关系的企业通过共享信息可以直接获得最终市场的需求信息,减少生产、采购、销售的盲目性,并协调生产能力,从而可以快速应对市场变化,减少库存、减少成本,捕捉市场机会,增强企业竞争力。要有全局观念,局部服从整体。

2. 综合性原则

综合性原则就是要把对象的属性、因素综合起来加以研究,不能顾此失彼、因小失大。

3. 科学性原则

按照马克思的说法,一种科学只有成功地运用数学,才算真正达到完善的程度。对于物流系统,数学方法至关重要,有助于系统进行合理配置。

2.2 物流系统及其特征

2.2.1 物流系统

系统是由若干个相互联系、相互作用的要素构成,具有一定结构和功能,并为达到一个共同目的而构成的有机整体。物流系统是指按照计划为达成物流目的将两个或两个以上的物流功能单元有机结合起来的集合体。物流系统是以实现空间的经济效益为目的,其基本功能是将输入、传送、储存、搬运、装卸、包装、物流情报、流通加工等环节所消耗的劳务、设备、材料等资源经过处理转化,变成全系统的输出,即物流服务。物流系统的基本作用就是按照市场的需要以保证商品供应,包括:

(1)在商品要求的交货期内准确地向顾客配送。

(2)对顾客的订货要尽量满足,不能使商品脱销。

(3)适当地配置仓库、配送中心,维持商品的适当库存量,使运输、装卸、保管等作业合理化。

(4)维持适当的物流费用。

(5)使从订货到发货的信息流畅通无阻。

物流系统的一般模式和基本模式一样,具有输入、系统转换及输出三大功能。通过输入和输出使系统与社会环境进行交换,使系统和环境相依而存,而转换则是这个系统带有特点的系统功能,把市场营销信息迅速地反馈到采购、生产和营业部门(图2-2)。

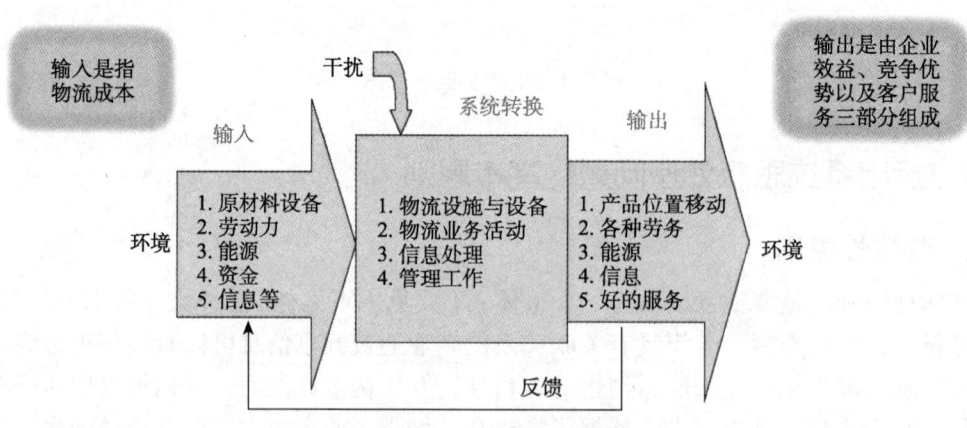

图 2-2 物流系统的一般模式

物流系统各要素之间存在有机联系,并具有使物流总体合理化的功能,能为整个社会经济的发展和国民经济运行创造顺畅的、有效的、低成本的物流条件(见表2-1)。

表 2-1　物流系统要素分类

一般要素	功能要素	物质基础要素	支持要素
人（劳动要素）	采购功能	物流设施	体制、制度
财（资金要素）	运输功能	物流装备	法律、法规
物的要素	储存保管功能	物流工具	行政、命令
	流通加工功能	信息技术及网络	标准化系统
	包装功能	组织及管理	
	装卸搬运功能		
	配送功能		
	销售功能		
	物流信息处理功能		

按物流发生的位置对物流系统进行分类。

1. 企业内部物流系统

企业内部物流系统是指制造企业所需原材料、能源、配套协作件的购进、储存、加工直至形成半成品、成品最终进入成品库的物料、产品流动的全过程。

2. 企业外部物流系统

企业外部物流系统是指对于制造企业，物料、协作件从供应商所在地到本制造企业仓库为止的物流过程。从成品库到各级经销商，最后送达最终用户的物流过程，都属于企业的外部物流系统。

物流的各项活动（运输、保管、搬运、包装、流通加工）之间存在效益悖反。

物流系统就是要调整各个分系统之间的矛盾，把它们有机地联系起来使之成为一个整体，使成本变为最小以追求和实现部门的最佳效益。

2.2.2　物流系统中存在的制约关系

1. 物流系统服务水平和物流成本之间的关系

要提升物流服务水平，物流成本往往也要增加。比如，提高现货率，即降低缺货率，必须增加库存，这样就会增加较多的流动资金且增加保管费用。仅从库存费用和缺货率的关系看，其相互制约关系如图 2-3 所示。

2. 不同物流功能子系统服务能力之间的制约关系

各子系统的能力如果不匹配，物流系统的整体能力将受到影响。比如，装卸搬运能力很强，但运输能力不足，会造成设备和人力的浪费；反之如果搬运装卸环节薄弱，车船到达站港后不能及时卸货，也将带来巨大的经济损失。

3. 不同物流功能子系统成本之间的制约关系

比如，为了降低库存采取小批量订货，则因运输次数增加而导致费用上升，因此运费和保管费用之间有制约关系。

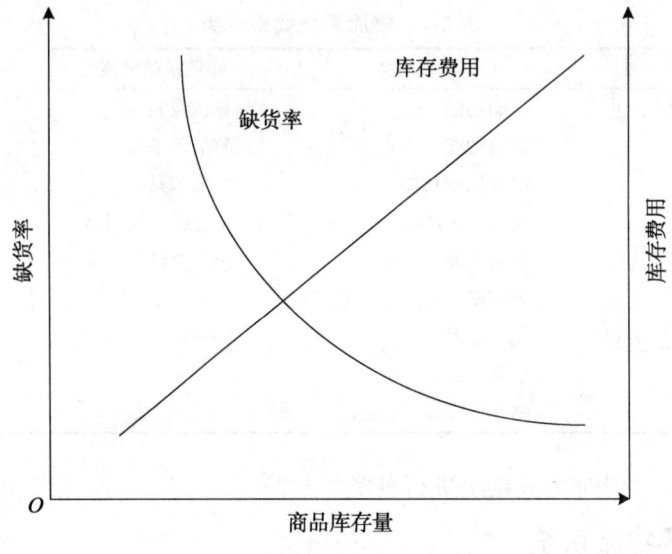

图 2-3　库存费用和缺货率的关系

2.2.3　物流系统的特点与功能

1. 物流系统的特点

（1）物流系统是一个"人-机系统"。

（2）物流系统是一个具有层次结构的可分的系统：运输系统、仓储系统、信息管理系统。

（3）物流系统是一个大跨度系统：空间上的跨度、时间上的跨度。

（4）物流系统是一个动态开放系统。

（5）物流系统是一个复杂系统：物质资源多样性、人员队伍庞大而复杂的组织、混沌、复杂大系统。

（6）物流系统是一个多目标系统。

2. 物流系统的功能

物流系统的功能主要是输入、处理（转化）、输出、限制（制约）、反馈，具体如下。

（1）输入：通过提供资源、能源、设备、劳动等资源对某一系统产生作用。

（2）处理（转化）：物流本身的转化过程，从输入到输出之间所进行的生产、供应、销售、服务等活动中的物流业务活动成为物流系统的处理或转化。其具体内容包括物流设施设备的建设、物流业务活动（如储存、运输、包装、装卸搬运等）、信息处理及管理工作。

（3）输出：物流系统与其本身所具有的各种手段和功能，对环境的输入进行各种处理后所提供的物流服务。其具体内容包括产品位置和场所的移动、各种劳务（如合同的履行及其他服务等）。

（4）限制（制约）：外部环境对物流系统的约束，包括资源条件、能源限制、资金和生产能力限制、价格影响、需求变化、仓库容量、装卸和运输的能力、政策的变化等。

（5）反馈：将输出结果反馈给输入进行调整的过程，包括各种物流活动分析报告、各种统计报告数据、典型调查、国内外市场信息与有关动态等。

3. 物流系统的目标（5S）

（1）优质服务（service）：无缺货，无损伤和丢失现象，且费用便宜。

（2）迅速及时（speed）：按用户指定的时间和地点迅速送达。

（3）节约空间（space saving）：发展立体设施和有关的物流机械，以充分利用空间和面积，缓解城市土地紧缺的问题。

（4）规模适当（scale optimization）：物流网点的优化布局，合理的物流设施规模、自动化和机械化程度。

（5）合理库存（stock control）：合理的库存策略，合理控制库存量。

2.3　物流战略管理

20世纪90年代以后，越来越多的企业开始认识到物流在战略管理中的重要地位，这是经营环境的变化促使企业的经营视角发生的变化，这一变化要求企业不但要善于创造需求，而且必须积极、主动地适应市场的变化。而脱离现代物流，企业的生产、销售就无法在市场上取得竞争优势。物流以其对生产、销售的推动作用，成为继生产、销售之后企业发展的第三利润的源泉。制定合理的物流发展战略，对于经济的可持续发展意义深远。本节将通过分析推动物流战略管理发展的环境变量，讨论物流市场的经营战略。

2.3.1　物流战略概述

1. 战略的概念和特征

"战略"一词源于希腊语 strategos，原意是"将军"，当时引申为指挥乐队的艺术和科学。在现代社会和经济生活中，这一术语主要用来描述一个组织打算如何生存和发展的全局性、长远性的策略与艺术。例如，企业为了长远发展，立足于前沿科技，立足于人才建设，这就是科技兴企、人才兴企的战略；企业为了战胜对手，采用兼并、重组的方式扩大企业，这是一种竞争战略。同样，企业为了发展物流业务，把物流做强做大，也需要有一个物流战略。

战略具备以下五个方面的特征。

1）前瞻性

战略一般是未来的发展方向和行动步骤，所以要制定出一个合适的发展战略，必须要有前瞻性，要掌握未来市场的发展变化趋势，以及企业的发展变化趋势和发展能力。

2）长远性

企业战略既是企业谋取长远发展要求的反映，又是企业对未来较长时期内生存和发展的通盘考虑。

3）总体性

战略基本上都是站在事物整体的立场上研究事物总体的行动方向、方法和策略。例如：企业发展战略是站在企业这个整体上的；物流战略是站在物流这个整体上的；库存战略是站在库存这个整体上的。

4）纲领性

战略所规定的是事物整体的长远目标、发展方向和重点，这些都是原则性、概括性的规定，只是一个行动纲领。在具体执行的时候，还要根据这个战略制定具体的行动方案、实施细则，才能够变成人们的具体行动。

5）艺术性

战略是行动方向、方法和策略，带有艺术性。因为市场经济的竞争很激烈，只有运用一些巧妙的方法策略，才能够或者回避对手，或者竞争取胜。因此，战略又是一种战斗艺术、一种行动策略。

2. 物流战略的概念和内容

企业的物流战略，就是企业发展其物流业务的方法策略。有的企业自己的物流自己经营，有的企业把自己的物流业务外包，有的企业依靠把它的物流业务做强做大发展企业，这些都是它们的物流战略。物流战略的具体内容一般包括以下五个方面。

1）物流发展的方向

例如，是走专业化发展方向，还是走综合化发展方向？如果是专业化发展方向，则是搞什么专业（运输、仓储，还是管理咨询）？是单一专业，还是多个专业？

2）物流发展的方法、途径

例如，是自我经营、只为企业生产服务，还是跳出企业、面向社会市场提供物流服务？如果是面向社会市场，是依靠单一的大用户，还是开辟大市场？如果依靠大用户，应选择谁？如果开辟大市场，应选择什么样的目标市场？

3）物流发展的进度

物流发展的速度即物流发展应分成几个阶段，每个阶段发展进度如何？既包括总体的发展进度，也包括个体的发展进度。

4）物流发展的目标

物流发展的目标包括长远目标和阶段目标。例如，一年达到什么目标，三年达到什么目标，五年达到什么目标，十年达到什么目标。不仅包括经济效益目标，也包括社会效益目标，要有一个目标体系。

5）物流发展的策略

例如，是快速发展，还是稳步发展？是低成本发展，还是高投资迅速发展？是自己建立独立资产，还是租用社会资产、走无资产型发展道路？是走独立发展的路子，还是走联合发展的路子，抑或走"借鸡生蛋"发展的路子？面对竞争对手，是采用正面进攻取胜的策略，还是避强发展的策略？物流战略的具体内容也随企业的性质类别以及物流业务的具体内容不同而不同。

3. 物流战略类型

物流战略根据不同的分类方法可以分成各种类型。

（1）根据物流战略的战略用途分，物流战略可以分为物流发展战略、物流经营战略、物流运作战略、物流竞争战略等。

（2）根据物流的业务内容分，物流战略可以分为物流运输战略、物流仓储战略、物流配送战略、物流包装战略、物流搬运战略、物流信息战略、采购物流战略、分销物流战略、生产物流战略以及综合物流战略等。

（3）根据物流的经营方式分，物流战略可以分为自营物流战略、物流外包战略、第三方物流战略、供应链物流战略、信息化物流战略、高资产型物流战略、低资产型物流战略、无资产型物流战略、独立经营战略、联合经营战略、连锁经营战略等。

（4）根据物流的发展方式分，物流战略可以分为稳定型发展战略、收缩型发展战略、扩张型发展战略、低成本发展战略、高投资迅速发展战略、科技兴企战略、人才兴企战略、知识型企业战略、学习型企业战略等。

（5）根据物流的竞争方式分，物流战略可以分为正面进攻战略、回避退让战略、侧面攻击战略、避强发展战略、迂回游击战略、兼并战略、联合战略等。

4. 物流战略的作用

物流战略对企业发展物流有重要作用。

（1）物流战略指明了企业物流发展的方向、进度、目标、发展方式和经营方式，关系到企业生存和发展的大计，是企业生存发展的根本，为企业发展物流提供了有力的支持，保证了企业物流按计划健康顺利发展。

（2）物流战略是物流经营计划的依据。企业的物流经营计划都是将物流战略按时间阶段进行分解，结合当时当地具体情况进行细化、具体化实施而形成的具体计划。

（3）物流战略为企业物流经营的成功和物流业务的有效运作提供支持。例如，低成本经营战略和联合经营战略就能够为弱势企业的起步发展提供一种支持。

（4）物流战略为企业物流竞争取胜提供支持。有战略和没有战略大不一样。没有物流发展战略，则企业中物流业务的进行和发展，很容易陷入盲目性和随意性的泥坑。若有一个物流战略，企业物流的发展就有了依据，不管谁"当家"，只要是做物流，就必须按照预定的物流战略计划方案执行，不得随意变动。由于物流战略是经过认真分析研究市场的发展变化趋势，以及企业的发展能力并充分讨论后制定出来的，物流战略是科学的、正确的，所以，按照物流战略执行，肯定能把企业物流引向健康发展的道路，保证物流发展的战略目标能够得以顺利实现。

5. 物流战略的目的

1) 降低成本

降低成本是指战略实施的目标是将与运输和存储相关的可变成本降到最低。通常要评价各备选的行动方案。比如，在不同的仓库位置中进行选择或者在不同的运输方式中进行选择，以形成最佳战略。服务水平一般保持不变，与此同时需要找出成本最低的方案。

2）减少资本

减少资本是指战略实施的目标是使物流系统的投资最小化。该战略的根本出发点是投资回报最大化。例如，为避免进行存储而直接将产品送达客户，放弃自有仓库选择公共仓库，选择适时供给的办法而不采用储备库存的办法，或者是利用第三方供应商提供物流服务。与需要高额投资的战略相比，这些战略可能导致可变成本增加，尽管如此，投资回报率可能会得以提高。

3）改进服务

物流战略一般认为企业收入取决于所提供的物流服务水平。尽管提高物流服务水平将大幅度提高成本，但收入的增长可能会超过成本的上涨。要使战略有效果，应制定与竞争对手截然不同的服务战略。

2.3.2 物流战略管理

1. 物流战略管理的内容

物流战略管理就是基于物流战略的管理，包括物流战略的制定和根据制定的物流战略对企业物流业务进行的管理活动。

首先是要制定一个好的物流战略。由于物流战略特别重要，所以制定物流战略是一个很慎重、很复杂的过程，需要采用科学的方法、做很多的调查和分析研究工作。要制定一个好的物流战略，更要学会采用科学的方法，按照规定的方法程序一步步做好扎实的工作。

物流战略制定以后，就要实施物流战略，要根据物流战略对企业整个物流业务活动进行管理，要对物流战略的实施进行计划、组织、指挥、协调和控制。可以说，这样的工作几乎贯穿于企业的整个生命周期的所有日常工作，企业的一切工作都是为了实施企业战略。物流战略管理同样也贯穿于整个企业管理过程中。

2. 物流战略管理的层次

物流战略可分为公司物流战略、物流经营战略、物流职能支持战略和物流运营战略。

（1）公司物流战略。公司物流战略是企业最高管理当局的战略规划，涉及企业的所有经营活动。它的主要任务是：制定企业各种经营范围及其组合的规划，以便改进公司实绩；协调各种不同的经营活动；确定投资重点，分配公司各种经营活动的资源等。

（2）物流经营战略。物流经营战略在于指导一个经营单位的管理行动。它着重考虑企业如何在特定的经营中进行竞争；在建立优势过程中，每个关键领域将发挥什么作用；对行业和竞争条件的变化做出的反应；控制经营单位内的资源配置。

（3）物流职能支持战略。物流职能支持战略包括生产、营销、财务、研究与开发、人力资源等战略。职能支持战略的作用是落实经营战略，表明有关的职能领域对整个经营战略的贡献。各个职能战略的协调一致将会增加整个经营战略的力量。

（4）物流运营战略。物流运营战略是部门经理或职能领域实施职能支持战略的行动规划。它是根据企业战略要求，为了有计划地完成具体职能活动而由直接负责的职能部门主管制定的。

为了使各种战略有效地发挥作用，必须注意各个层次战略规划的相互衔接和协调，防止相互冲突的规划导致经营混乱，这一任务要在战略形成过程中完成。

3. 物流战略管理的要素

企业物流战略管理的要素是构成企业战略规划的主要因素，影响着企业战略的分析、选择、实施和控制的全过程，并通过企业物流管理活动表现出来。

1）经营范围

经营范围是指企业从事生产经营活动的领域，经营范围的变换是有局限性的，不可以随意变动。企业的经营范围能够反映出企业经营活动中主要涉及外部环境的大小，也能反映出企业与外部环境发生相互作用的影响。

2）资源配置

资源配置是指企业对人员、资金、物资、信息和技术等的安排水平与模式。人员、资金、物资、信息和技术是企业生产经营活动的基本资源，资源配置的组合不同直接影响企业各项活动的效率。

3）竞争优势

竞争优势是指由企业内部各种因素所决定的，在经营中所形成的，与同行业的竞争对手相比所具有的经营优势。

4. 企业物流发展战略方向

企业物流发展主要战略方向如表 2-2 所示。

表 2-2 企业物流发展主要战略方向

战　略	含　义	内　容
合理化战略	根据物流活动的客观规律和特征，组织各物流部门和物流环节采取共同措施，以最低的物流成本达到最佳的物流效应和最高的服务水平，充分发挥物流功能	表现为功能的合理化和作业标准化。企业物流的合理化就是要降低成本、提高效率
信息化战略	为满足消费者快速变化和日趋个性化、多样化的需求，实现小批量、多品种、快速反应的生产或服务，必须具有掌握和利用信息的能力	在信息化战略的指导下，建立集成化的管理信息系统，以压缩流程时间，提高需求预测程度，并协调企业间关系，促进物流信息共享，推动企业物流快速发展
品牌战略	实施"品牌"化战略成为在市场竞争条件下谋求发展的必然选择	物流发展要从未来发展方向、服务对象、服务模式等方面考虑，建立社会化、专业化、现代化的物流系统，形成全方位和供应链的物流服务模式，形成品牌优势，开发品牌资源
网络化战略	实质是在信息共享的基础上建立企业内外物流和信息流的统一网络。网络化战略主要包括：物流配送系统的计算机网络化和组织的网络化	关键是加强供应链管理和集成化物流管理的外部集成管理，建立企业与外部供应商、客户之间的战略合作伙伴关系，降低安全库存和物流成本，减少风险优化配置总体资源，提高整个集成化系统的运行效率，以获取更大的整体竞争优势

续表

战　略	含　义	内　容
国际化战略	物流发展需要着眼于全球，以国际化的视角进行思考，确立国际化战略	首先是供应链的全球化，这是供应链外延的扩展，即把全球有业务联系的供应商、生产商、销售商看成同一条供应链上的成员，要求企业间相互协作更加密切，在满足不同地区消费者的多样化需求上不断提升供应链综合物流管理协调能力；其次是组织全球物流，要求物流的战略构造与总体控制必须集中，以获得全球的最优成本，客户服务的控制与管理必须本地化，以适应特定市场的需求

2.3.3　物流战略的制定

物流战略的制定是企业组织各方面的力量，依据一定的方法和程序，为企业选择、确定合适的物流战略的过程。

1. 企业物流环境分析

制定企业物流战略首先要分析企业的内、外部环境，因为它会限制物流战略的灵活性。在制定物流战略时，需要对企业内、外部环境变化进行观察与评价。通常观察与评价的环境因素主要有行业竞争性评价、地区市场特征、物流技术评价、渠道结构、经济与社会预测、服务业趋势和相关法规等。

企业现状分析包括内部、外部、竞争和技术的评估与分析。分析的目的是寻找改进的机会。每个部分需要检查所有的物流环节，尤其是对现有系统存在的缺陷作出评价。

具体来说包括以下分析内容。

1）物流系统的内部分析

物流系统内部分析从客户服务、原材料管理、运输、仓储和库存五个层面进行分析，每一个层面均涉及物流管理流程、决策及其度量标准。

（1）客户服务：①在物流环节程序中，需要考虑当前的信息如何流动、订单概况改变和订货程序。②决策环节针对订单是如何制定的，当前库存不能满足订货需求时如何处理。③需要制定客户服务的关键度量标准。

（2）原材料管理：①物流环节程序需要考虑工厂与配送中心的原材料流；每个制造点及配送中心管理流程程序。②决策环节要对制造及配送中心能力如何确定、生产计划如何制订进行决策。③度量标准或指标需要对关键的制造及配送中心极限能力制定标准；原材料管理水平的关键度量；当前的原材料管理水平。

（3）运输：①物流环节管理程序需要考虑运输方式；订货和运输量；与承运人申请、支付和信息交换的流程及运输文件的信息流管理。②对运输的运输方式与承运人、多个承运人进行评价选择的决策。③度量标准需要考虑的内容有衡量运输绩效的量度指标如何衡量；当前的绩效指标是否合理；各种运输方式和承运人相对绩效比较指标。

（4）仓储：①物流环节程序需要考虑的因素有，使用的储存和装卸设施；每个设施内生产线的布置，以及每个设施中完成的或能够完成的储存、装卸及其他增值功能。②对每个设施中的集中运送、物料搬运情况、产品储存及产品选择进行决策。③度量标准需要测量每个设施的储存量与通过率；关键的仓库绩效度量指标；当前的绩效水平及每个设施的相对经济绩效特征。

（5）库存：物流环节程序需要了解当前库存物资储备的增值功能。

2）物流系统的外部分析

外部评价与分析是对供应商、客户和消费者的外在关系的分析。分析评价时应该考虑市场的趋势、企业现在的能力与竞争对手的能力，如下所述。

（1）供应商：①市场趋势应分析供应商提供的增值服务；供应商存在的主要"瓶颈"。②企业能力应分析企业内部化与外包增值服务的机会；如何改变程序以减少"瓶颈"等薄弱环节。③竞争能力应分析竞争对手采取什么制造模式生产产品，并以什么方式与供应商进行信息交流；就供应商的数量、成本而言，什么是竞争基准点。

（2）客户：①市场趋势应分析服务关键客户的主要约束条件，如何影响成本；客户订货的形式，如何改变，以及客户评价的主要标准。②企业能力应分析哪些功能或活动可转向客户以提高物流系统绩效；客户是如何根据关键标准评价绩效的。③竞争能力应分析竞争对手向客户提供什么服务；竞争对手是如何完成客户确认的关键绩效指标的。

（3）消费者：①市场趋势应分析客户的购买形式是如何随着购买地点、时间与选择标准而变化的；物流活动的趋向，如购买数量、包装、发送、产品质量、客户等信息。②企业能力应分析如何随着客户购买形式和选择准则的变化而改变。③竞争能力应分析竞争对手是如何随着客户购买形式和选择准则的变化而变化的。

2. 技术评价与分析

技术评价与分析是对物流各个环节的关键技术与能力的评价，需要考虑现行的技术与最先进的技术的差距、新技术应用的潜力。

（1）分析企业现行的预测技术与顶级公司采用的最先进的预测技术有何异同。

（2）订单下达需要分析企业现行的订单下达技术，客户所要求的订单下达技术；顶级公司是如何完成订单下达的；有无改进订单下达有效与实用的新技术。

（3）订单处理需要分析企业现行的技术。例如，分配可用库存给客户订货的程序，以及现行方法的局限性。了解顶级公司是如何完成订货程序的，是否采用新技术改进订货程序。

（4）需求计划阶段需要分析使用什么程序决定生产和配送，利用物流信息系统进行辅助决策能否支持这些程序；顶级公司是如何做出生产和库存计划决策的，有无改进需求计划的新技术方法。

（5）了解企业目前开具发票、查询、运输通知预告和费用支付是怎样传送的，而顶级公司是如何使用 EDI（电子数据交换）的。使用信息技术改进开具发票和其他客户的沟通形式。

（6）分析企业目前仓库管理与生产进度决策制定的程序及方法；调查与顶级公司在仓库管理和物料装卸技术方面的差距，应及时采用有效、实用的新信息系统和物料装卸技术。

（7）分析企业运输环节现在采用的技术方法，包括运输路线规划和生产进度决策，运输单证的提供、承运人和客户的信息沟通方式、运输成本的确定、评价和控制等方面，这些方面与顶级公司的差距。及时采用有效实用的物流管理信息系统、包装和装卸技术，以及通信技术改进运输环节的运作与管理。

（8）分析企业当前的决策支持技术，包括物流策略和战略计划制定程序，分析所使用的信息源和数据结构与顶级公司的差距，采用提高决策有效性的信息系统和评价技术。

3. 机会分析

通过对当前的物流过程与实践进行分析评价，发现或确定具有改进潜力的环节。

1）成本-效益分析

提高企业物流效益包括服务的改进与成本的降低。改进服务具体包括货物的可得性、服务质量与服务能力。物流服务的提高可增加现有客户的忠诚度及吸引新客户。

2）行业竞争性评价

行业竞争性评价包括对企业所在行业机会和潜力的系统评价，如市场规模、成长率、盈利潜力、关键成功因素等问题。竞争力分析包括行业领导的影响和控制力、国际竞争、竞争与对峙、客户与供应商的权力、主要竞争对手的核心竞争力。为了成为有效的行业参与者，应在理解客户服务基本水平的基础上，对竞争对手的物流能力做出基准研究。

3）地区市场特征

企业的物流设施网络结构直接同客户及供应商的位置有关。地理区域的人口密度、交通状况及人口变动都会影响物流设施选址。所有公司都应从这些地区的市场因素去考虑最有市场潜力的物流设施的位置。

4）渠道结构

这里所说的渠道，是指实现物流功能的途径。不同的物流战略，要求选择不同的实现物流功能的途径。当企业与外部合作时，应采取配送还是直接购销商品，应该把哪些有关联的企业纳入本企业的物流渠道，计划自己在其中扮演什么角色，这一切都要进行评价，根据物流绩效进行选择。

物流战略部分是由渠道结构所决定的，所有的企业必须在一定的业务联系之间迅速实施其物流运作。供应链由买、卖及提供服务的关系所组成，企业必须适应渠道结构的变化。在许多情况下，如果物流绩效能够改进，企业物流主管应当积极地促进改变。比如，目前减少原材料供应商的数量已经成为一个趋势，其目的是获得更好的产品及配送服务。

5）社会经济发展趋势

经济活动的水平及其变化，以及社会变化对物流都有重要的影响。比如，运输的总需求是直接与国内生产总值相关的。利率的改变将直接影响存货战略，当利率增加时，在所有营销渠道中减少库存的压力就会增大。减少库存成本，也许会反过来被认为，在提高库存周转速度的情况下，同时增加额外的运输费用来维持服务。因此，社会发展趋势、生活方式等都会影响物流要求。现代企业物流发展必须重视和分析影响、制约企业物流活动的经济因素。

6）物流服务产业趋势

与物流紧密相关的服务是运输、仓储、订单处理及存货要求，还有信息系统，这些相关服务在重组物流系统设计时可通过外包得到。提供物流服务的企业可以是当地的公司，也可以是国内外的大企业。当前，选择将物流全包给第三方物流企业的比重在不断增加。从物流系统设计的角度看，这种服务具有增加灵活性和减少固定成本的潜力。

7）相关法规

环境变化也包括运输、金融与通信等行业相关法规的变化。因此，物流也面临着国家及地方各级政府的法规变化。例如，我国最近十几年对公路运输的开放，使整个公路运输格局发生了深刻的变化。一些民营的运输企业得到了迅速发展，公路运输的运力得到了创纪录的增长。

2.3.4 物流战略选择——SWOT 分析法

1. SWOT 分析法的原理

制定物流经营战略的方法有 SWOT 分析法，自上而下和自下而上、上下结合的方法，战略小组的方法等。这里只着重介绍 SWOT 分析方法。这里，S（strength，优势）是指企业优势分析，W（weakness，劣势）是指企业劣势分析，O（opportunity，机遇）是指市场机遇分析，T（threat，威胁）是指市场威胁分析。SWOT 分析，就是市场的机遇风险和企业优势劣势分析。

SWOT 分析法制定物流战略的基本思路是：发展战略的制定，需要掌握两个方面的信息：一是外部环境信息，即掌握市场的发展状况信息，特别是掌握市场发展的机遇和威胁；二是企业内部实力的信息，即掌握企业的资源状况，特别是掌握企业的优势和劣势。然后以企业优势和劣势分别面对市场的机遇和风险，用企业优势资源寻找发展机遇，避开企业劣势和环境威胁，就可以得出企业的多个市场切入战略方案。将这些方案进行分析对比，就可以制定企业物流发展战略。如图 2-4 所示，我们以企业内部条件分析为横轴，以企业外部环境分析为纵轴，可以分别组成Ⅰ、Ⅱ、Ⅲ、Ⅳ四个象限。

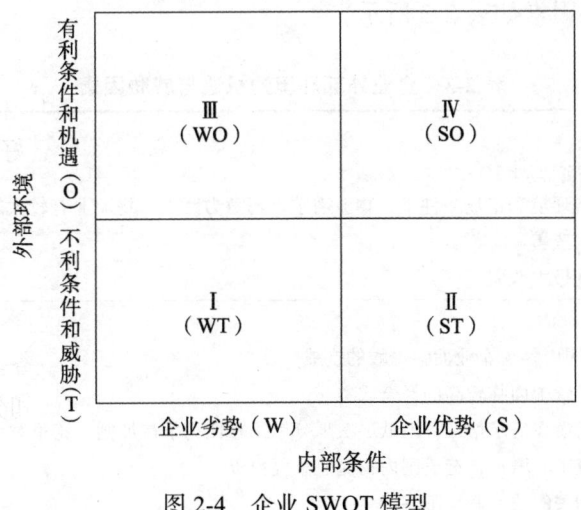

图 2-4 企业 SWOT 模型

第Ⅰ象限：以企业的劣势资源面对外部环境的不利威胁，这是最没有希望取得成功、企业需要回避的业务领域，称为 WT 战略。

第Ⅱ象限：以企业的优势资源面对外部环境的不利威胁，称为 ST 战略。

第Ⅲ象限：以企业的劣势资源面对外部环境的有利机遇，称为 WO 战略。

这两个业务领域都是既有希望又有风险的业务领域，我们需要谨慎从事，要注意它们具体的相对大小和变化趋势，采取相应的策略，利用企业优势，回避风险，取得发展。

第Ⅳ象限：以企业的优势资源面对外部环境的有利机遇，这是企业最有希望发展成功的业务领域，是企业需要优先着力切入并发展的业务领域，称为 SO 战略。

通过这样的分析，就可以制定企业的物流发展战略。SWOT 分析法一般要经过以下五个步骤。

（1）分析企业的外部环境，找出市场机遇与威胁因素。
（2）分析企业的内部实力，找出企业的资源优势和劣势。
（3）列出备选战略方案。
（4）评价和比较战略方案。
（5）选择和确定战略方案。

2. 企业外部环境分析

外部环境，就是市场环境条件，主要是指市场容量、市场规模、市场的经济政治条件、交通、通信、能源、文化风俗、地理条件等。特别要注意寻找发展机遇和潜在的威胁因素。发展机遇如：政府计划重点支持某个产业；政府计划在某个地方新建一个工业园区（或经济开发区、旅游区政府计划新修一条铁路或高速公路）；政府新出台某些政策等。

潜在威胁因素，如国家限制某些行业、地区产业的发展；竞争对手实力强；国家货币紧缩政策；国际金融危机或经济危机；国际动乱等。这些威胁因素妨碍企业的发展，应当引起我们注意，企业要回避这些威胁。例如，某物流公司在制定物流战略时分析外部环境的机遇与威胁因素如表 2-3 所示。

表 2-3 企业外部环境的机遇与威胁因素

O（机会）
1. 政府大力发展制造业
2. 在当前的经济环境和市场条件下，物流需求市场潜力巨大，物流业有较大的发展空间
3. 投资环境大为改善
4. 交通环境得到极大改善
T（威胁）
1. 进入 WTO，国内物流企业面临严峻的挑战
2. 物流企业在经营中面临较高的经营成本
3. 虽然物流市场潜在需求增加，但低层次瓜分市场恶性竞争在加剧，竞争对手实力较强
4. 全国各地物流中心增加，造成国内物流业重复投资
5. 我国物流业相关的法制制度不够健全

3. 企业内部条件分析

企业内部条件分析,就是分析企业内部所具有的实力,主要是企业资源状况,特别是企业的优势条件和劣势条件。要实事求是地列出企业所有的优势和劣势条件,进行分析。例如,某物流公司对自己内部条件的分析如表 2-4 所示。

表 2-4　企业内部条件分析

S(优势)
1. 有良好的财务状况
2. 有良好的商务能力
3. 拥有地理优势
4. 有很有影响力的总经理
5. 已拥有好几个大客户
W(劣势)
1. 技术能力薄弱,需要引进人才或培养人才
2. 服务范围有限,物流配送领域还需要开发
3. 信息系统亟待建立
4. 员工物流行业经验不足

4. 列出备选战略方案

根据前面的外部环境分析和内部条件分析的结果,可以列出如下一些备选战略。

1)SO 战略

(1)进行市场开拓,对本地区制造企业进行重点培养。

(2)开辟省内其他城市的物流市场。

(3)开辟省外少数大城市的物流市场。

2)WT 战略

(1)进行市场维护,培养客户忠诚度。

(2)培养后备技术力量,广泛开展内部培训。

(3)不开展物流配送服务项目,逐步开展对少数制造企业的部分物流服务。

(4)不增加服务网点。

(5)不参加恶性的物流服务竞争。

3)WO 战略

(1)引进急需人才,培养后备技术骨干,广泛开展物流知识培训。

(2)小范围开展物流配送业务,先从开发区做起。

(3)先建立小范围信息系统,留待以后逐步升级。

4)ST 战略

(1)利用地理优势,培养现有客户的忠诚度。

(2)小范围近距离开辟市场,避免远距离的同行竞争。

(3)避免恶性的服务竞争,发挥自己的优势服务项目。

(4)不轻易增加物流服务网点。

把以上备选方案进行归纳，进一步浓缩成四个备选方案。

（1）市场扩张战略：以本市为中心，尤其是以本市经济技术开发区为中心，向省内其他城市、省外城市扩张。

（2）进一步开拓本地市场战略：以本市经济技术开发区内的制造企业为对象，进一步挖掘近距离的物流服务需求量。这个方案的目的是发挥公司现有财务优势和商务优势，同时回避过于激烈的恶性竞争和较高的交易成本，稳步地占领市场。

（3）服务品种延伸战略：引进和培养人才，探索开展小范围、短距离物流配送服务。

（4）市场维持战略：除了进行极少数潜在客户的培养之外，基本上不开辟新的市场，主要集中培养现有客户的忠诚度。

5. 评价比较备选战略方案

方案评价方法可以是定性评价，也可以建立数学模型定量计算。

2.3.5 物流战略的实施

物流战略制定出来以后，就要实施。物流战略实施，就是要把物流战略划分为各个时间阶段的任务目标，再对各个阶段的任务目标制订具体的实施计划。然后对各个具体实施计划进行规划落实，达到计划完全实施的目的。物流战略管理实际上要落实到企业的各个时间阶段、各个部门的各个业务环节。物流战略实施大体包括如下一些内容。

1. 计划

物流战略只是一个纲领性文件，它虽然有任务目标、方向途径，但都是概括的、总体的、纲领性的、框架性的。真正要把物流战略实施好，还需要很好地进行计划和规划。

首先要进行任务目标分解，就是需要把战略任务目标按战略阶段分解，还要把每个战略阶段的任务目标分解到每一年，得到每一年的任务目标。

其次根据既定的每年任务目标，制定实施的方案，这个实施方案应当包括人力、物力、财力的安排，时间进度安排，操作方法程序，控制指标，保障措施等。

2. 组织

计划制订出来之后，就要按计划组织实施。组织人员、组织资源，不光是行动组织，还要有空间组织、时间组织、分工负责、互相协调，共同完成计划任务。

3. 指挥

各个组织的行动，需要有指挥。指挥的依据也是计划，要根据计划的规定来指挥群众的行动。下级服从上级，局部服从全局。

4. 协调

在实施过程中，要有协调。由于实际情况千变万化，各个部门的执行进度可能与计划进度不完全一样，或者执行过程中会出现一些矛盾，这时，就要进行协调，使矛盾得到解决、进度达到一致。

5. 控制

在实施过程中，实际结果可能会与计划不完全一致，可能时大时小、时快时慢、时前时后，产生偏差，这时就要进行控制。控制的标准也是计划。控制就是要了解现状，发现偏差，分析偏差原因，找出克服偏差的办法和措施，把它们付诸实施，从而克服偏差，保证实施过程按照计划的规定进行，保证计划能够完全实现。

课后习题

1. 简述系统的概念和特征。
2. 简述物流战略的作用。

参考文献

[1] 胡海清. 现代物流管理概论[M]. 北京：机械工业出版社，2018.
[2] 王魏林，刘明菲. 物流管理学[M]. 2版. 武汉：武汉大学出版社，2010.
[3] 傅莉萍. 物流战略管理[M]. 北京：清华大学出版社，2018.
[4] Srivastava S K. Green supply chain management: a state of the art literature review[J]. International journal of management reviews, 2007, 9(1): 53-80.

第3章

物流基本功能

3.1 运　　输

3.1.1 运输的概念及在物流中的作用

1. 运输的概念

运输是指劳动者通过使用运输工具和设备，实现人与货物在空间、场所上有目的的位移。它是在不同地域范围，以改变"物"的空间位置为目的的活动，即对"物"进行空间位移。运输和搬运的区别在于，运输是较大范围的活动，而搬运是在同一地域之内的活动。

物流过程由采购、生产、包装、运输、保管、装制搬运、储存、流通加工等过程共同组成。没有运输，就没有商品的流通过程，商品的价值和使用价值就无法实现，社会再生产也不可能正常进行。

2. 运输在物流中的作用

1）运输是物流的主要功能要素之一

根据物流的概念，物流是"物"的物理性运动。这种运动既改变了"物"的时间状态，又改变了"物"的空间状态。运输是改变空间状态的主要手段，承担了改变空间状态的主要任务，运输再结合搬运、配送、储存等活动，就能圆满完成改变空间状态的全部任务。在现代物流观念未诞生之前，甚至就在今天，仍有不少人将运输等同于物流，其原因就在于运输是物流中的主要责任担负者。

2）运输是社会物质生产的必要条件之一

马克思将运输称为"第四个物质生产部门"，是将运输看作生产过程的继续，这个"继续"虽然是以生产过程为前提的，但如果没有运输，生产过程就不能最终完成。虽然运输不创造新的物质产品，不增加社会产品数量，不赋予产品以新的使用价值，只变动其所在的空间位置，但这一变动使生产能继续下去，使社会再生产不断推进，所以将运输看成一个物质生产部门。因此，我们可以认为运输是联结生产和消费的纽带，是社会再生产的必备环节。

3）运输可以创造场所效用

同种"物"由于空间场所不同，其使用价值的实现程度有所不同，其效益的实现也不尽相同。由于改变场所而最大限度地发挥使用价值，最大限度地提高产出投入比，就称之为"场所效用"。通过运输将"物"运到场所效用最高的地方，就能发挥"物"的潜力，实现资源的优化配置。从这个意义上讲，就相当于通过运输提高了"物"的使用价值。

4）运输是第三利润源的主要源泉

物流被认为是企业的第三利润源，作为物流的主体和重要组成部分，运输便理所当然地成为企业"第三利润源"的主要源泉。

（1）运输是运动中的活动，它和静止的保管不同，要依靠大量的动力消耗才能实现这一活动，而运输又承担大跨度空间转移的任务，所以活动的时间长、距离长，消耗也大。消耗的绝对数量越大，其节约的潜力也就越大。

（2）从运费的构成看，运费在全部物流费用中的占比最高，一般综合分析计算社会物流费用，运输费在其中占接近50%的比例，有些产品的运费甚至高于产品的生产费，所以运费的节约潜力巨大。

（3）由于运输总里程大、运输总费用最大，企业通过运输合理化可大大缩短运输吨千米数，从而获得比较多的节约。

3.1.2　各种常见的运输方式及其特点

1. 铁路运输

铁路运输又称为火车运输，是现代主要的运输方式之一。我国目前有大约50%的货运量依赖铁路运输，铁路运输在国民经济中起着大动脉的作用。

（1）铁路运输的优点：铁路运输的承运能力强，适合大批量低值商品的长距离运输；铁路运输受气候和自然条件限制的程度较小，在运输的准时性方面占有优势；铁路运输可以方便地实现直达运输、集装箱运输及多式联运；铁路运输的安全系数大。

（2）铁路运输的缺点：铁路建设项目的投资较大、建设周期长；铁路运输的运输时间较长，铁路运输中的货损率较高；铁路运输不能实现最终的"门到门"运输。

（3）铁路运输的适用范围：大宗低值货物的中长距离运输；散装货物（如煤炭矿石）、罐装货物（如石油化工产品）的运输；大量货物的一次性高效率运输；运费负担能力小、批量大、运输距离长的货物运输。

2. 公路运输

公路运输主要是指使用汽车或其他车辆，在公路上运送客货的一种运输方式。它主要承担：近距离、小批量的货运；水路运输、铁路运输难以到达地区的长途、大批量货运；铁路运输、水路运输优势难以发挥的短途运输。由于公路运输有很强的灵活性，因此，在有铁路、水运的地区，运距较长与运量较大的货物也开始使用公路运输。

（1）公路运输的优点如下。
- 速度快。据统计，一般在中短途运输中，汽车运输的运送速度平均比铁路运输要快4～6倍，比水路运输快10倍。
- 灵活、方便。汽车除了可以沿公路网运行以外，还可以深入工厂、矿山、车站、码头、农村、山区、城镇街道及居民区，空间覆盖范围大，这一特点是其他任何运输工具所不具备的。
- 项目投资小，经济效益高。一般公路运输的投资每年可以周转一两次，而铁路运输三四年才周转一次。
- 操作人员容易上手。
- 可以提供"门到门"的直达运输服务。
- 近距离、中小量的货物运输的运费比较便宜。
- 能灵活制定运营时间表，运输中的伸缩性极大。
- 运输途中货物的撞击少，几乎没有中转装卸作业，因而货物包装比较简单，节省成本。

（2）公路运输的缺点：装载量小、运输成本高；燃料消耗大，环境污染比其他运输方式要严重得多。

（3）公路运输的适用范围：近距离的独立运输作业，主要为中短途运输（25 km 以内为短途运输，25 km 以上 200 km 以内为中途运输）；补充和衔接其他运输方式，实现最终的"门到门"运输。

3. 水路运输

水路运输简称水运，是指利用船舶在江、河、湖泊、人工水道，以及海洋运送旅客和货物的一种运输方式。在现代运输方式中水路运输是一种最古老、最经济的运输方式。

（1）水路运输的优点：利用天然水道进行大吨位、长距离的运输，运量大、成本低；与其他运输方式相比，水运对货物的载运和装卸要求不高，因而占地较少；对于海上运输而言，它的通航能力几乎不受限制。

（2）水路运输的缺点：船舶平均航速较低，影响了货物运输的时效性；水路运输过程受自然条件的影响较大，特别是受气候条件的影响较大，因而呈现较大的波动性及不平衡性，不能适应需求变化大、时效性强的商品运输。

（3）水路运输的适用范围：承担大批量货物的运输；承担原料、半成品等散货的运输；适合远距离、大运量的外贸货物运输；水路运输生产过程相当复杂，具有点多、线长、面广、分散流动、波动大等特点。

4. 航空运输

航空运输简称空运，是指用飞机或其他飞行器载运客货的一种现代化运输方式。

（1）航空运输的优点：高速直达性、较高的安全性、经济特性良好、包装要求低。

（2）航空运输的缺点：易受气候条件等的限制；可达性差，在通常情况下，航空运输难以实现客货的"门到门"运输，必须借助其他运输工具转运；运载量小，一般大型运输机的运载量低于 100 t。

（3）航空运输的适用范围：国际的客货运输；适用于高附加值、重量轻和小体积的物品运输；适于时效性强、需求紧急的货物运输。

5. 管道运输

管道运输是主要利用管道，通过一定的压力差而完成商品（多为液体、气体货物）运输的一种现代运输方式，它是由埋设在地下的管线和地面上加温、加压等配套设备所组成的。管道运输一般是指输送气体和液体货物的大型管道，如天然气管道、石油管道等。

（1）管道运输的优点：运量大；占地少，运输管道埋于地下的部分占管道总长度的95%以上，因而对于土地的永久性占用很少，分别仅为公路的3%、铁路的10%左右，对于节约土地资源意义重大；管道运输建设周期短、费用低，运营费用也低；管道运输安全可靠、连续性强；管道运输耗能少、成本低、效益好。

（2）管道运输的缺点：灵活性差；当运输量明显不足时，运输成本会显著增大。

（3）管道运输的适用范围：单向、定点、量大的流体状货物（如石油、油气、煤浆、某些化学制品原料等）的运输。

3.1.3 运输合理化

1. 合理运输的概念与意义

合理运输是指从物流系统的总体目标出发，运用系统理论和系统工程的原理与方法。充分利用各种运输方式，选择合理的运输路线和运输工具，以最短的路径、最少的环节、最快的速度和最少的劳动消耗，组织好物质产品的运输活动。

货物在发运地和目的地之间往往有多条运输路线和多种运输方式可供选择，一个区域的货物运输往往具有各种各样的货物、纵横交错的运输线路、千家万户的运输单位和各种运输方式。组织合理运输就是在保证货物满足社会需要的条件下，根据各科运输工具的特点和能力结合货源的分布、货流的规律和货物的特性，做到经最少的环节、用最少的时间、走最短的路程、花最低的费用，以最高的效率，及时、准确、安全、经济地把货物从发运地送到目的地。

2. 影响运输合理化的因素

运输合理化的影响因素有很多，起决定性作用的有五个方面。

（1）运输距离。运输时间、货损、运费率、车辆或船舶周转等运输的若干技术经济指标，都与运距有一定的比例关系，运距长短是运输是否合理的一个最基本的因素。

（2）运输环节。每增加一次运输不但会增加起运的运费和总运费，而且必须要增加运输的附属活动，如装卸搬运、包装等，各项技术经济指标也会因此下降。

（3）运输工具。各种运输工具都有其适用的优势领域。对运输工具进行优化选择，按运输工具的特点进行装卸运输作业，最大限度地发挥所用运输工具的作用，是运输合理化的重要一环。

（4）运输时间。运输是物流过程中需要花费较多时间的环节，尤其是远程运输，在全部物流时间中，运输时间占绝大部分，所以运输时间的缩短对整个流通时间的缩短有决定性作用。

（5）运输费用。运费的高低在很大程度上决定整个物流系统的竞争能力。实际上，运输费用的降低，无论对企业还是对运输公司而言，都是运输合理化的一个重要目标。

3. 运输合理化的有效措施

（1）充分利用运输能力。在不增加运力的条件下，可以通过合理积载、配载、合理包装等手段提高运输的效率。

（2）发展社会化的运输体系。发展运输的大生产优势，实现专业分工，打破企业自行运输体系的状况。

（3）铁路、公路合理分流。这一措施的重点是在公路运输经济里程范围内，尽量利用公路。这种运输合理化的表现形式主要有两点：一是对于比较紧张的铁路运输，用公路分流后，可以得到一定程度的缓解，从而加大这一区段的运输通过能力；二是充分利用公路速度快且灵活机动的优势，实现铁路运输服务难以达到的水平。

（4）尽量发展直线直达运输。直线直达运输是追求运输合理化的重要形式，其对合理化的追求要点是通过减少中转、过载、换载，从而提高运输速度，省却装卸费用，降低中转货损。

直达运输是指在商品运输过程中通过精简中转环节，越过非必要的批发仓库，把商品从产地或供应单位直接运达消费地区、销售单位或主要用户的一种作业措施。直线运输是指在选择运输路线时，按照商品的合理流向，采取最短的里程，消除迂回、对流等不合理运输方式，使商品运输实现直线化。在实际运输过程中，直达运输和直线运输往往是结合在一起进行的，减少了不必要的中间环节和缩短了运输里程。

（5）合理配载。配载运输是指充分利用运输工具的载重量和容积，合理安排装载的物资及载运方法以求得合理化的一种运输方式。配载运输也是提高运输工具实载率的一种有效形式。

不合理配载一般有以下几种表现：车辆容积和载重吨位不能充分利用；对不可混装的货物进行了混装；易对货物造成机械损伤的配装。例如，将重的货物压在了轻的货上，将具有棱角或其他有突出物的商品与一般商品配装，造成商品运输过程中的损伤等。

（6）"四就"直拨运输。"四就"直拨是商品运输中所采取的就工厂直拨、就车站（码头）直拨、就仓库直拨、就车船直拨等作业措施的简称。其目的是减少中转运输环节，力求以最少的中转次数完成运输任务的一种形式。例如，就工厂直拨，是指商业物资批发部门从工厂收购产品，经在厂验收后，不经过中间仓库和不必要的转运环节，直接调拨给要货单位，或直接送到车站、码头，运往目的地。

（7）发展运输技术设备，提高运输信息化。依靠科技进步是运输合理化的重要途径，如条形码技术、射频识别技术（radio frequency identification，RFID）、全球定位系统（global positioning system，GPS）、地理信息系统（geographic information system，GIS）等电子化技术的应用，会大大提高运输效率和保证运输的准确率。

（8）通过流通加工，使运输更趋合理化。由于本身的特性问题，有些产品很难实现运输的合理化，如果进行适当加工，就能够有效解决运输合理化的问题。例如，将造纸材料在产地预先加工成干纸浆，然后压缩体积运输，就能解决造纸材料运输不满载的问题。

3.2 仓　　储

3.2.1 仓储的概念与作用

1. 仓储的概念

仓储是指产品在生产、流通过程中因订单前置或市场预测前置而暂时存放。它是集中反映工厂物资活动状况的综合场所，是连接生产、供应、销售的中转站。

"仓"即为仓库，为存放、保管、储存物品的建筑物和场地的总称。"储"即储存，表示收存以备使用。

2. 仓储的性质

这里所说的仓储活动的性质，是针对生产性和非生产性而言的。总的来看，仓储活动是生产性的，这可以从以下三个方面看出。

1）仓储活动是社会再生产过程中不可缺少的一环

任何产品的生产过程，只有当产品进入消费后才算终结，因为产品的使用价值只有在消费中才能实现。而产品从脱离生产到进入消费，一般情况下都要经过运输和储存。所以说产品的储存和运输一样，都是社会再生产过程的中间环节。

2）仓储活动具有生产三要素

物质生产活动具有三种必备要素，即：劳动力、劳动资料（劳动手段）和劳动对象，并且三者缺一不可。物质生产过程就是劳动力借助劳动资料，作用于劳动对象的过程。仓储活动同样具有生产三要素：劳动力——仓库作业人员、劳动资料——各种仓库设施、劳动对象——储存保管的货品。仓储活动是仓库作业人员借助仓储设施，对货品进行收发保管的过程。

3）仓储活动中的某些环节，已经成为生产过程的有机组成部分

例如，卷板在储存中的碾平及切割、原木的加工、零部件的配套、机械设备的组装等，都是为投入使用做准备，其生产性很明显。

仓储活动具有生产性质，但它与一般的物质生产活动相比又是不同的：仓储活动所消耗的物化劳动和活劳动，一般不改变劳动对象的功能、性质和使用价值，只是保持和延续其使用价值。仓储活动的产品无实物形态，却有实际内容，即仓储劳务。所谓劳务，是指劳动消耗，这要追加到货品的价值。追加数量的多少，取决于仓储活动的社会必要劳动量。货品经过储存保管虽然使用价值不变，但其价值却在增加。这是因为仓储活动的一切劳动消耗，都要追加到货品的价值中去。在仓储活动中，还要消耗一定数量的原材料，要有适当的机械设备相配合，这部分消耗和设备的磨损要转移到库存货品，构成其价值增量的一部分。作为仓储活动的产品——仓储劳务，其生产过程和消费过程是同

时进行的，既不能储存，也不能积累。

3. 储存的作用

仓储在现代物流中的作用主要表现在如下五个方面。

（1）仓储是物流系统中不可缺少的重要环节。从供应链的角度看，物流过程由一系列的"供给"和"需求"组成，在供需之间既存在物的"流动"，也存在物的"静止"，这种静止是为了更好地使前后两个流动过程衔接，缺少必要的静止，会影响物的有效流动。仓储环节正是起到了有效"静止"的作用。

（2）仓储能保证货物进入下一环节前的质量。货物在物流过程中会通过仓储环节，对进入下一环节前的货物进行检验，可以防止伪劣货物混入市场。因此，为保证货物的质量和数量，把好仓储管理这一关是非常重要的。仓储管理的任务就是要最大限度地保证货物的使用价值。通过仓储来保证货物质量的关键环节，一是货物入库时的质量检验，二是货物储存期间的保养维护。因此，在仓储过程中，应严把入库质量关、严禁不合格货物或不适合储存的货物进入仓库，对已入库货物要严格保养维护，以确保储存环节货物质量的完好和数量的完整。

（3）仓储是保证社会再生产顺利进行的必要条件。货物仓储不仅是商品流通的必要保证，也是社会再生产顺利进行的必要条件。没有了仓储，流通过程便会终止，再生产过程也将因此而停止。因此，仓储发挥的是"蓄水池"的功效。

（4）仓储是加快商品流通、节约流通费用的重要手段。货物在仓库内的滞留，表面上是流通的停止，而实际上恰恰是保证了商品的流通。仓储的发展在减少生产和销售部门的库存积压、调剂余缺等方面都起到非常积极的作用。加快仓储环节的收发效率，将直接影响货物的流通时间。发达国家把物流领域的成本降低看作企业的第三利润源，即强调把好商品成本的最后一关。因此，作为物流的一个重要环节，仓储费用的降低是节约整个流通费用的重要手段。

（5）仓储为货物进入市场做好准备。仓储可以使货物在进入市场前完成整理、包装、质检、分拣、加标签等加工，以便缩短后续环节的作业时间，加快货物流通。

3.2.2 库存商品的质量管理

1. 货物的入库

货物的入库环节最重要的任务是做好验收、入库交接及货物的堆码工作。

1）验收

验收是指仓库在物品正式入库前，按照一定的程序和手续，对到库物品进行数量和外观质量的检查，以验证是否符合订货合同规定的一项工作。由于到货的来源复杂、渠道繁多、产地和厂家不同，又都经过不同的运输方式和运输环节，货物有可能在数量、质量上发生变化，这就决定了对到货进行验收的必要性。

验收的主要任务是查明到货的数量和质量状态，防止仓库和货主遭受不必要的经济损失，同时对供货单位的产品质量和承运部门的服务质量进行监督。

验收过程中发现的数量和质量问题可能发生在各个流通环节,按照有关规章制度对问题进行处理,有利于分清各方的责任,并促使有关责任部门吸取教训,改进今后的工作。

2) 入库交接

(1) 入库交接必须在入库物品经过点数、查验之后,方可安排装卸货、入库堆码、办理交接手续。办理完交接手续,意味着划清运输部门、送货部门和仓库的责任。

(2) 编制货物储存计划。货物储存计划是通过合理规划库区,对库存进行分类保管,依据的是"分类分区、定位管理"原则,实现"物得其所、库尽其用"的储存管理目标,即存放在同一货区的物品必须在性质上不抵触,保管条件不同的不应混存,消防措施不同的不能混存。

3) 货物的堆码

堆码是指根据物品的包装、外形、性质、特点、重量和数量,结合季节和气候情况,以及储存时间的长短,将物品按一定的规律码成各种形状的货垛。堆码的主要目的是便于对物品进行保养维护和提高仓库利用率。

堆码的基本要求有合理、牢固、定量、整齐、节约、方便等。具体来说就是:货垛间距符合作业要求及防火安全要求;大不压小、重不压轻、缓不压急,确保"先进先出";货垛堆放整齐,垛形、垛高、垛距标准化和统一化,货垛上每件物品都摆放整齐;物品外包装的标记和标志一律朝垛外;节约仓容、提高仓库利用率;妥善组织安排,做到一次性作业到位,避免重复搬倒,节约劳动消耗;合理使用苫垫材料,避免浪费;选用的垛形、尺度、堆垛方法应方便堆垛、装卸搬运作业,提高作业效率;垛形要方便理数、分票、查验物品、方便通风、苫盖等保管作业。常见的堆码方法有散堆法、重叠法、纵横交错法、压缝法等。

2. 货物的在库管理

对库存商品的养护要坚持"以防为主、防治结合"的保管保养核心,要特别重视物品损害的预防,及时发现和消除事故隐患,防止损害事故的发生。特别要预防发生爆炸、火灾、水浸、污染等恶性事故和造成大规模损害事故。在发生、发现损害现象时应及时采取有效措施,以防止损害扩大,减少损失。

(1) 控制好仓库温湿度,应根据库存物品的保管保养要求,适时采取密封、通风、吸潮和其他控制与调节温湿度的办法,力求把仓库的温度湿度保持在适宜物品储存的范围内。

(2) 定期进行物品在库检查。由于仓库中保管的物品性质各异、品种繁多、规格型号复杂,进出库业务活动每天都在进行,而每一次物品进出库业务都要检查、验收、计量或清点件数,加之物品受周围环境因素的影响,物品可能发生数量或质量上的损失,因此对库存物品和仓储工作进行定期或不定期的盘点与检查是非常必要的。

(3) 搞好仓库的清洁卫生。储存环境不清洁易引起微生物、虫类等繁殖,危害物品。因此,对仓库内外环境应经常清扫,彻底铲除仓库周围的杂草、垃圾等杂物,必要时还要使用药剂杀灭微生物和潜伏的害虫。对容易遭受虫蛀、鼠咬的物品,要根据物品性能和虫、鼠等的生活习性及危害途径，及时采取有效的防治措施。

3. 货物的出库

仓库必须建立严格的商品出库和发运程序，在仔细核对出库单证的同时，要严格遵循"先进先出"原则，尽量使出库工作一次完成，防止差错事故的产生。同时，需要托运物品的包装还要符合运输部门对于包装的要求。

3.2.3 仓储合理化

1. 仓储合理化的概念

仓储合理化是用最经济的办法实现储存的功能。仓储的功能是对需求的满足，实现被储物的时间价值，这就要求货物必须有一定储量。但是，仓储的不合理往往表现在对仓储功能实现的过分强调，因而是过分投入仓储力量和其他仓储劳动所造成的。所以，合理仓储的实质是，在保证仓储功能实现前提下的投入最小化，也是一个投入产出的关系问题。

2. 仓储合理化的主要标志

1）质量标志

保证被储物的质量，是完成仓储功能的根本要求，只有这样，商品的使用价值才能通过物流得以最终实现。在仓储中增加了多少时间价值或是得到了多少利润。都是以保证质量为前提的。所以，仓储合理化的主要标志首先应当是反映使用价值的质量。

现代物流系统已经拥有很多有效的维护物资质量、保证物资价值的技术手段和管理手段，也正在探索解决物流系统的全面质量问题的办法，即通过物流过程的控制和工作质量来保证仓储的质量。

2）数量标志

在保证功能实现的前提下有一个合理的数量范围。目前管理科学的方法已经在各种约束条件下，对合理数量范围做出决策。但较为实用的还是在消耗稳定、资源及运输可控的约束条件下，所形成的储存数量控制方法。

3）时间标志

在保证功能实现的前提下，寻求一个合理的储存时间，这是和数量有关的问题，储存量越大而消耗速度越慢，则储存的时间必然越长，相反则必然短。在具体衡量时往往用周转速度指标反映时间标志，如周转天数、周转次数等。

在总时间一定的前提下，个别被储物的储存时间也能反映合理程度。如果少量被储物长期储存，成了呆滞物，虽然反映不到宏观周转指标中去，但也标志着储存存在不合理。

4）结构标志

结构标志是指从不同品种、不同规格、不同花色的被储物储存数量的比例关系对储存合理性的判断，尤其是相关性很强的各种物资之间的比例关系更能反映储存合理与否。由于这些物资之间的相关性很强，只要有一种物资出现耗尽，即使其他物资仍有一定数量，也会无法投入使用。所以，不合理的结构影响面并不是仅局限在某一种物资上，而是有扩展性的。结构标志的重要性也可由此确定。

5）分布标志

分布标志是指不同地区储存的数量比例关系，以此判断和当地需求相比，仓储对需求的保障程度，也可以此判断其对整个物流的影响。

6）费用标志

费用标志是指仓租费、维护费、保管费、损失费及资金占用利息支出等，都能从实际费用上判断储存的合理与否。

3.3 包 装

3.3.1 包装的概念与作用

1. 包装的概念

包装是指在物流过程中，为了保护产品、方便储运、促进销售，按一定技术方法采用的容器、材料及辅助物等的总称，也包括将物品包封并予以适当标志的工作过程。简言之，包装是包装物及包装操作的总称，是生产物流的终点，也是社会物流的起点。

商品包装具有从属性和商品性两种属性。包装是其内装物的附属品，包装所选用的容器、材料、包装技法都从属于内装货物的需要。商品包装是附属于内装货物的特殊商品，本身具有价值和使用价值两种属性。其价值包含在具体商品的价值中，随着商品的销售而实现，而且优良的包装不仅能保护货物，还能提高商品的艺术性和精美度，影响人们对商品的评价，从而提升商品的价值。

2. 包装的作用

1）保护功能

保护功能是指包装具有保护货物，防止出现运输过程中的残损的功能。商品在运输、储存和销售过程中，会受到各种内外因素的影响，从而产生物理、机械、化学、电化学、生物学等质量变化，使已经形成的商品使用价值降低甚至丧失。我国每年在这方面的损失有近百亿元。所以，必须对商品进行科学的防护包装，以增加商品抵抗各种外界不利因素的影响的能力，从而保证和提高商品的质量。为实现商品包装的这一功能，必须从加强商品包装材料、包装技法和对包装容器的合理选择等方面进行研究。

2）方便功能

方便功能是指包装具有方便运输、方便装卸、方便使用、方便销售等功能。商品包装是商品流通的工具之一。商品从出厂后要经过分配调拨、运输装卸、开箱验收、储存保管、展示销售等一系列流通环节，才能最终到达消费者手中，这无一不对运输的便利性提出了较高的要求。合理的包装、合理而固定的重量与尺码，提高货物在装卸搬运过程中的机械化作业水平，可以提高机械化的水平；包装外的各种标志（运输标志、包装储运指示标志、危险货物标志等）能起到正确的警示和指导作用，便于提高运输、装卸的安全性。为了提高商品包装的这一功能，必须加强对运输包装、集合包装、包装尺码系列标准、包装标志内容与要求等方面的研究。

3）容纳功能

容纳功能使货物具备一定的形态。容纳功能使得散装货物变成件装货物，才能利于货物运输、保管、装制时的理货与交接，才便于运输和保管。容纳功能使得货物的成组包装成为可能。成组包装是把许多相同或不同的货物个体或一些包装物组合在一起作为一个整体运输单元的形式。这种成组包装形式可以化零为整、化分散为集中，能大大提高运输、装卸和销售的效率。容纳功能可以节省储运空间。容纳功能不仅可以充分利用包装容积，还能够方便装卸，提高运输效率和库房利用率，节省包装、储运费用。

4）促销功能

商品的价格围绕商品价值波动。消费者承认的价格必须与商品质量相符合，并受同类商品市场竞争机制和供求关系的影响。商品包装是商品的外衣，在市场竞争中往往可以起到掩蔽或放大内在商品价值的作用；销售包装具有"沉默的推销员"的功效。许多出口商品由大包装改为小包装后可换回更多的外汇，这种现象说明改进商品包装可以增加商品价值，这并不违反商品价值规律，只是通过商品包装使其原有价值被人们重新认识。

3.3.2 包装的分类

包装的分类就是把包装作为一定范围的集合总体按照一定的分类标准或者特征，将其划分为不同的类别。

1. 按包装在物流中发挥的不同作用划分

（1）商业包装。商业包装也称销售包装、消费者包装或内包装、小包装，其主要目的就是吸引消费者，促进销售。一般来说，在物流过程中，商品越接近顾客，就越要求包装起到促进销售的效果。因此，这种包装的特点是造型美观大方，拥有必要的修饰，包装上有对于商品的详细说明，包装适合于顾客的购买以及符合商家柜台摆设的要求。

（2）物流包装。物流包装又称为工业包装或运输包装、外包装、大包装，是为了在商品的运输、存储和装卸过程中保护商品而进行的包装。其主要作用是保护商品和防止出现货损、货差。

2. 按照包装材料的不同划分

按包装材料的不同，可以将包装分为纸制品包装、塑料制品包装、木制容器包装、金属容器包装、玻璃陶瓷容器包装、纤维容器包装、复合材料包装和其他材料包装。

3. 按照包装保护技术的不同划分

按照商品包装保护技术的不同可将包装分为防潮包装、防锈包装、防虫包装、防腐包装、防震包装及危险品包装等。

3.3.3 包装合理化

1. 包装合理化的概念

包装合理化一方面包括了包装总体的合理化，这种合理化往往用整体物流效益和微观包装效益的统一来衡量；另一方面也包括包装材料、包装技术，以及包装方式的合理组合及运用。

2. 包装合理化的要素

一般认为，包装合理化的要素如下。

（1）从物流总体角度出发，用科学方法确定最优包装。产品从生产到最终消费使用，要经历漫长的流通过程，在此过程中还要经过装卸搬运、堆存、运输等若干环节，这就对包装提出了要求。从现代物流观点看，包装合理化不单是包装本身合理与否的问题，而是在整个物流合理化前提下的包装合理化。

（2）防止包装过弱或包装过剩。包装强度过弱、包装材料不足等因素，易导致货物在流通过程中发生残损，但如果包装强度过高，保护材料选择不当而造成包装过剩，也会造成较大的浪费。

（3）物流包装标准化。物流标准是指为实现标准化，提高物流效率，将物流系统各要素的基准尺寸体系化，其基础就是单元货载尺寸。单元货载尺寸是运输车辆、仓库、集装箱等能够有效利用的尺寸。采用这种运输包装系列尺寸，可以使货物不多不少地码放在托盘上，既不致溢出，也不留有空隙。卡车的车厢规格，也最好按单元货载尺寸的要求制造，使其装载货物时既不超出也不余空。

（4）包装大型化。随着交易单位的大型化和物流过程中搬运的机械化，单个包装也日趋大型化。例如，作为工业原料的粉粒状货物，就使用以吨为单位的柔性容器进行包装。包装大型化可以节省劳力，降低包装成本。

（5）包装机械化。包装机械化从逐个包装机械化开始，直到装箱、封口、捆扎等外包装作业完成。此外，还有使用托盘堆码机进行的自动单元化包装，以及用塑料薄膜加固托盘的包装等。包装机械化在节省劳力、货物单元化、提高销售效率等方面不可或缺。

（6）绿色包装。包装的寿命很短，多数到达目的地后便废弃了，随着物流量的增大，垃圾公害问题被提上议事日程。随着对"资源有限"认识的加深，包装材料的回收利用和再生利用受到了重视。今后应尽可能积极地采用绿色材料进行包装，推行包装容器的循环使用，并尽可能地回收废弃的包装容器予以再生利用。

3.4 装卸搬运

3.4.1 装卸搬运的概念与作用

1. 装卸搬运的概念

在同一地域范围内（如车站范围、工厂范围、仓库内部等）将改变"物"的存放、支承状态的活动称为装卸，将改变"物"的空间位置的活动称为搬运，两者全称装卸搬运。有时或在特定场合，单称装卸或单称搬运也包含了装卸搬运的完整含义。

在习惯使用中，物流领域（如铁路运输）常将装卸搬运这一整体活动称作"货物装卸"；在生产领域中，常将这一整体活动称作"物料搬运"。实际上，它们的活动内容都是一样的，只是领域不同。

在实际操作中，装卸与搬运是密不可分的，两者是伴随在一起发生的。因此，在物流科学中并不过分强调两者的差别而是将其作为一种活动来对待。

搬运的"运"与运输的"运"的区别之处在于，搬运是在同一地域的小范围内发生的，而运输则是在较大范围内发生的，两者是从量变到质变的关系，中间并无一个绝对的界限。

2. 装卸搬运的作用

（1）装卸搬运在物流活动的转换中起承上启下的连接作用。装卸搬运的功能包括对输送、保管、包装、流通加工等物流活动进行的衔接活动，以及在保管等活动中为进行检验、维护、保养所进行的装卸活动。装卸搬运是物流过程中的"节"，它是对运输、储存、配送、包装、流通加工等活动进行连接的中间环节。若没有装卸搬运，物流过程就会中断，无论是宏观物流还是微观物流都将不复存在。装卸搬运在物流过程中频频发生，占有相当大的比重，而且是一项十分艰苦而又繁重的工作。为了提高装卸作业效率，降低劳动强度，发展装卸搬运机械化、自动化、连续化势在必行。

（2）装卸搬运在物流成本中占有重要地位。装卸活动的基本动作包括装车（船）、卸车（船）、堆垛、入库、出库，以及连接上述各项动作的短程输送，是随运输和保管等活动而产生的必要活动。

在物流过程中，装卸活动是不断出现和反复进行的，它出现的频率高于其他各项物流活动，每次装卸活动都要花费很长时间，所以它往往成为决定物流速度的关键。例如，美国与日本之间的远洋船运，一个往返需25天，其中运输时间13天，装卸时间12天。装卸活动所消耗的人力很多，所以装卸费用在物流成本中所占的比重也较高。以我国为例，铁路运输的始发和到达的装卸作业费占运费的20%左右，船运占40%左右。因此，为了降低物流费用，装卸是个不可忽视的重要环节。

（3）装卸搬运是提高物流系统效率的关键。虽然装卸搬运在整个宏观物流中只是"节"，然而从局部、微观的角度来研究它时，它本身就是一个令人不可忽视的系统。科学、合理地组织装卸搬运系统，可以减少作业环节与装机容量，优化工艺线路，以达到与先进技术装备配套的目的。装卸搬运机械化的实施，既可降低装卸搬运成本，节约费用，又可降低工人作业强度，保证装卸搬运质量。

此外，进行装卸操作时往往需要接触货物，因此，这是在物流过程中造成货物破损、散失、损耗、混合等损失的主要环节。例如，袋装水泥纸袋破损和水泥散失主要发生在装卸过程中，玻璃、机械、器皿、煤炭等产品在装卸时最容易造成损失。由此可见，装卸活动是影响物流效率、决定物流技术经济效果的重要环节。

3.4.2 装卸搬运的特点

1. 装卸搬运是附属性、伴生性活动

装卸搬运是物流每一项活动开始及结束时必然发生的活动,因而有时会被人忽视,有时被看作其他操作不可缺少的组成部分。例如,一般而言的公路运输,实际上就包含了相随的装卸搬运,仓库中泛指的保管活动,也含有装卸搬运活动。

2. 装卸搬运是支持、保障性活动

装卸搬运的附属性不能理解成被动的特性,实际上,装卸搬运对其他物流活动有一定的决定性。装卸搬运会影响其他物流活动的质量和速度。例如,装车不当,会引起运输过程中的损失;卸放不当,会造成货物转换成下一步运输的困难。许多物流活动在有效的装卸搬运支持下,才能实现高水平作业。

3. 装卸搬运是衔接性活动

在任何其他物流活动互相过渡时,都以装卸搬运来衔接,因而,装卸搬运往往成为整个物流的"瓶颈",是物流各功能之间能否形成有机联系和紧密衔接的关键。建立一个有效的物流系统,关键看这一衔接是否有效。比较先进的系统物流方式——联合运输方式,就是着力解决这种衔接而实现的。

3.4.3 装卸搬运的分类

1. 按装卸搬运施行的物流设施、设备对象分类

装卸搬运可分为仓库装卸、铁路装卸、港口装卸、汽车装卸、飞机装卸等。

仓库装卸配合出库、入库、维护保养等活动进行,并且以堆垛、上架、取货等操作为主。

铁路装卸是对火车车皮的装进及卸出,特点是一次作业就实现一车皮的装进或卸出。很少有在仓库装卸时出现整装零卸或零装整卸的情况。

港口装卸既包括码头前沿的装船,也包括后方的支持性装卸搬运。有的港口装卸还采用小船在码头与大船之间"讨驳"的办法,因而其装卸的流程较为复杂,往往经过几次的装卸及搬运作业才能最后实现船与陆地之间货物过渡的目的。

汽车装卸一般一次的装卸批量不大,由于汽车的灵活性,可以减少或基本减去搬运活动,而直接、单纯利用装卸作业达到车与物流设施之间货物过渡的目的。

飞机装卸一般对装卸物的包装规格有明确要求,需要与汽车装卸进行配合,通过专用的传送机、升降机进出飞机货仓。

2. 按装卸搬运的机械及机械作业方式分类

装卸搬运可分成使用吊车的"吊上吊下"方式、使用叉车的"叉上叉下"方式、使用半挂车或叉车的"滚上滚下"方式、"移上移下"方式及散装散卸方式等。

(1)"吊上吊下"方式。采用各种起重机械从货物上部起吊,依靠起吊装置的垂直移动实现装卸,并在吊车运行的范围内或回转的范围内实现搬运,或依靠搬运车辆实现搬运。由于吊起及放下属于垂直运动,这种装卸方式属于垂直装卸方式。

(2)"叉上叉下"方式。采用叉车从货物底部托起货物,并依靠叉车的运动进行货物位移,搬运完全靠叉车本身,货物可不经中途落地直接放置到目的地。这种方式垂直运动不大而主要是水平运动,属于水平装卸方式。

(3)"滚上滚下"方式。它主要是指港口装卸的一种水平装卸方式。利用叉车或半挂车汽车承载货物,连同车辆一起开上船,到达目的地后再从船上开下,称为"滚上滚下"方式。利用叉车的"滚上滚下"方式,在船上卸货后,叉车必须离船,利用半挂车、平车或汽车,拖车将半挂车、平车拖拉至船上后,拖车开下离船而载货车辆连同货物一起运到目的地,再原车开下或拖车上船拖拉半挂车、平车开下。"滚上滚下"方式需要有专门的船舶,对码头也有不同要求,这种专门的船舶称为"滚装船"。

(4)"移上移下"方式。在两车之间(如火车及汽车)进行靠接,然后利用各种方式,不使货物垂直运动,而靠水平移动将货物从一个车辆推移到另一车辆上,称为"移上移下"方式。"移上移下"方式需要使两种车辆水平靠接,因此,须对站台或车辆货台进行改变,并配合移动工具实现这种装卸。

(5)散装散卸方式。该方式对散装物进行装卸。一般从装点直到卸点,中间不再落地,这是集装卸与搬运于一体的装卸方式。

3. 按被装物的主要运动形式分类

装卸搬运可分为垂直装卸、水平装卸两种形式。

4. 按装卸搬运对象分类

装卸搬运可分为散装货物装卸、单件货物装卸、集装货物装卸等。

5. 按装卸搬运的作业特点分类

装卸搬运可分为连续装卸和间歇装卸两类。

连续装卸主要是同种大批量散装,或小件杂货通过连续输送机械,连续不断地进行作业,中间无停顿,货间无间隔。在装卸量较大、装卸对象固定、货物对象不易形成大包装的情况下适宜采取这一方式。

间歇装卸有较强的机动性,装卸地点可在较大范围内变动,主要适用于货流不固定的各种货物,尤其适用于包装货物、大件货物,散粒货物也可采取此种方式。

3.4.4 装卸搬运合理化

装卸搬运合理化,首先必须坚持装卸搬运的基本原则;其次要按照装卸搬运合理化的要求,进行装卸搬运作业。

1. 提高货物装卸搬运的灵活性与可运性

提高货物装卸搬运的灵活性与可运性是装卸搬运合理化的一项重要内容。装卸搬运的灵活性要求装卸搬运作业必须为下一环节的物流活动提供方便,即所谓的"活化"。因此，不断提高活化的程度是装卸搬运灵活性的重要标志。

装卸搬运的可运性是指装卸搬运的难易程度，影响装卸搬运难易程度的因素主要有物品的外形尺寸，物品的密度或笨重程度，物品形状，损伤物品、设备或人员的可能性，物品所处的状态，物品的价值和使用价值等。装卸搬运物料的可运性可用物品马格数值的大小量度。

所谓"1个马格"，是指可以方便地拿在一只手中，相当密实，形状紧凑并可以码垛，不易损伤，以及相当清洁、坚固、稳定的物品。1 马格物品最典型的例子，是一块经过粗加工的 10 立方英寸大小的干燥木料。如果 10 件同一种物品可以方便地拿在一只手中，则每一物品为 1/10 马格。不断降低马格数值，就意味着物品不断提高了可运性。因此，采取措施降低马格数，是提高装卸搬运可运性的重要方式，也是装卸搬运合理化的重要方式之一。

2. 利用重力作用，减少能量消耗

利用重力作用，减少能量消耗就是所谓的省力化原则：能往下则不往上，能百行则不拐弯，能用机械则不用人力，能水平则不上坡，能连续则不间断，能集装则不分散。

在装卸时考虑到重力因素，可以利用货物本身的重量，进行有一定落差的装卸，以减少或根本不消耗装卸的动力，这是合理化装卸的重要方式。例如，从卡车、铁路货车卸物时，利用卡车与地面或小搬运车之间的高度差，使用溜槽、溜板之类的简单工具，可以依靠货物本身重量，使其从高处自动滑到低处，这就无须消耗动力。如果采用吊车、叉车将货物从高处卸到低处，其动力消耗虽比从低处装到高处小，但是仍需消耗动力，两者相比较，利用重力进行无动力消耗的装卸显然是合理的。

在装卸时尽量消除或削弱重力的影响，也会实现减轻体力劳动及其他劳动消耗的合理性。例如，在进行两种运输工具的换装时，可以采取落地装卸方式，即将货物从甲工具卸下并放到地上，一定时间之后或搬运一定距离之后，再将其从地上装到乙工具之上，这样起码在"装"时，要将货物举高，这就必须消耗改变位移的动力。如果进行适当安排，将甲、乙两工具进行靠接，从而使货物平移，从甲工具转移到乙工具上，就能有效消除重力影响，实现合理化。

在人力装卸时，一装一卸是爆发力，而搬运一段距离，这种负重行走，要持续抵抗重力的影响，同时还要行进，因而体力消耗很大，是出现疲劳的环节。所以，在人力装卸时如果能配合简单机具。做到"持物不步行"，则可以大大减轻劳动量，做到合理化。

3. 合理选择装卸搬运机械，充分利用机械，实现规模装卸

装卸搬运机械化是提高装卸效率的重要环节，装卸机械化程度一般分为三个级别。第一级是使用简单的装卸器具，第二级是使用专用的高效率机具，第三级是依靠电脑控制实行自动化、无人化操作。以哪一个级别为目标实现装卸机械化，不仅要从是否经济合理的角度考虑，而且还要从加快物流速度、减轻劳动强度和保证人与物的安全等方面考虑。

另外，装卸搬运机械的选择必须根据装卸搬运物品的性质决定。对以箱、袋或集合包装的物品可以采用叉车、吊车、货车装卸，散装粉粒状物品可使用传送带装卸，散装

液体物品可以直接向装运设备或储存设备装取。

规模效益在装卸时的主要表现在于一次装卸量或连续装卸量要达到充分发挥机械最优效率的水准。为了更多地降低单位装卸工作量的成本，对装卸机械而言也有规模问题，装卸机械的能力达到一定规模，才会有最优效果。追求规模效益的方法，主要是在通过各种集装实现间断装卸时一次操作的最合理的装卸量，从而使单位装卸成本降低，也通过散装实现连续装卸的规模效益。

4. 合理选择装卸搬运方式

在装卸搬运过程中，必须根据货物的种类、性质、形状、重量确定装卸搬运方式。在装卸时对货物的处理大体有三种方式：第一是"分块处理"，即按普通包装对货物逐个进行装卸。第二是"散装处理"，即对粉粒状货物不加小包装而进行的原样装卸。第三是"单元组合处理"，即货物以托盘、集装箱为单位进行组合后的装卸。要实现单元组合，可以充分利用机械进行操作，其优点是操作单位大，作业效率高，能提高物流"活性"。

5. 改进装卸搬运作业方法

装卸搬运是物流过程中重要的一环，合理分解装卸搬运活动，对于改进装卸搬运各项作业、提高装卸搬运效率有着重要意义。例如，采用直线搬运，减少货物搬运次数，使货物搬运距离最短；避免装卸搬运流程的对流、迂回现象；防止人力和装卸搬运设备的停滞现象；合理选用装卸机具、设备等。在改进作业方法上，尽量采用现代化管理方法和手段，如排队论的应用、网络技术的应用、人机系统的应用等，实现装卸搬运的连贯、顺畅、均衡。

6. 创建"复合终端"

近年来，工业发达国家为了对运输线路的终端进行装卸搬运合理化的改造，创建了所谓的"复合终端"，即对不同运输方式的终端装卸场所，集中建设不同的装卸设施。例如，在"复合终端"内集中设置水运港、铁路站场、汽车站场等，这样就可以合理配置装卸、搬运机械，使各种运输方式有机地连接起来。"复合终端"的优点在于：第一，取消了各种运输工具之间的中转搬运，因而有利于物流速度的加快，减少装卸搬运活动所造成的货物损失；第二，由于各种装卸场所集中到"复合终端"，这样就可以共同利用各种装卸搬运设备，提高设备的利用率；第三，在"复合终端"内，可以利用大生产的优势进行技术改造，大大提高转运效率；第四，减少了装卸搬运的次数，有利于物流系统功能的提高。

装卸搬运在某种意义上是运输、保管活动的辅助活动。因此，特别要重视从物流全过程考虑装卸搬运的最优效果。如果单独从装卸搬运的角度考虑问题，不但限制了装卸搬运活动的改善，而且还容易与其他物流环节发生矛盾，影响物流系统功能的提高。

7. 防止无效装卸

无效装卸的含义是消耗于必要装卸劳动之外的多余劳动。一般在装卸操作中，无效装卸具体反映在以下三个方面。

（1）过多的装卸次数。在物流过程中，货损发生的主要环节是装卸环节，而在整个物流过程中，装卸作业又是反复进行的。从发生的频数来讲，装卸发生的频数超过任何其他活动，所以过多的装卸次数必然导致损失的增加。从发生的费用看，一次装卸的费用相当于几十千米的运输费用，因此，每增加一次装卸，费用就会有较大比例的增加。此外，装卸会大大阻碍整个物流的速度，是降低物流速度的重要因素。

（2）过大的包装装卸。如果包装过大、过重，在装卸时会反复在包装上消耗较多的劳动，这一消耗不是必需的，因而形成无效劳动。

（3）无效物质的装卸。进入物流过程的货物，有时混杂着没有使用价值或对用户来讲使用价值不符的各种掺杂物，如煤炭中的矸石、矿石中的表面水分、石灰中的未烧熟石灰及过烧石灰等。在装卸时，这些无效物质会反复消耗劳动，因而形成无效装卸。

3.5 配　　送

3.5.1 配送与配送中心

1. 配送的含义

配送是指将从供应者手中接受的多品种、大批量货物，进行必要的储存保管，并按用户的订货要求进行分货、配货后，将配好的货物在规定的时间内，安全、准确地送交需求用户的一项物流活动。配送活动一般具有如下特点。

（1）配送是从物流据点至需求用户的一种特殊送货形式。

（2）配送是"配"和"送"的有机结合形式。

（3）配送是一种"门到门"的服务方式。

2. 配送中心的含义

配送中心是从事对特定用户提供送货业务的集货、加工、分货、拣选、配选和组织活动，以高水平实现销售或供应的现代流通服务场所和组织。配送中心的主要工作是进行货物的配备、供应或销售。它以现代装配和工艺为基础，对庞大的商品种类实行严格的管理。为了保证供应，避免脱销或缺货，它利用销售出库管理系统和采购入库管理系统不间断地进行订货、进货、配送作业。

配送中心是连接生产与消费的流通节点，是产生时间效用和空间效用的物流设施，在流通过程中发挥着调整生产和消费之间的时间差异、场所差异的作用，并有利于提高库存集约化及作业管理效率化，提高对顾客的服务水平，保证满足顾客需求的安全库存。降低运输成本，实现多样化流通加工中心的整体功能。

配送中心的功能一般有采购功能、存储功能、配组功能、分拣功能、分装功能、集散功能、加工功能等。

3.5.2 配送的作用与分类

1. 配送的作用

（1）配送是实现流通社会化的重要手段。社会化大生产的发展，必然要求与之相适应的流通社会化。配送是促使流通格局和流通形式发生改变，使原来小生产方式的流通向社会化流通发展的重要手段，对实现流通社会化具有重要意义。配送向用户提供的送货上门的社会性服务取代了一家一户的"取货制"，取代了层层设库、户户储运的分散、多元化物流格局，使原来条块分割、部门分割的流通体制向社会化大流通转变。配送实行的集中社会库存、集中配送等社会化流通形式，可以从根本上改变小生产式的流通方式，转变其分散的、低效率的运行状态，从而实现与社会化大生产相适应的社会化商品流通。

（2）配送通过集中库存使企业实现低库存或零库存，提高确保供应的程度。长期以来，层层设库、行行设库、库存结构分散、库存总量偏高的现实，使库存问题成为经济领域中一个沉重的包袱，是流通社会化难以逾越的一大障碍，而配送从根本上解决了库存问题，并找到了一条出路。配送使库存从小生产形态转变为社会化大生产形态，从分散的供应库存形态转变为集中的流通库存形态。依靠配送企业提供的准时配送，用户企业就不需要保持自己的库存或者只需要保持少量的风险储备，从而实现企业多年追求的"零库存"或低库存，解放出大量的储备资金，改善企业的财务状态，提高企业的经济效益。同时，集中库存能形成比单个企业安全库存大得多的安全库存，各级安全系数也大得多，因而提高了保证供应的程度，使用户企业避免出现呆滞和超储备库存。此外，配送企业通过其有效的服务，采取准时配送、即时配送等多种服务形式，保证用户的临时性、偶然性和季节性需求，使用户摆脱库存压力，减少储存量。配送在解决库存问题的同时，也实现了社会资源的合理流动与配置。

（3）配送有利于实现运输的合理化。商品生产与消费在空间上的分离决定了商品生产出来之后只有通过运输才能进入消费领域。最终消费具有的消费者分散和消费品种多样化、数量少的特点造成了商品运输批次多、批量小、送货地点分散的状况。如果为用户送货是有一件送一件，需要一点送一点，那么势必会产生大量的重复、对流等不合理运输，造成运力的浪费。配送以将多个用户的小批量商品集中起来发货的方式，在货源上集零为整，扩大了运输批量，提高了车辆的载重率和利用率，使运输能以最经济的方式组织和进行。

（4）配送是为消费者提供方便、优质服务的重要方式。社会生产和经济的发展，人民生活水平的提高，使消费者对商品及与之相应的服务提出了越来越高的要求。不但要求商品品种全、质量好，而且要求服务方便、周到。在现代化大生产的条件下，专业化生产程度越来越高，企业生产的产品品种越来越少，生产规模越来越大，生产出来的产品数量越来越多，而各个分散的消费者日常消费所需要的却是广泛的商品品种和较小的数量。通过流通过程中的配送等各环节，就可以对商品品种加以结合，变单一为多样；对其数量加以分散，化大为小、化整为零，满足消费者的需要，调节商品生产与消费方式的差别。在配送过程中辅以必要的流通加工。并将配好的商品送到顾客手中,从而为消费者提供方便、完善、优质的服务。

2. 配送的分类

(1) 按实施配送组织者的不同可将配送分为:配送中心配送、仓库配送、商店配送、生产企业配送。

(2) 按配送商品的种类和数量可将配送分为:单(少)品种、大批量配送,多品种、小批量配送,成套配套配送。

(3) 按配送的时间和数量可将配送分为:定时配送、定量配送、定时定量配送、定时定路线配送、即时配送。

(4) 按配送的组织形式可将配送分为:共同配送、集团配送、独立配送。

3.5.3 配送的一般流程及要素

1. 备货

备货是配送的准备工作,备货工作包括筹集货源、订货或购货、集货进货及有关的质量检查、结算、交接等。

2. 储存

配送中的储存有储备及暂存两种形态。

配送储备是按一定时期的配送经营要求形成的对配送的资源保证。这种类型的储备数量较大,储备结构也较完善,根据货源及到货情况,可以有计划地确定周转储备及风险储备的结构和数量。

配送暂存是在具体执行日配送时,按分拣、配货要求,在理货场地所做的少量储备准备。因为总体储存效益取决于储存总量,所以这部分暂存数量只会对工作方便与否造成影响,而不会影响储存的总效益,因而在数量控制上并不严格。

还有另一种形式的暂存,即在分拣、配货之后,形成的发送货载的暂存,这种暂存主要是调节配货与送货的节奏,暂存时间不长。

3. 分拣

分拣是完善送货、支持送货的准备性工作,是不同配送企业在送货时进行竞争和提高自身经济效益的必然延伸。所以,也可以说分拣是送货向高级形式发展的必然要求。

4. 配装

当单个用户配送数量不能达到车辆的有效载运负荷时,就存在如何集中不同用户的配送货物,进行搭配装载以充分利用运能、运力的问题,这时就需要配装。配装和一般送货的不同之处在于,通过配装送货可以大大提高送货水平及降低送货成本,所以,配装既是配送系统中有现代特点的功能要素,也是现代配送不同于以往送货的重要区别之处。

5. 配送运输

配送运输属于运输中的末端运输、支线运输，和一般运输形态的主要区别在于：配送运输是较短距离、较小规模、较高频度的运输形式，一般使用汽车作为运输工具。与干线运输的另一个区别是，配送运输的路线选择问题是一般干线运输所没有的，干线运输的干线是唯一的运输线，而由于配送用户多，一般城市交通路线又较复杂，解决如何组合最佳路线，如何使配装路线有效搭配等问题，是配送运输的特点，也是难度较大的工作。

6. 送达服务

将配好的货物运输到用户还不算配送工作的完结。这是因为送达货物和用户接货之间往往还会出现不协调的情况，使配送前功尽弃。

7. 配送加工

配送加工是流通加工的一种，但配送加工有它不同于一般流通加工的特点，即配送加工一般只取决于用户要求，且加工的目的较为单一。

配送的一般流程比较规范，但并不是所有的配送都按上述流程进行。不同产品的配送可能有其独特之处。例如，燃料油的配送就不存在配货、分放、配装工序，水泥及木材的配送又多出了一些流通加工的过程，而流通加工可能在不同环节出现。

3.5.4 配送合理化

1. 配送合理化的标志

对于配送合理化与否的判断，是配送决策系统的重要内容，但目前国内外尚无统一的技术经济指标体系和判断方法。一般来说，以下指标应考虑在内。

1）库存指标

具体指标有以下两方面。

（1）库存总量指标。库存总量指标是指在一个配送系统中，库存从各个分散用户转移到配送中心，配送中心库存数量加上各用户在实行配送后的库存量之和应低于实行配送前各用户库存量之和。

（2）库存周转指标。由于配送企业的调剂作用，以低库存保持高供应能力，库存周转应总是快于原来各企业的库存周转。此外，从各个用户角度进行判断，各用户在实行配送前后的库存周转比较，也是判断合理与否的标志。

2）资金指标

总的来讲，实行配送应有利于资金占用的降低及资金运用的科学化，具体判断如下。

（1）资金总量。用于资源筹措所占用的流动资金总量随着储备总量的下降及供应方式的改变必然有一个较大的降低。

（2）资金周转。从资金运用的角度看，由于整个节奏加快。资金充分发挥作用，对于同样数量的资金，过去需要较长时间才能满足一定供应要求，经过配送之后，在较短时间内就能达此目的。所以资金周转是否加快，是衡量配送合理与否的标志。

（3）资金投向的改变。资金分散投入还是集中投入，是资金调控能力的重要反映。实行配送后，资金必然应当从分散投入改为集中投入，以便增加调控作用。

3）成本和效益

总效益、宏观效益、微观效益、资源筹措成本都是判断配送合理化的重要标志。对于不同的配送方式，可以有不同的判断侧重点。例如，如果配送企业、用户都是各自独立的、以利润为中心的企业，则不但要看配送的总效益，还要看对社会的宏观效益及两个企业的微观效益，不顾及任何一方，都必然导致出现不合理。又例如，如果配送是由用户自己组织的，配送主要强调保证能力和服务性，那么，效益主要从总效益、宏观效益和用户企业的微观效益来判断，不必过多顾及配送企业的微观效益。由于总效益及宏观效益难以计算，在实际判断时，常以按国家政策进行经营、完成国家税收的配送企业及用户的微观效益来判断。对于配送企业而言（投入确定的情况下），则以企业利润反映配送的合理化程度。对于用户企业而言，在保证供应水平或提高供应水平（产出一定）的前提下，供应成本的降低，反映了配送的合理化程度。成本及效益对合理化的衡量，还可以到储存、运输等具体配送环节，使判断更为精细。

4）供应保证指标

实行配送的重要一点是必须提高而不是降低对用户供应保证的能力，这样才算合理。供应保证能力可以从以下方面判断。

（1）缺货的次数。实行配送后，对各用户而言，该到货而未到货以致影响用户生产及经营的次数必须下降才算合理。

（2）配送企业集中库存量。对每个用户而言，其所形成的供应保证能力应高于配送前单个企业的保证程度，这样从供应保证来看才算合理。

（3）即时配送的能力及速度是用户出现特殊情况的特殊供应保证方式，这一能力必须高于未实行配送前用户紧急进货能力及速度才算合理。

特别需要强调一点，配送企业的供应保证能力，是一个科学合理的概念，而不是无限的概念。具体来讲，如果供应保证能力过高，超过了实际的需要，也属于不合理。所以追求供应保证能力的合理化也是有限度的。

5）社会运力节约指标

末端运输是目前运能、运力使用不合理、浪费较大的领域。因而人们寄希望于配送来解决这个问题，这也成了配送合理化的重要标志。运力使用的合理化是依靠送货运力的规划和整个配送系统的合理流程及与社会运输系统的合理衔接实现的。送货运力的规划是任何配送中心都需要花力气解决的问题，而其他问题的解决有赖于配送及物流系统的合理化，判断起来比较复杂，可以简化如下。

（1）社会车辆总数减少，而承运量增加为合理。

（2）社会车辆空驶减少为合理。

（3）一家一户自提自运减少，社会化运输增加为合理。

6）用户企业仓库、供应、进货的人力物力节约指标

在实行配送后，各用户库存量、仓库面积、仓库管理人员减少为合理；用于订货、接货、供应的人员应减少才为合理。若真正解除用户的后顾之忧，则配送的合理化程度

可以说是达到了高水平。

7）物流合理化指标

配送必须有利于物流合理化，这可以从以下七方面判断。

（1）是否降低了物流费用？

（2）是否减少了物流损失？

（3）是否加快了物流速度？

（4）是否发挥了各种物流方式的最优效果？

（5）是否有效衔接了干线运输和末端运输？

（6）是否不增加实际的物流中转次数？

（7）是否采用了先进的技术手段？

物流合理化的问题是配送要解决的大问题，也是衡量配送本身的重要标志。

2. 不合理配送的表现形式

对于配送决策的优劣，很难有一个绝对的标准。例如，企业效益是配送的重要衡量标志，但是，在决策时常常要考虑各个因素，有时甚至要做赔本买卖，所以配送的决策是全面、综合的决策。在决策时要避免由于出现不合理的配送所造成的损失，但有时某些不合理现象是伴生的，要追求大的合理，就可能派生小的不合理。所以，这里只单独论述不合理配送的表现形式，但要防止绝对化。

（1）资源筹措不合理。配送利用较大批量来筹措资源，企业通过筹措资源的规模效益来降低资源筹措成本，使配送资源筹措成本低于用户自己的资源筹措成本，从而取得优势。如果不是集中多个用户需求进行批量筹措资源，而仅仅是为某一两个用户代购代筹，对用户而言，不仅不能降低资源筹措成本，反而要多支付一笔配送企业的代筹代办费，因而是不合理的。资源筹措的不合理还有其他表现形式。例如，配送量计划不准，资源筹措过多或过少，在资源筹措时不考虑建立与资源供应者之间长期稳定的供需关系等。

（2）库存决策不合理。配送应使集中库存总量低于各用户分散库存总量，从而大大节约社会财富，同时降低用户实际平均分摊库存的负担。因此，配送企业要依靠科学管理来实现一个总量低的库存，否则就会出现单是库存转移，而未解决库存降低的不合理。配送企业库存决策不合理还表现在储存量不足，不能保证随机需求，从而导致失去应有的市场。

（3）价格不合理。总的来讲，实行配送的价格应低于不实行配送时的价格，即用户自己进货时的产品购买价格加上自己提货、运输、进货的成本总和，这样才会使用户有利可图。有时候，由于配送可以有较高服务水平，价格稍高，用户也是可以接受的，但这只能是在个别的情况下，如果配送价格普遍高于用户自己进货的价格，损害了用户利益，就是一种不合理的表现。同时，价格定得过低，使配送企业在无利或亏损状态下运行，也是不合理的。

（4）配送与直达的决策不合理。一般的配送总是增加了环节，但是这个环节的增加，可降低用户平均库存水平，因此不但抵销了增加环节的支出，而且还能取得剩余效益。

但是如果用户使用批量大,可以直接通过社会物流系统均衡批量进货,相比之下通过配送中转送货则可能更节约费用,所以,在这种情况下,不直接进货而通过配送中转送货,就属于不合理的范畴。

(5)送货中的不合理运输。与用户自提相比较,尤其对于多个小用户而言,配送可以集中配装一车送至几家,相比一家一户自提大大节省运力和运费。如果不利用这一优势,仍然是一户一送,而车辆达不到满载(即时配送过多、过频时会出现这种情况)则属于不合理。

(6)经营观念不合理。在配送实施中,有许多时候经营观念不合理,使配送优势无从发挥,相反却损坏了配送的形象,这是在开展配送业务时尤其需要注意克服的不合理现象。例如,配送企业利用配送手段向用户转嫁资金、库存困难,在库存过大时,强迫用户接货,以缓解自己的库存压力;在资金紧张时,长期占用用户资金;在资源紧张时,将用户委托的资源挪作他用获利等。

3. 配送合理化的措施

国内外推行配送合理化,有一些可供借鉴的方法,简单介绍如下。

(1)推行一定综合程度的专业化配送。通过采用专业设备、设施及操作程序,取得较好的配送效果,并降低配送过分综合化的复杂程度及难度,从而追求配送合理化。

(2)推行加工配送。通过加工和配送的结合,充分利用本来应有的中转,而不增加新的中转,以求得配送合理化。同时加工借助于配送,目的更明确,而且和用户联系得更紧密,更避免了盲目性。这两者有机结合,投入增加不太多却可追求两个优势、两个效益,是配送合理化的重要经验。

(3)推行共同配送。通过共同配送,可以最近的路程、最低的配送成本完成配送,从而追求合理化。

(4)实行送取结合。配送企业与用户建立稳定、密切的协作关系,配送企业不仅成为用户的供应代理人,而且成为用户储存据点,甚至成为产品代销人,在配送时将用户所需的物资运到,再将该用户生产的产品用同一车运回,这种产品也成为配送中心的配送产品之一,或者可以开展代存代储,免去生产企业的库存包袱。这种送取结合、使运力被充分利用,也使配送企业功能有更大的发挥,从而追求合理化。

(5)推行准时配送系统。准时配送是配送合理化的重要内容,配送做到了准时,用户才有资源把握,可以放心地实施低库存甚至零库存,可以有效地节约人力、物力,以追求工作的最高效率。另外,供应保证能力也取决于准时供应,从国外的经验看,准时供应配送系统是现在许多配送企业追求配送合理化的重要手段。

(6)推行即时配送。即时配送是最终解决用户企业担心供应中断之忧,大幅度提高供应保证能力的重要手段。即时配送是配送企业快速反应能力的具体化。即时配送的成本较高,但它是整个配送合理化的重要保证手段。此外,即时配送也是用户实行零库存的重要保证手段。

3.6 流通加工

3.6.1 流通加工的概念

流通加工是流通中的一种特殊形式，是指在物品从生产地到使用地的过程中，根据需要施加包装、分割、计量、分拣、刷标志、贴标签、组装等简单作业的总称。

商品流通是以货币为媒介的商品交换，它的重要职能是将生产与消费（或再生产）联系起来，起桥梁和纽带作用，完成商品所有权和实物形态的转移。因此，流通与流通对象的关系，一般不是改变其形态而创造价值，而是保持流通对象的已有形态，完成空间的位移，实现其时间效用及场所效用。

流通加工则与此有较大的区别，总的来讲，在流通过程中，流通加工仍然和流通总体一样起桥梁和纽带作用。但是，它却不是通过保护流通对象的原有形态来实现这一作用的，它和生产一样，是通过改变或完善流通加工的概念对象的原有形态来实现桥梁和纽带作用的。

流通加工是在物品从生产领域向消费领域流动的过程中，为了促进销售、维护产品质量和提高物流效率，对物品进行加工，使物品发生物理、化学或形状的变化。流通加工的内容包括装袋、定量化小包装、拴牌、贴标签、配货、挑选、混装、刷标志、剪断、打孔、折弯、拉拔、挑扣、组装、配套及混凝土搅拌等。例如，常见的食品流通加工有：①鱼、肉、禽类的冷冻；②生奶酪的冷藏；③鲜牛奶的灭菌和摇匀；④生鲜食品及蔬菜的速冻包装、真空包装。

流通加工和一般的生产型加工在加工方法、加工组织、生产管理方面并无显著区别，但在加工对象、加工程度方面差别较大，其差别主要如下。

（1）流通加工的对象是进入流通过程的商品，具有商品的属性，以此来区别多环节生产加工中的一环，流通加工的对象是商品，生产加工的对象不是最终产品，而是原材料、零配件、半成品。

（2）流通加工的程度大多是简单加工，而不是复杂加工。一般来讲，如果必须进行复杂加工才能形成人们所需的商品，那么，对这种复杂加工应专设生产加工过程，生产过程理应完成大部分加工活动，流通加工对生产加工则是一种辅助及补充。特别需要指出的是，流通加工绝不是对生产加工的取消或代替。

（3）从价值观点看，生产加工的目的在于创造价值及使用价值，而流通加工的目的则在于完善其使用价值，并在不做大改变的情况下提高价值。

（4）流通加工的组织者是从事流通工作的人，能密切结合流通的需要进行这种加工活动。从加工单位看，流通加工由商业或物资流通企业完成，而生产加工则由生产企业完成。

（5）商品生产是为交换、为消费而生产的。流通加工的一个重要目的是消费（或再生产），这一点与商品生产有共同之处。但是流通加工有时也以自身流通为目的，纯粹是为流通创造条件，这种为流通所进行的加工与直接为消费进行的加工从目的上讲是有区别的，这又是流通加工不同于一般生产的特殊之处。

3.6.2 流通加工的地位及作用

1. 流通加工在物流中的地位

（1）流通加工有效地完善了流通。流通加工在实现时间和场所两个重要效用方面，确实不能与运输和储存相比，因而，不能认为流通加工是物流的主要功能要素。流通加工的普遍性也不能与运输和储存相比，流通加工不是所有物流中必然出现的。但这绝不是说流通加工不甚重要，实际上它也是不可轻视的，是起着补充、完善、提高、增强作用的功能要素，它能起到运输、储存等其他功能要素无法起到的作用。所以，流通加工的地位可以描述为是提高物流水平、促进流通向现代化发展的必不可少的形态。

（2）流通加工是物流中的重要利润源。流通加工是一种低投入高产出的加工方式，往往以简单加工解决大问题。实践证明，有的流通加工通过改变装潢使商品档次跃升而充分实现其价值，有的流通加工将产品利用率提高 20%～50%，这是采取一般方法提高生产率所难以企及的。根据我国近些年的实践，流通加工单向流通企业提供利润这一点，其成效并不亚于企业从运输和储存中挖掘的利润，是物流中的重要利润源。

（3）流通加工在国民经济中也是重要的加工形式。在整个国民经济的组织和运行方面，流通加工是其中一种重要的加工形态，对推动国民经济的发展和完善国民经济的产业结构及生产分工有一定的意义。

2. 流通加工的作用

（1）提高原材料利用率、利用流通加工环节进行集中下料，是将生产厂商直接运来的简单规格产品，按使用部门的要求进行下料。例如，对钢板进行剪板、切裁；将钢筋或圆钢裁制成毛坯；将木材加工成各种长度及大小的板、方等。集中下料可以优材优用、小材大用、合理套裁，有很好的技术经济效果。北京、济南、丹东等城市对平板玻璃进行流通加工（集中裁制、开片供应），玻璃的利用率从 60%左右提高到 85%～95%。

（2）进行初级加工，方便用户。用量小或临时需要的使用单位，缺乏进行高效率初级加工的能力，流通加工可使使用单位省去进行初级加工的投资、设备及人力，从而搞活供应，方便用户。目前发展较快的初级加工有将水泥加工成生混凝土、将原木或板方材加工成门窗、冷拉钢筋及冲制异型零件、钢板预处理、整形、打孔等加工。

（3）提高加工效率及设备利用率。由于建立集中加工点，因此企业可以采用效率高、技术先进、加工量大的专门机具和设备。

3. 流通加工合理化

1）流通加工合理化的概念

流通加工合理化是指实现流通加工的最优配置。不但要做到避免各种不合理，使流通加工有存在的价值，而且要做到选择的最优化。

为避免各种不合理现象，对是否设置流通加工环节，在什么地点设置，选择什么类型的加工，采用什么样的技术装备等问题，需要做出正确抉择。目前，国内在进行这方面合理化的考虑中已积累了一些经验，取得了一定成果。实现流通加工合理化主要考虑以下五个方面。

（1）加工和配送结合。这是将流通加工设置在配送点，一方面按配送的需要进行加工，另一方面加工又是配送业务流程中分货、拣货、配货的一环，加工后的产品直接投入配货作业，这就无须单独设置一个加工的中间环节，使流通加工有别于独立的生产，从而使流通加工与中转流通巧妙地结合在一起。同时，由于配送之前有加工，可使配送服务水平大大提高。这是当前对流通加工做合理选择的重要形式，在煤炭水泥等产品的流通中已表现出较大优势。

（2）加工和配套结合。在对配套要求较高的流通中，配套的主体来自各个生产单位，但是，完全配套有时无法全部依靠现有的生产单位，进行适当流通加工，可以有效地促成配套，大大提高流通的桥梁与纽带作用。

（3）加工和合理运输结合。前文已提到过流通加工能有效衔接干线运输与支线运输，促进两种运输形式的合理化。将支线运输转干线运输或将干线运输转支线运输，这本来是必须停顿的环节，企业利用流通加工环节不进行一般的支转干或干转支，而是按干线运输或支线运输的合理要求进行适当加工，从而大大提高运输及运输转载水平。

（4）加工和合理商流结合。通过加工有效促进销售，使商流合理化，也是流通加工合理化的考虑方向之一。加工和配送的结合，通过加工提高了配送水平，强化了销售，是加工与合理商流相结合的一个成功的例证。此外，通过简单地改变包装加工，降低商品的单次购买量从而方便消费者购买，增加销售，通过组装加工解决用户使用前进行组装、调试的难处，都是有效促进商流的例子。

（5）加工和节约结合。节约能源、节约设备、节约人力、节约耗费是流通加工合理化的重要考虑因素，也是目前我国设置流通加工时考虑其合理化的较普遍形式。

对于流通加工合理化的最终判断，是看其能否实现社会效益和企业效益，而且是否取得了最优效益。对流通加工企业而言，与一般生产企业的一个重要不同之处是流通加工企业更应以社会效益为第一观念，只有在以补充完善为己任的前提下才有生存的价值。如果只是追求企业的微观效益，不适当地进行加工，甚至与生产企业争利，这就有违流通加工的初衷，或者其本身已不属于流通加工的范畴。

2）不合理的流通加工形式

流通加工是在流通领域中对生产的辅助性加工，从某种意义上讲它不仅是生产过程的延续，而且是生产本身或生产工艺在流通领域的延续。这个延续可能有正、反两方面的作用，即可能有效地起到补充完善的作用，但是，也必须估计到另一个可能性，即对整个过程的负效应，各种不合理的流通加工都会产生抵消效益的负效应。

几种不合理的流通加工形式如下。

（1）流通加工地点设置的不合理。流通加工地点设置，即布局状况是使整个流通加工有效的重要因素。一般来说，如果是为衔接单品种、大批量生产与多样化需求的流通加工，将加工地设置在需求地区，才能实现大批量的干线运输与多品种末端配送的物流优势。

影响流通加工地点的不合理因素还有其他的一些。例如，流通加工与生产企业或用户之间距离较远，流通加工点的投资过高，加工点周围社会环境条件不良等。

（2）流通加工方式选择不当。流通加工方式包括流通加工对象、流通加工工艺、流通加工技术、流通加工程度等。流通加工方式的选择实际上是与生产加工的合理分工。分工不合理，本来应由生产加工完成的，却错误地由流通加工完成，本来应由流通加工完成的，却错误地由生产过程完成，都会造成不合理。

流通加工不是对生产加工的代替，而是一种补充和完善。所以，一般而言，如果工艺复杂，对技术装备要求较高，加工可以由生产过程延续或轻易解决，则都不宜再设置流通加工，尤其不宜与生产过程争夺技术要求较高、效益较高的最终生产环节，更不宜利用一个时期市场的压迫力使生产变成初级加工或前期加工，而使流通企业完成装配或最终形成产品的加工。如果流通加工方式选择不当，就会出现与生产夺利的恶果。

（3）流通加工的作用不大，形成多余环节。有的流通加工过于简单，或对生产及消费者的作用都不大，甚至有些企业盲目地进行流通加工，不但不能解决品种、规格、质量、包装等问题，而且增加了环节，这都是流通加工不合理的表现形式。

（4）流通加工的成本过高，效益不好。流通加工之所以能够有生命力，其重要优势之一是有较大的产出投入比，因而有效地起着补充完善的作用。如果流通加工的成本过高，则不能达到以较低投入实现较高使用价值的目的。除了一些必需的、按政策要求即使亏损也应进行的加工外，成本过高的流通加工都应看成是不合理的。

课后习题

1. 物流系统的功能要素主要包括哪些？
2. 简述我国的五种基本运输方式的特点。
3. 影响运输合理化的因素有哪些？
4. 如何实现装卸搬运合理化？
5. 不合理的流通加工形式有哪些？

参考文献

[1] 胡海清. 现代物流管理概论[M]. 北京：机械工业出版社，2018.
[2] 李亦亮，徐俊杰. 现代物流仓储管理[M]. 合肥：安徽大学出版社，2009.

第 2 篇

企 业 物 流

第2章

食物的旅途

第 4 章

仓 储 管 理

4.1 储备与仓库

4.1.1 储备的形成与作用

原始社会剩余产品的产生,带来了储备的形成。储备的作用,是储备剩余物资,以待后用。随着战争和灾害的出现,人们为了防备战争和灾害,平常就有计划、有目的地进行储备。这种储备是一种保险储备,以应付以后需要。

17 世纪以来,随着商业和工业的发展,出现多环节的生产过程和流通过程,为保障生产和流通各个环节的顺利进行,需要一些物资处在等待、准备状态,这种在生产和流通的各环节上进行的储备,是生产和流通顺利进行的条件。这种储备叫周转储备,它的作用是缓冲各环节间供和需在时间上的矛盾,多了可以存,少了可以流,保证各环节都能顺利进行。

在周转储备、剩余储备和保险储备这三种储备中,剩余储备和保险储备可以合在一起,统称为保险储备。这种储备的目的是防备以后的风险,一般采用较长时间的储备形式。周转储备的目的是周转,是为生产和流通的进行做准备,是生产和流通顺利进行的前提条件。这种储备一般是临时的储备,不断周转。

有了储备,就必然要有仓库。仓库是储存物资的场所,一般是以库房、货场及其他设施、装置为劳动手段对商品、货物、物资进行收进、整理、存储、保管和分发等工作。一般使用建筑物体作为仓库,但有时也使用车辆、船舶、集装箱等设备,甚至直接利用地面和水面作为仓库。传统意义上的仓库是指在物流系统中承担保管功能的场所,是物流网络中的节点。现代物流将仓库理解为区域分拨的基地,是区域内物流运作的中心。仓库的主要功能除了物品的存储保管功能之外,还在物流系统中起着运输组合、产品组合、流通加工、服务、充当信用机构及运输调节的作用,增加产品的附加值。

4.1.2 仓储的种类

虽然说仓储的本质都为物品的储藏和保管,但由于经营主体的不同、仓储对象的不同、经营方式的不同、仓储功能的不同,不同的仓储活动具有不同的特性。

1. 按仓储经营主体划分

1）企业自营仓储

企业自营仓储包括生产企业和流通企业的自营仓储。生产企业自营仓储是指生产企业使用自有的仓库设施，对生产使用的原材料、半成品和最终产品实施储存保管的行为。生产企业自营仓储的对象一般来说品种较少，基本上是以满足生产需要为原则。流通企业自营仓储则是流通企业自身以其拥有的仓储设施对其经营的商品进行仓储保管的行为。流通企业自营仓储中的对象种类较多，其目的为支持销售。企业自营的仓储行为具有从属性和服务性特征，即从属于企业，服务于企业，所以，相对来说规模较小、数量众多、专用性强、仓储专业化程度低、一般很少对外开展商业性仓储经营。

2）营业仓储

营业仓储是仓库所有者以其拥有的仓储设施，向社会提供商业性仓储服务的仓储行为。仓储经营者与存货人通过订立仓储合同的方式建立仓储关系，并且依据合同约定提供服务和收取仓储费。营业仓储的目的是在仓储活动中获得经济回报，追求目标是经营利润最大化。其经营内容包括提供货物仓储服务、提供场地服务、提供仓储信息服务等。

3）公共仓储

公共仓储是公用事业的配套服务设施，为车站、码头提供仓储配套服务。其主要目的是对车站、码头的货物作业和运输流畅起支撑和保证作用，具有内部服务的性质，处于从属地位。但对于存货人而言，公共仓储也适用营业仓储的关系，只是不独立订立仓储合同，而是将仓储关系列在作业合同、运输合同之中。

4）战略储备仓储

战略储备仓储是国家根据国防安全、社会稳定的需要，对战略物资实行战略储备而形成的仓储。战略储备由国家政府进行控制，通过立法、行政命令的方式进行，由执行战略物资储备的政府部门或机构进行运作。战略储备特别重视储备品的安全性，且储备时间较长。战略储备物资主要有粮食、油料、能源、有色金属、淡水等。

2. 按仓储对象划分

1）普通物品仓储

普通物品仓储是指不需要特殊保管条件的物品仓储。例如，一般的生产物资、普通生活用品、普通工具等物品，它们不需要针对货物设置特殊的保管条件，就可以视为普通物品，从而采取无特殊装备的通用仓库或货场来存放。

2）特殊物品仓储

特殊物品仓储是指在保管中有特殊要求和需要满足特殊条件的物品仓储，如危险物品仓储、冷库仓储、粮食仓储等。特殊物品仓储应该采用适合特殊物品仓储的专用仓库，按照物品的物理、化学、生物特性，以及有关法规规定进行专门的仓储管理。

3. 按仓储功能划分

1）储存仓储

储存仓储是指物资较长时期存放的仓储。储存仓储一般设在较为偏远的但具备较好交通运输条件的地区。储存仓储的物资品种少，但存量大，存储费用低廉就很有必要。由于物资存期长，储存仓储特别注重两个方面：一是仓储费用尽可能降低，二是对物资的质量保管和养护。

2）物流中心仓储

物流中心仓储是指以物流管理为目的的仓储活动，是为了有效实现物流的空间与时间价值，对物流的过程、数量、方向进行调节和控制的重要环节。一般设置在位于一定经济地区中心、交通便利、储存成本较低的口岸。物流中心仓储品种并不一定很多，但每个品种基本上都是较大批量进货、进库、一定批量分批出库，整体吞吐能力强，因此机械化、信息化、自动化水平要高。

3）配送仓储

配送仓储也称为配送中心仓储，是指商品在配送交付消费者之前所进行的短期仓储，是商品在销售或者供生产使用前的最后储存，并在该环节进行销售或使用前的简单加工与包装等前期处理。配送仓储一般通过选点，设置商品的消费经济区间，要求能迅速地送达。配送仓储物品品类繁多，但每个品种进库批量并不大，需要进货、验货、制单、分批少量拣货出库等操作，往往需要进行拆包、分拣、组配等作业，主要目的是支持销售和消费，配送仓储特别注重两个方面：一是配送作业的时效性与经济合理性，二是对物品存量的有效控制。因此，配送中心仓储十分强调物流管理信息系统的建设与完善。

4）运输转换仓储

运输转换仓储是指衔接铁路、公路、水路等不同运输方式的仓储，一般设置在不同运输方式的相接处，如港口、车站库场等。它的目的是保证不同运输方式的高效衔接，减少运输工具的装卸和停留时间。运输转换仓储具有大进大出及货物存期短的特性，十分注重货物的作业效率和货物周转率。因此，运输转换仓储活动需要以高度机械化作业为支撑。

5）保税仓储

保税仓储是指使用海关核准的保税仓库存放保税货物的仓储行为。保税仓储一般设置在进出境口岸附近。保税仓储受到海关的直接监控，虽然说货物也是由存货人委托保管，但保管人要对海关负责，入库或者出库单据均需要由海关签署。

4. 按仓储物的处理方式划分

1）保管式仓储

保管式仓储是指存货人将特定的物品交由仓储保管人代为保管，物品保管到期，保管人将代管物品交还存货人的方式所进行的仓储。保管式仓储也称为纯仓储。仓储要求保管物除了发生的自然损耗和自然减量外，数量、质量、件数不应发生变化。保管式仓储又可分为物品独立保管仓储和物品混合在一起保管的混藏式仓储。

2）加工式仓储

加工式仓储是指仓储保管人在物品仓储期间根据存货人的合同要求，对保管物进行合同规定的外观、形状、成分构成、尺度等方面的加工或包装，使仓储物品满足委托人要求的仓储方式。

3）消费式仓储

消费式仓储是指仓库保管人在接受保管物时，同时接受保管物的所有权，仓库保管人在仓储期间有权对仓储物行使所有权，待仓储期满，保管人将相同种类、品种和数量的替代物交还委托人所进行的仓储。消费式仓储特别适合于保管期较短的商品储存，如储存期较短的肉禽蛋类、蔬菜瓜果类农产品的储存。消费式仓储也适合在一定时期内价格波动较大的商品的投机性存储，是仓储经营人利用仓储物品开展投机经营的增值活动，具有一定的商品保值和增值功能，同时又具有较大的仓储风险，是仓储经营的一个重要发展方向。

5. 按仓储的经营业态划分

1）服务类仓储

自建或租用仓库、为广大工商企业提供仓储管理及其增值服务。

2）自助仓储

经营者把仓储区分隔成若干个小仓储间，或者放入一排排的储物柜，作为出租位租出去。顾客根据自己所要存放物品的大小和多少选择仓储间，仓储间内物品由客户自行管理。

3）租赁仓储（地产类仓储）

自建仓库并提供仓库租赁及相关服务，不提供仓储服务。

4）金融仓储

公共仓储企业或担保品管理企业受金融贷款机构委托，对担保存货实施监管或监控活动。

6. 按仓储空间形态划分

按仓储空间形态划分，有依托实体仓库对物品进行仓储管理的实体仓库，也有利用虚拟仓库对库存物品进行仓储管理的虚拟仓库。

4.1.3 仓库的分类

仓库按不同的标准可划分为不同的类型。按功能、用途、保管形态、结构和构造、选址等不同的标准可将仓库划分如下。

1. 按功能分类

（1）储备仓库：是指专门长期存放各种储备物资，以保证完成各项储备任务的仓库，如战略物资储备、季节物资储备、备荒物资储备、流通调节储备等。储备仓库的功能是较长时间储存保管物资，主要追求储存效益。

（2）周转仓库：周转仓库的主要功能是物资周转，主要用于暂时存放待加工、待销售、待运输的物资，包括生产仓库、流通仓库、集配仓库、中转仓库、加工仓库等。周转仓库的储存时间短，主要追求周转效益，为生产、流通或运输服务。

生产仓库处在生产领域，主要用于暂时存放待生产加工的原材料、在制品、待销售的产成品，包括原材料仓库、在制品仓库和成品仓库。

流通仓库处在流通领域，专门存放待销售的货物，包括批发仓库、零售仓库等。

集配仓库（配送中心）是以组织物资集货配送为主要目的的仓库。这种仓库的主要职能是以物流手段筹集货物进行配送。这种仓库筹集并暂时存放待配送的各种物资，并进行拣选、配货、检验、分类等作业，多品种、小批量、多批次收货配送，以及附加标签、重新包装等流通加工活动。它是随着物流业的兴起而新出现的一种仓库形式。

中转仓库主要是在不同运输方式、不同运输方向的交接点用于重新组配、分货、暂存待运货物的仓库。

加工仓库与生产仓库的主要区别是：加工仓库以流通加工为主要目的；一般的加工仓库是集加工厂和仓库两种职能于一身，将商品的加工业务和仓储业务结合在一起的。

2. 按用途分类

（1）自用仓库：是指企业主要从事内部物流业务的仓库。仓库的建设、物品的管理及进出库业务均属本公司的管理范畴。影响是否采用自用仓库的一个重要因素就是固定成本。因为自用仓库的固定成本与仓库的使用无关，所以企业就必须拥有足够的存储量分摊固定成本，从而使采用自用仓库的平均成本低于采用公共仓库的平均成本。影响是否采用自用仓库的因素还有需求的稳定性、市场的集中度，以及企业对安全、冷藏、客户服务等方面的控制能力。

（2）营业仓库：是指按照相关管理条例取得营业许可，向一般企业提供保管服务的仓库，是一种社会化的仓库。它面向社会，以经营为手段，以盈利为目的。与自用仓库相比，营业仓库的使用效率较高。

（3）公共仓库：是指国家和公共团体为了公共利益而建设的仓库。公共仓库正成为一个非常有活力、不断变化的行业。尤其是那些大公司进行大宗购物时经常采用公共仓库。公共仓库最大的客户是连锁零售店，因为这些连锁店的货流量非常大，并且它们还将仓储同其他一些诸如采购和分销的职能联系起来。影响企业采用公共仓库的首要因素在于资金：在采用公共仓库时不需要或只需要投放较少的资金，这样可以使公司避免自己经营仓库带来的经济上的风险。企业采用公共仓库的第二个理由是其具有灵活性的优势。对仓储空间的租用，可使公司对运输服务的质量做出快速反应。采用公共仓库使公司可以快速进入或退出市场。公共仓库可完成测试、组装、标价、标号等工作，还可提供打包、分拣、完成订单，以及发送 EDI 数据等服务。

（4）保税仓库：是指根据关税法保管国外进口而未纳税的进出口货物的仓库。在一些特殊情况下，货物可能进口后再出口而没有进入"商流"。这时，如果仓库以契约形式存储这些货物，商家就能避免交关税或者在货物出口后申请退税。自由贸易区或自由港的情况也基本相同。

3. 按保管形态分类

（1）普通仓库：一般是指可以常温保管、自然通风，无特殊功能的仓库。

（2）冷藏仓库：一般是指具有制冷设备，并有良好的保温隔热性能以保持较低温度的仓库，是专门用于储存冷冻物资的仓库。

（3）恒温仓库：是指具有保持一定温度和保湿功能的仓库。

（4）危险品仓库：是指存放具有易燃性、易爆性、腐蚀性、有毒性和放射性等对人体或建筑物有一定危险的物资的仓库。它在库房结构及库内布局等方面有特殊要求，还必须远离工厂和居民区。

4. 按结构和构造分类

（1）平房仓库：平房仓库是指仓库建筑物是平房，结构简单，有效高度一般不超过 6 m 的仓库。其建筑费用便宜，可以广泛采用。

（2）多层仓库（楼房仓库）：多层仓库为两层以上的建筑物，是钢筋混凝土建造的仓库。仓库楼房各层间依靠垂直运输机械联系，也有的楼层间以坡道相连，称坡道仓库。多层仓库虽然有使货物上下移动进行作业的缺点，但在土地受到限制的港湾、都市等地，建造多层仓库可以扩大仓库的实际使用面积。

（3）高层货架仓库（立体仓库）：是一种常用的自动化仓库形式，一般由四个部分即高层货架、巷道机、周围出入搬运系统和管理控制系统组成，具有可以保管 10 层以上托盘的仓库棚。这是仓库中一种自动化程度较高、存货能力较强的仓库。这种仓库采用高层货架配以货箱或托盘存储货物，用巷道堆垛起重机及其他机械进行作业，其货架的高度一般大于单层库房高度。立体仓库由计算机自动控制与管理，能按指令自动完成货物的存取，并能对库存物资进行自动管理。立体仓库充分利用空间，集信息、存储、管理于一体，采用微电子技术，具有占地面积小、仓储作业迅速准确的特点，在故障判断、参数记录、报表打印等方面全部实现自动化。与平房仓库相比，自动化的立体仓库可节约 70% 的占地面积和 70% 的劳动力。据美国 ADL 公司的调查显示：全世界自动化仓储和搬运设备的市场容量 20 世纪末已达到 70 亿美元，未来自动化立体仓库的市场容量年增长率可望达到 65%，中国的市场容量增长率将超过 100%。

（4）散装仓库：是指专门保管散粒状或粉状物资（如谷物、饲料、水泥等）的容器式仓库。散装仓库的进出效率很高，可以配备空气输送等特殊装置。此类仓库大多是混凝土结构。

（5）罐式仓库：是指以各种罐体为储存物的大型容器型仓库。

5. 按仓库选址分类

仓库可以按其选址进行分类，如港口仓库、内陆仓库、枢纽站仓库等。

4.1.4 仓库的功能

（1）储存保管物资的功能：无论是储备仓库，还是周转仓库，它们首先的功能就是储存保管物资。

（2）集散货物的功能：仓库通过运输从各个供应商处收集货物，然后在仓库进行储存、整理、组配、流通加工、分拣、分发、分销，分运到各个不同需求的客户手中。

（3）衔接供需的功能：仓库作为一个能够"余存缺流"的储水池，它可以衔接供应者和需求者在供需时间上的不同步，缓冲供需矛盾，保证生产、流通和运输各个环节的顺利进行。生产仓库可以衔接上下工序之间、生产过程之间及生产与流通之间的供需。

流通仓库可以衔接供应与销售之间的供需。中转仓库可以衔接不同运输方式、不同运输方向之间的供需。

（4）客户服务功能：仓库可以为顾客代储、代运、代加工、代服务，为顾客的生产、供应、销售、生活等提供物资和信息的支持，为顾客带来各种方便。

（5）防范风险的功能：储备仓库和周转仓库的安全储备都是用于防范灾害、战争、偶发事件及市场变化、随机事件而设置的保险库存。它们都可以用于防范各种风险，保障人们生命财产，保障生产和生活正常进行。

（6）物流中心的功能：仓库是各种物流活动集中的场所，除了储存以外，还具有运输、配送、包装、装卸、流通加工及提供各种物流信息等功能，因此仓库往往成为物流中心，或配送中心、储运中心等。

4.2 仓储规划与设计

4.2.1 商品储存规划

1. 商品保管场所的选址

1）商品保管场所规模的确定

在对商品保管场所进行规划设计之前，准确地确定商品保管场所的规模，对于合理地进行保管场所的整体规划设计具有重要作用。缺乏对仓库规模的计划和计算，错误地估计客观需要，以致盲目地进行保管场所的选址与规划，会造成巨大的浪费。如果估计过高，设计的保管场所大于实际需要，将降低保管场所设施设备的利用率；反之，对于商品保管场所的规模估计不足，保管场所的建设就会小于实际进出货物需求，会严重影响商品的储存和仓储各项技术作业的正常进行。因此，在对商品保管场所进行规划之前，必须根据影响仓库储存规模大小的各个方面的因素，准确地计划和推算仓库的建设规模，然后进行选址与储存场所内部的布置等各项规划进程。

仓库规模的大小不但取决于商品储存数量，而且与商品储存的时间有关。在商品储存量不变的情况下，商品在仓库里平均储存的时间越短，所需要的仓库的容量就越小。在确定仓库的规模之前，必须仔细地收集有关商品储存数量和时间两方面的数据与资料。

商品储存量与仓库容量之间存在着客观的比例关系。准确确定仓库规模，不但要求能够准确地预测商品的储存量，而且要求根据商品的储存量与商品储存空间占用之间的比例关系，正确测量仓库容量。商品性能、商品包装、保管要求、仓库设施、设备情况和仓库管理水平等都影响两者的比例关系。因此，必须对这些因素做大量、细致的调查分析，摸清规律才能较为准确地计算出仓库规模。

2）商品保管场所的选址

选择商品保管场所的位置，不仅需要考虑经济方面的要求，还要考虑工程技术方面的要求。在确定仓库规划设计位置的过程中，由于没有具体考虑地点的工程技术条件，一个仅仅从经济方面考虑的最佳位置,可能并不适合选作建筑仓库的地点,所以必须进一步进行调查。从工程技术角度考虑,则要分析和评价仓库建筑地点的地质、水文、气候等自然条件和交通运输、水电供应、安全等环境条件。

(1)地质条件。对于地质条件的分析是指与工程建设有关的工程地质方面的分析。仓库用地要选用承载力较高的地基。根据仓库对于地基的一般技术要求,应该选择地质坚实、平坦、干燥的地点。特别是在沿海沿河选择地点作为仓库的建设用地时,更应该注意其耐压力及稳定性。仓库必须避免建筑在不良地质构造的地段,在地震频发地区建设仓库时,应避开断裂破碎地带和易于滑坡的地段。

(2)水文及水文地质条件。在沿靠江河地区选择建设仓库的地址时,要调查和掌握有关的水文资料,特别是汛期洪水的最高水位等情况,防止洪水侵袭。在水文地质条件方面应该主要考虑地下水位等情况。地下水位对工程建设影响较大,水位过高不利于工程的地基。

(3)交通运输条件。仓库选址必须有良好的交通运输条件。选择库址时还应考虑铺设铁路专用线或建设专用水运码头的条件。

(4)环境条件。保证仓库安全是一项重要原则。选择库址时必须对安全条件进行仔细的调查和分析。仓库应与周围其他建筑物,特别是工厂、居民区保持一定的安全距离,避免各种潜在的危险,并防止一旦发生火灾,火势蔓延。为了方便消防灭火,仓库周围建筑和道路必须保证交通畅通,防止紧急情况下阻塞。此外,还应该考虑周围环境对仓储商品的安全影响。应该分析附近工厂的性质及其他可能的污染源,防止商品在储存过程中受到腐蚀和污染。仓库一般不宜设在工厂下风处或化工厂的附近,以避免烟灰和有害气体对于库存商品的侵蚀和污染。

(5)水、电供应条件。仓库应该选择在靠近水源、电源的地方,保证方便和可靠的水、电供应。特别应注意对水源的分析。选择库址时必须了解和掌握仓库供水系统及周围用水单位,调查用水高峰期间消防水源的保证程度,以防在紧急情况下供水不足。

(6)在选址时还应该考虑建设成本和将来仓库的发展需要。应根据地形条件尽可能减少施工工程中的土石方量,节省基建投资。要充分估计到仓库今后发展的需要,根据仓库发展规划适当留有发展的余地,保证仓库扩展所需要的空间。

选择库址时应该综合考虑各种因素,在充分调查研究的基础上对于不同方案进行综合评价,以确定最合适的库址。

2. 仓库内部空间决策

仓库内部空间的大小是根据每年存储货物的数量和存储货物的特点确定的。仓库所需空间一般由货物存储所需的空间、仓库过道和通道空间、仓库设备存放空间和仓库管理人员办公所需空间等组成。

在完成仓库的内部布局之后,接着就是确定仓库内部各个空间的大小。通过对未来市场需求情况的预测,经过综合的测算和权衡,确定所需的基本存储空间;依据企业未来发展的规模和速度,确定仓库未来所需的弹性发展空间(备用空间);通过对仓库的内部布局和作业管理设计,确定仓库所需的通道和过道空间,从而确定仓库作业所需的硬性使用空间。在此基础上，综合考虑仓库建造成本和仓库维护成本及客户服务等方面的因素，在满足客户服务的前提下，追求总成本的最小化，从而确定合理的仓库空间大小。

仓库内部空间决策的主要任务就是如何合理地利用库房面积。在库房内不但要储存商品，而且需要进行其他作业。如果为了提高库房储存能力，就必须尽可能增加储存面积。另外，如果为了方便库内作业，又必须尽可能适应作业要求，相应地安排必要的作业场地。但是，库房内部的面积总是有限的，在作业场地和作业通道上的大量占用，就必然大大减少商品储存面积。在如何安排库房面积的问题上，商品储存与库内作业往往产生相互矛盾的要求。设法协调这两种不同的需要，保证库房面积得到充分的利用，就成为库房合理布置所要解决的中心问题。

仓库内部布置就是根据库区场地条件、仓库的业务性质和规模、商品储存要求及技术设备的性能和使用特点等因素，对仓库主要和辅助建筑物、货场、站台等固定设施和库内运输路线进行合理安排和配置，以最大限度地提高仓库的储存和作业能力，并降低各项仓储作业费用。仓库的内部布局和规划是仓储业务和仓库管理的客观需要，其合理与否直接影响到仓库各项工作的效率和储存商品的安全。商品从入库到出库要经过一系列业务环节。在这个过程中，仓库的每项业务都有其不同的内容，各项仓储作业要求按一定的程序进行。为了保证按客观需要和规律使仓库各个作业环节形成合理的相互联系，使商品有序地经过装卸、搬运、检验、储存保管、挑选、整理、包装、加工、运输等环节完成整个仓储过程，就必须进行仓库内部的合理布置。

1）确定仓库用地面积

以地形图及现场放样为依据，同时考虑防火通道、容积率等因素，确定可用的土地面积，同时确定最佳的建筑方位和进出口。

2）动线流程及大区域规划

仓库动线流程依其用地面积及物流种类的不同，可分为"I"形（直线型）动线流程、"L"形（侧边型）动线流程和"U"形（单面型）动线流程三种。"I"形动线流程常应用于货运站（转运中心）及通过型的仓库。

3）商品种类数量分析及商品种类库存数量

商品的种类数量分析主要是将商品 ABC 分类，然后应用于仓库的布置规划及物流设备的选择。一般布置规划把 A 类品尽量置于靠近走道或门口的地方，而 C 类品尽量置于仓库的角落或较偏远的地方，B 类品则置于 A 类品和 C 类品之间的地方。

另外，要通过计算分析商品种类及库存数量，确定货架储位的数量。这里的储位是指库存商品的储位，大部分是以托盘储存的储位，可通过将品类数乘以库存量求得。

4）确定托盘形式和尺寸

目前，托盘的形式和尺寸很多，在规划仓库时首先要确定托盘的形式和尺寸，否则无法进一步规划。仓库常常以电动拖板车当作拣货的工具，但是双面双叉的托盘不能使用电动拖板车，因此如果要使用电动拖板车，只能选择单面托盘（两面叉）或是双面四叉的托盘。

5）确定货架种类和尺寸

当托盘的形状和尺寸确定之后，可以考虑同时使用 1 100 mm×1 100 mm 及 1 200 mm×1 000 mm 两种托盘的货架。以 1 100 mm 托盘的宽度来考虑货架的宽度，则货架的内部宽度是 2 500 mm（间隙 100 mm+托盘宽度 1 100 mm+间隙 100 mm+托盘宽度 1 100 mm+间隙 100 mm），若再加上柱子的宽度为 100 mm，则一个托盘货架的实际宽度为 2 600 mm。另外，以 1 200 mm 托盘的深度来考虑货架的深度，则货架的深度约为 1 000 mm 左右，连杆的深度为 300 mm，两连杆并排时的深度为 1 000 mm+连杆深度 300 mm+1 000 mm=2 300 mm。使用 1 200 mm 托盘时托盘前后会超出 100 mm，则两排托盘之间尚有 100 mm，则其货架的规划尺寸为托盘深度 1 200 mm+间隙 100 mm+托盘深度 1 200 mm=2 500 mm；使用 1 100 mm 托盘时托盘前后会超出 50 mm，则两排托盘之间尚有 200 mm，如此规划则两种标准托盘都可以使用。由此，一般托盘的货架规划尺寸为 2 600 mm×2 500 mm。

6）确定搬运方式和设备

货架种类及尺寸确定之后，接下来要确定搬运方式和设备。仓库的搬运方式有许多种。假设使用堆高机，堆高机也有许多种。如果使用配重式（坐式）堆高机，则通道至少需要 3.5 m 以上垂直作业的空间；如果使用伸缩式（立式）堆高机，则通道至少需要 2.5 m 以上垂直作业的空间；如果使用窄道式（侧叉式）堆高机，则通道至少需要 1.5 m 以上垂直作业的空间。假设使用伸缩式（立式）堆高机，其通道规划为 3 m，则托盘货架深度与通道的尺寸约为 5.5 m，亦即托盘式货架规划尺寸为 2.5 m+3 m=5.5 m。而垂直的尺寸则以托盘式货架的宽度（2.6 m）乘以几个货架即可。

7）确定库房形式、高度和跨度

当托盘的形状和尺寸、货架种类和尺寸与搬运方式和设备等全部确定之后，仓库的布置规划图大体也就完成了。下一步将确定建筑库房的形式、高度和跨度。

在库房高度方面，假设一层货物连托盘的高度是 1.5 m，加上堆高机叉举高度 20 cm 及料架的梁高 10 cm，则一层货架的高度约为 1.8 m。库房高度的计算公式为：库房高度=（托盘上货物的高度+叉举高度+梁高）×N 层，库房的实际作业高度还要加上电灯、冷气风管或消防水管等空间高度。

库房柱子的跨度必须根据货架规划的位置决定。对于物流规划而言，柱子的跨度越大越好，但是对于建筑成本而言，跨度越大成本越高。因此，必须取得平衡点。

8）库房细节规划

库房细节规划的内容包括：卡车车道、卡车回转区、月台高度、遮阳（雨）棚高度及长度、仓库的内部通道、天花板高度、厂房柱子之间跨距及柱子构造、地板承重及表面材质、屋顶、墙壁及门窗、消防设备、仓库的换气、采光及照明等。

9）确定设备规格和询价

以上的各项设备确定之后，按照各项的规格明确开立出来，寻找厂商报价及比价，然后再依据技术能力和价格发包出去。

4.2.2 仓储管理决策

1. 仓库的建造或租赁决策

仓库是自己建造还是租用公共仓库，每个企业的管理层都有各自不同的考虑。在综合考虑自有仓库和公共仓库不同特点的基础上，企业的决策层需要做出决策。

1）建造自有仓库应该考虑的影响因素

（1）当地的运输水平、运输质量及运输手段。

（2）当地劳动力的质量和数量。

（3）当地劳动力的生产效率和工资水平。

（4）建设仓库所需花费的成本及仓库能够达到的建造质量。

（5）潜在的扩张能力与企业的发展战略。

（6）当地的税收政策和政府法规。

2）租用公共仓库应该考虑的影响因素

（1）公共仓库的技术设备水平和维护成本。

（2）公共仓库所能提供的服务质量。

（3）当地的机械化运输水平。

（4）通信设备、电子计算机和互联网的应用情况。

（5）库存记录是否能具备完整性、准确性和及时性。

仓库是建造还是租赁取决于各种因素相互作用的结果。在目前的情况下，随着第三方物流企业的蓬勃发展，大多数企业都倾向于租赁公共仓库，这不仅可以使企业能够集中精力进行核心业务的发展和规划，而且可以节省建造仓库所需花费的时间和资金，获得更快的市场反应速度。当然，有的企业的决策者会出于对其中某些影响因素（例如，树立公司市场形象的需要等）的考虑，而做出另外的决策。

2. 仓库服务决策

不管是自己建造的仓库还是租赁的公共仓库，仓库服务是至关重要的，它涉及以最低的成本给供应链提供最大的增值利益和优良的客户服务水平，其服务水平应当从以下三个方面衡量。

1）存货可得性

可得性是指当客户需要存货时所拥有的库存能力。可得性可以通过各种方式实现，最普遍的做法就是按预期的客户订货进行存货储备。于是，仓库的数目、地点和储存政策等便成了物流系统设计的基本问题之一。

可得性的一个重要方面就是厂商的安全储备政策。安全储备的存在是为了调整预测误差，并在安全储备的补给期间对递送延迟进行缓冲。在市场需求高度变化的情况下，安全储备有可能占到厂商平均存货的一半以上。

存货可得性方案应以下述的三个物流绩效指标进行衡量。

（1）缺货频率。缺货频率是指缺货将会发生的概率。

（2）供应比率。供应比率衡量缺货的程度或影响大小。

（3）订货完成率。这是衡量厂商拥有一个客户所预订的全部存货时间的指标。

2）作业完成

作业完成涉及物流活动对所期望的完成时间和可接受的变化所承担的义务。

（1）完成速度。完成周期的速度是指从一开始订货时起至货物装运，到实际抵达时的这段时间。

（2）一致性。一致性是指仓储企业或部门在众多的完成周期中按时递送的能力。

（3）灵活性。灵活性是指处理异常的客户服务需求的能力。

（4）故障与恢复。不管仓储企业或部门的物流作业有多么完美，故障总是会发生的，仓储企业或部门在已发生故障的作业条件下应具备一定的继续实现业务需求的能力。

3）可靠性

物流质量与物流服务的可靠性密切相关。物流活动中最基本的质量问题就是如何实现已计划的存货可得性及作业完成能力。

3. 增值服务决策

社会经济的发展和客户要求的不断提高使得仓储企业或部门正在承受越来越多的挑战，这种挑战性的动态环境的核心是要看仓储主管面对问题如何做出仓储增值服务决策。

1）托盘化

托盘化是指将产成品转化成一个独立托盘的作业过程。

2）包装

产品的包装环节转由仓储企业或者仓储部门来完成，并且把仓储的规划与相关的包装业务结合起来综合考虑，有利于整个供应链的整合，有利于整个物流经济效益的提高。

3）贴标签

在仓储过程中完成在商品上或商品包装上贴标签的工序。一般来讲，本工序也应该是属于生产过程的一道工序环节，现在把该环节后置，在仓储中实现。

4）产品配套、组装

当某产品需要由一些组件或配件组装配套而成时，就有可能通过仓储企业或部门的配套组装增值服务来提高整个供应链过程的效率。通过仓储过程的有效规划，把相关的组件和配件储存在相近的位置，使这些组配件不出仓库就直接在仓储过程中由装配工人完成装配。这样就提高了物流的效率，节约了供应链成本，不但使得仓储企业或部门的竞争力增强，效益提高，同时也使得生产部门和生产企业的压力得到减轻。

5）上油漆

把对商品的上油漆过程放到仓储环节上进行，同样可以达到缩短物流流程、节约物流成本、增强仓储企业和部门的效率及效益的目的。

6）简单的加工生产

对于一些简单的加工生产业务，本来是在生产过程中作为一道单独的工序来完成的。

把这些简单加工过程放到仓储环节上进行，可以降低加工成本，并使生产企业能够专心其主要的生产经营业务活动。

7）退货和调换服务

当客户的产品销售之后，产品出现质量问题，或者客户与最终用户之间出现纠纷，需要实施退货或货物调换业务时，由仓储企业或部门来帮助办理相关事项。

8）库存控制和订货决策支持

由于仓储过程中掌握了每种货物的消耗过程和库存变化情况，这就可以对每种货物的需求情况做出统计分析，从而为客户提供订货及库存控制的决策支持，甚至帮助客户做出相关的决策。

4. 仓库设备决策

1）设备购置决策

优良的仓库处理设备必须满足"移动路程最短，存储空间占用最少，人工控制程度最低"的要求，而且在成本花费方面，必须能够做到最低的成本开支。

一般来说，在进行设备的选择决策时，应当先基于仓库现有的内部布局，遵循技术成熟先进、经济合理、安全可靠、方便操作和满足需求的原则，从设备的生产效率、设备的采购成本、设备的可靠性和设备的灵活性及设备维修的难易等方面考虑。

2）设备更新改造决策

设备更新可以分为设备原型更新和设备技术更新两种：设备原型更新是指用与原有设备结构性能相同的新设备去更换原先已经陈旧的或损坏的设备；设备技术更新是指采用技术上更加先进、经济上更加合理的新设备，替代那些已经陈旧的、过时的或无法使用的旧设备。

（1）设备更新的内容。设备更新是技术改造的一项重要内容，包括设备的现代化改造和设备的更换两方面。

（2）设备磨损经济分析。设备磨损理论是设备更新的理论基础。设备的磨损通常分为有形磨损和无形磨损两种形式。

①有形磨损。所谓设备的有形磨损，是指设备由于使用和自然力的影响而发生的使用价值和价值的损耗。第一种有形磨损是指由于使用中各种力的作用，零部件发生摩擦、振动和疲劳等现象，以至于改变自己的物理性能和形状。它既取决于使用时间的长短和工作负荷的大小，也取决于维修程度。第二种有形磨损则是指设备在闲置过程中受自然力的影响发生生锈、腐蚀和由于保管不当而丧失加工精度和工作能力等。

②无形磨损。设备的无形磨损是指由于科学技术进步而引起的设备贬值。第一种无形磨损是由于制造机器设备的企业或部门生产率提高，而使具有原技术结构和使用性能的机器设备生产费用降低而引起的贬值。第二种无形磨损是由于制造机器设备的生产部门生产出新的技术结构更高，使用性能更优良、更完善，因而经济效益也更高的机器设备，使原有机器设备贬值。

（3）设备寿命分析。设备寿命分为使用寿命、经济寿命和技术寿命。

①使用寿命。设备的使用寿命是指在正常使用、维护和保养的条件下设备的服务时间。

②经济寿命。经济寿命是考虑设备的有形磨损，根据最小使用费用（成本）的原则确定的设备寿命。

③技术寿命。在实际工作中大多数的情况是在设备尚未达到其经济寿命年限，就应该用技术更先进、经济更合理的新设备，提前予以更新，因而设备就具有一定的技术寿命。

（4）设备更新方案评价与选择。

①根据更新原因，确定更新方式，提出可能的更新方案，设备更新的原因可分为两类：第一类是因磨损引起的设备更新；第二类是因技术寿命引起的设备更新。更新方式和更新方案取决于对更新原因的研究，它们之间有着内在联系，但并不是一一对应的关系。

②明确更新设备的使用时间，确定寿命不等更新方案的处理方式：在设备更新的经济分析中，明确对更新设备使用时间的要求十分重要，具体表现为两个方面。

第一，不同更新方式的一次性投资费用和经常性经营费用是不同的。一般来说，继续使用原有设备，不需要重新投资，但年经营费用较高；用先进的新型设备更新，投资费用较大，但年经营费用少，各有利弊。在做出更新决策时，就是要考虑设备使用年限的因素。如果先进的新型设备适用性强，无形磨损小，准备更新后使用较长时间，则采用先进设备的更新方案具有较高的经济性。反之，如果考虑到这种设备只准备使用一两年，则采用继续使用原有设备的方案可能更可行，甚至连修理都不需要。

第二，在更新分析中，尽管处理寿命不等的更新方案很多，但只有在一定的条件下才是正确的。

③计算可行更新方案的使用费用，进行更新决策，更新分析的主要目的就是从可行更新方案中选择最优方案。

4.3 仓储作业流程管理

4.3.1 仓储作业概述

仓储作业是一个系统，它是由各个环节、作业单位协调配合，共同完成的。仓储作业流程的管理不但包括具体作业实际流程的管理，还包括作业信息流程的管理，即管理信息系统。本节将从这几个方面讨论仓储作业流程管理。

整个仓储作业，包括进货入库、储存保管和出库发运三个阶段。三个阶段互相衔接，共同实现仓库的所有功能。商品入库是前提，商品出库是目的。前者是仓储作业的开始，是商品储存保管工作的条件；后者是仓储作业的结束，是商品储存保管工作的完成，是仓储目的的实现。而储存保管则是为了保持商品的使用价值不变，衔接供需，实现商品时间位置的转移。仓储工作的最根本的目的，就是满足用户对商品的需要。

仓储作业流程如图4-1所示。

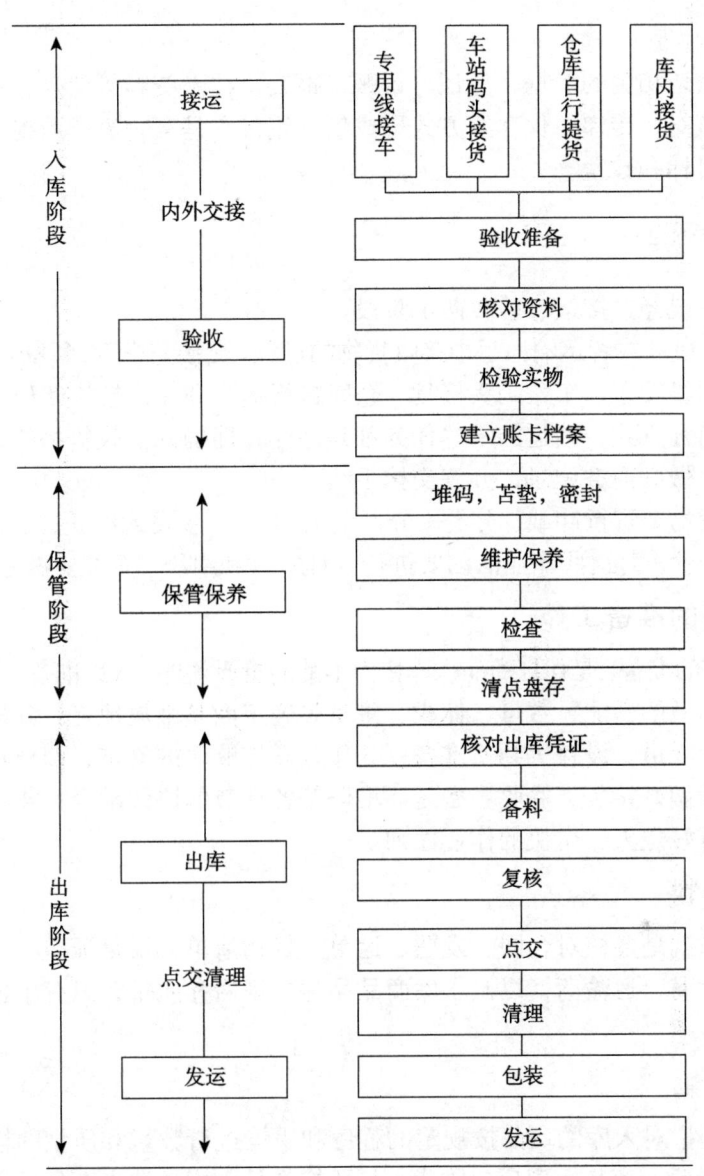

图 4-1 仓储作业流程图

一套完整的仓储作业流程事实上包含实物流过程和信息流过程两方面。

1）实物流过程

实物流过程是指仓储物实体的空间移动过程,即仓储物先从库外进入库内,在仓库内做一段时间的停留后再流向库外的过程。

仓储实物流过程是仓储作业最基本的运动过程,主要包括接货、验货、入库、保管(保养)、出库、发货等环节。仓库各部门、各作业阶段和各环节工作的配合与衔接都要遵循一个原则,就是首先要保证库存物的质与量,在此基础上,尽量促进库存物的合理流动,加速周转,提高效率,为取得更大的经济效益发挥作用。

2）信息流过程

与实物流密切相关的单据、凭证、台账、报表、技术资料等信息，在仓储作业过程中通过填制、核对、传递、保存等方式形成信息流，它是实物流的前提，掌控着物流的方向、速度、目标和数量。

4.3.2 入库管理

商品入库一般经过接运、验收两个阶段。

接运是从供应商或者运输商手中接收货物的过程。交接完毕后，货物正式转入仓库中。

接运有专用线接车、车站码头接货、仓库自行提货和库内接货四种方式。

无论采用何种方式，接运的基本任务都是一样，即确认清收货物的数量和质量，处理好事故责任，做好商务记录，办好交接手续。

接运到的货物要进行卸载、分类（分标记）、点验、签发入库凭证、入库堆码、登记入账等一系列作业。对这些作业活动要进行合理安排和组织，尤其要做好以下四项工作。

1. 入库前的准备工作

做好入库前的准备，是保证商品入库快而不乱的重要条件。入库准备一般包括：①仓位准备，即根据商品的性能、数量、体积、重量等确定商品堆放地点，并进行清理、消毒等工作；②接货人员、设备等物质准备；③作业操作顺序的安排，即根据商品入库的数量、时间、品种做好接货、验收、搬运、堆码等各环节的协调配合；④在机器操作条件下，要事先安排好定人、定机的作业序列。

2. 核对资料

核对资料，就是要核对合同、发票、运单、货物清单、质量证明、产品说明书等，主要是确认供货商、运输商，以及入库商品品种、规格和质量，只有单据齐全无误，方可接受货物。

3. 检验实物

检验实物是指对入库的商品按规定的程序和手续进行数量和质量的检验。

（1）数量检验。商品运到后，收货人员要按商品入库单清点商品数量。商品数量的计量分计数与计重两种。计数可采取大数点收、逐件总计或集中堆码点数等方法。计重的商品若需要验收净重，可根据商品包装的具体情况，采用扣除平均皮重或除皮核实两种方法。

（2）质量检验。质量检验是指鉴定商品的质量指标是否符合规定，分感官鉴定和理化鉴定两种方法。理化鉴定一般由技术检验部门进行取样测定。感官鉴定一般由仓库保管员在验收商品时凭感官检查商品的包装、外观等。例如，检查商品有无破损、渗漏、污染、变形、干裂及沉淀、混淆、霉烂等异常现象。

商品的检验方式有全验和抽验两种。全验主要是数量的全验，在批量小、规格尺寸和包装不整齐及严格验收质量时采用。它需要较多的人力、物力和时间，但可以保证验收质量。抽验是在批量大、规格尺寸和包装尺寸整齐、商品质量信誉较高及验收条件有限的情况下，特别是在进行商品的理化性能检验时通常采用的方式。近年来，商品质量的提高和数理统计学的发展，为抽验方式提供了物质条件和理论根据。现在，商品检验方式一般由供货方和接货方通过签订协议或合同加以规定。

为了准确划分存储单位、运输部门的职责和保证入库商品的质量，对验收中出现的问题要严格按照制度规定处理。

（1）当商品入库凭证不齐或不符时，仓库有权拒收或要求重办入库凭证，将所到商品另行堆放，暂作待验处理。

（2）当验收中发现商品质量不符合规定时，应立即同交货单位或有关人员做出详细记录，将有问题商品单独存放，同时采取必要措施防止扩大损失，并迅速通知有关单位到现场查看，共同协商，并及时做出处理。

（3）在数量检查中，计数商品一般不允许有短缺。对计重商品所发生的损益，凡在规定标准以内的，仓库可按实际数量验收入库；超过规定标准的，应同交货人员做出记录，分清责任，及时处理。

（4）在验收中对有索赔期的商品，应及时检验，发现问题时必须按照规定的手续，在规定的期限内，向有关部门提出索赔要求。否则，责任部门对所形成的损失将不予受理。

4. 建立账、卡、档案

在实物检验中，会产生原始记录，如磅码单、入库验收单等，根据这些原始记录，建立入库台账、货卡和物资档案。入库台账，又叫物资保管台账，是按品种分页记录的物资品种入库、出库流水明细账。货卡是一种类似明细账的卡片，挂在货垛或货架上，记录入库出库的流水记录，供保管员巡视清点时方便地查看货品变动情况。档案是物资与所有供应商、运输商有关的单据、凭证、质量说明书等的集合。建立了账卡档案，入库阶段结束。

4.3.3 物资保管保养

物资入库完毕，就进入了物资保管保养阶段。物资保管保养最主要的工作就是要维持储存物资的使用价值。为此，首先要弄清物资产生数量、质量变化的原因，才能对症下药，采取合适的应对保管措施。

1. 物资产生质量或数量变化的原因

在储存期间，质量变化主要由以下因素引起：第一，储存操作。储存保管作业可能发生突发性碰撞、磨损、冲击、混合等情况，致使被储物品质量迅速发生变化。第二，储存时间。储存期越长，质量缓慢变化的聚集越大，最终可能引起质量指标的改变。第三，储存环境和保管条件。物资储存环境不当，保管条件不合适，会使货物产生物理、化学或生物变化，从而导致质量或数量的变化。在储存期间，物资还会发生价值的变化。

1）物理变化

物理变化通常包括以下五种。

（1）物理存在状态的变化。这种变化有挥发、溶化、熔融三种类型。

（2）渗漏变化。液态及气态物资，由于储存条件不当，如密封不善、包装破损，会逐渐造成数量损失。外界的某些物资渗漏到包装和仓库中，也会造成内部物资的损失。有些固态物资挥发或溶化后，也会发生渗漏损失。

（3）串味变化。有吸附特性的物品在储存期间吸附了有味气体或液体，会失去或降低使用价值。这一变化通常发生于生活资料中，如粮食、茶叶、糕点等。

（4）破损变化。这是指物资在储存过程中受外力作用而造成形体的破坏，如破碎、掉边、折角等。

（5）变形。这是指在储存期间由于外力或其他作用（如温度、湿度等）造成储存物物理形态、尺寸的改变，如弯曲、压扁、折扭、变形等。

2）化学变化

在储存期间，物质内部或不同物质之间发生化学反应，改变原物质的微观状态，形成不同于原物质的新物质，也会使使用价值发生变化，造成损失。化学变化主要有以下六种。

（1）分解与水解。这是指在光、热、湿等外界因素影响下，因储存物资内部的组成成分发生变化而造成损失。

（2）水化。这是指由于水的直接作用或与潮湿空气接触，发生化学反应而形成与原性质不同的新物质，从而造成损失。

（3）锈蚀。金属材料制品在潮湿环境中或接触各种化学物质，会发生化学反应或电化学反应，形成各种金属氧化物或盐类，影响物资质量，造成损失。

（4）老化。高分子材料在温度、湿度、空气、光线等外界因素联合作用下，会使化学结构逐渐改变并最终改变原有性能和质量，如强度和耐久性下降、发黏、性脆、龟裂等。

（5）化合。这是指存储物之间发生化学反应，或储存物与环境中的其他物质发生化学反应而生成新物质。

（6）聚合。这是指在适宜的温度及其他条件下，存储物内部的低分子化合物聚合为高分子化合物，从而改变了原有质量。

3）生物变化

在储存期间，有机体受外界生物的影响，发生如霉变、发酵、腐败等生物变化，也会引起使用价值的严重变化。

此外，鼠类、害虫、蚁类等生物侵入也会造成储存物损失。

4）价值变化

在储存期间，物资在价值方面还可能发生呆滞损失和时间价值损失。

（1）呆滞损失。这是指由于储存的时间过长，虽然原物资的使用价值并未变化、但社会需求发生了变化，从而使该物资的效用降低，无法按原价值继续在社会上流通，形成了长期聚积在储存领域的呆滞物资。这些物资最终要进行降低价格处理或报废处理，所形成的损失为呆滞损失。

（2）时间价值损失。物资储存实际上也是货币储存的一种形式。储存时间越长，利息支付越多，资金的机会投资损失越大。这是储存时不可忽视的损失。

2. 物品保管原则

（1）面向通道进行保管。为使物品出入库方便，容易在仓库内移动，基本条件是将物品面向通道进行保管。

（2）尽可能地向高处码放，提高保管效率。为有效利用库内容积，物品应尽量向高处码放。

（3）根据出库频率选定位置。出货和进货频率高的物品应放在靠近出入口易于作业的地方；流动性差的物品放在距离出入口稍远的地方；季节性物品则依其季节特性来选定放置的场所。

（4）同一品种在同一地方保管。为提高作业效率和保管效率同一物品或类似物品应放在同一地方保管，员工对库内物品放置位置的熟悉程度直接影响着出入库的时间，将类似的物品放在邻近的地方也是提高效率的重要方法。

（5）根据物品重量安排保管的位置。当安排放置场所时，当然要把重的东西放在下面，把轻的东西放在上面。这对于提高效率、保证安全是一项重要的原则。

（6）依据先进先出的原则。保管的重要一条是对于易变质、易破损、易腐败的物品，对于机能易退化、老化的物品，应尽可能按先进先出的原则，以加快周转。由于商品的多样化、个性化、使用寿命普遍缩短，坚持先进先出原则是十分重要的。

3. 物资保管保养的基本要求和方法

物资保管保养，是通过一定的储存环境和保管条件，采用具体技术措施，保持物资数量质量不变的全部工作。

对物资保管保养的基本要求是：保质；保量；保安全；保急需；仓库规划化；存放系列化；保养经常化。

物资保管保养要做好以下两项工作。

1）配分和堆码苫垫

配分，就是要把所进的货物合理分配到合适的货位，包括货位规划和分拣。

货位规划，就是要在仓库整体规划的基础上，具体安排货物的存放货位。因为仓库中存放的货物出出进进，是动态变化的，货位的存满和取空也是随时变化的，所以每次新到货物都有一个货位选择和调整的问题。货位的选择和调整，主要考虑五个因素。

（1）服从仓库整体布置规划和存放系列化原则。

（2）考虑现有货位的闲空情况。

（3）考虑该种物品的周转速率。

（4）先进先出（或者后进先出）原则。

（5）方便作业原则。

确定好货位以后，就要将待入库存放的货物流进行分拣和入位。分拣，可以是人工分拣，也可以是自动分拣。自动分拣，可以是传输线自动识别、自动分拣、自动入位，也可以是智能叉车自动识别、自动分拣、自动入位。

配分完毕，就要做好堆码苫垫。堆码苫垫就是要妥善堆码，安全、合理、可靠地存放。堆码苫垫的基本要求有以下六点。

（1）合理，即货垛的宽度、高度、垛间距等要合理。

（2）牢固，即货垛垫脚、格架、桩柱、层间堆码及篷盖等都要结实可靠。

（3）定量，即做到"五五"堆码、过目成数，便于清点。

（4）整齐，即外观整齐好看。

（5）节省，即提高空间利用率，节省空间，节省搬运强度。

（6）方便，即方便搬运作业、方便清点。

2）维护保养

维护保养是经常性的工作，主要包括温度和湿度调节控制、通风、去潮、去湿、去污染、清洁卫生、防虫、防暑、防盗、防火、货垛货架维护等。维护保养的目的就是维持合适的保管条件和保管安全，维持被保管物资的使用价值。对已经发生变质损坏的物资，要采取各种救治措施，防止损失的扩大。救治措施有除锈、破损修复、晾晒等。

3）检查

检查要经常巡查，及时发现问题并消除隐患。

4）清点盘存

消点盘存要及时、准确地掌握库存物资的数量和质量，把握库存物资的保管期。

4.3.4 出库管理

商品发货业务是根据业务部门开出的商品出库凭证，按其所列的商品编号、名称、规格、牌号、数量等项目组织商品出库。

1. 物品出库要求

1）"三不""三核""五检查"

"三不"，即未接单据不翻账，未经审单不备货，未经复核不出库；"三核"，即在发货时，要核对凭证、核对账卡、核对实物；"五检查"，即对单据和实物要进行品名检查、规格检查、包装检查、数量检查、质量检查。总之，物品出库要严格执行各项规章制度，杜绝差错、事故。

2）注意事项

按程序作业，手续必须完备；遵循"先进先出"原则；做好发放准备；发货和记账要及时；保证安全；无差错。

2. 商品出库方式

送货与自提是两种基本的发货方式。此外，还有取样、移仓、过户等。送货制是存货方（或销售方）预先给仓库送来发货凭证，仓库按凭证备货，做好待运准备，然后运输部门持托运单到仓库提货。提货制是购货方持发货凭证自带运输工具到仓库提货。

3. 商品出库作业

商品出库作业包括发货前准备和商品发放。发货前准备一般包括：原件商品的包装整理；零星商品的组配、备货和包装；机具用品和组装场地准备、劳动力的组织安排等。商品出库作业流程的一般程序是：核单→记账→配货→复核→发货。

核单：审核商品出库凭证。主要查看出库商品的调拨单、提货单中的仓库名称是否有错；印鉴是否齐全、相符；商品的品名、编号、规格、数量是否有误；时限是否逾期等。

记账：记账员根据单据上所列各项，对照登入商品保管账，并将商品货位编号及结存数量批注在商品出库凭证上，交保管员查对备货。

配货：按出库凭证的品名规格核对并注销实物账或卡片，然后按其配货，并将配好的出库商品集中到理货场所复核。

复核：由专职或兼职复核员按照出库凭证，对商品的品名、编号、规格、计量单位、数量逐一进行再次核对。这是防止差错事故的关键所在，凡未经复核人员签名（或盖章），商品不准出库。确认无误以后，记账消卡。

发货（点交、清理、包装、发运）：由仓库发货人员按单将商品交付给提货或承运人员，办清交接，划清责任，然后包装、发运，最后清理场地。

课后习题

一、简答题

1. 仓库按用途分为哪几类？
2. 简述仓库的作用。
3. 选择商品保管场所的位置，需要考虑哪几个方面的要求？
4. 简述仓库内部空间决策的主要内容。
5. 验收过程中出现的问题如何处理？
6. 简述物品保管的原则。

二、计算题

1. 某仓库进了一批（200箱）木箱的仪表。每箱毛重100 kg，箱底面积为0.5 m^2，箱高1 m，木箱上标识的最大叠高为10层，库房可用高度为7.5 m，地坪承载能力为6 t/m^2，要求该批木箱可堆高的层数。

2. 某企业准备建一综合型仓库，其中就地堆码货物的最高储量为600 t，单位面积允许储存物资上限为3 t/m^2，上架存放的货物最高存量为90 t，货架长10 m、宽2m、高3 m，货架容积充满系数为0.6，上架存放货物的单位质量为200 kg/m^3，若面积利用系数为0.4，则该仓库的设计有效面积应为多少平方米？

3. 因储存需要建一个仓库，要求保证年物料入库量1 000 t，平均物料储备天数为20天。效面积的平均荷重1.2 t/m^2，仓库面积利用系数0.4，需要建面积多大的仓库？

4. 某仓库近期有8 400件计算机显示器到库，单件外形尺寸为：60 cm × 60 cm × 60 cm，重50 kg，外包装上标示的堆码极限标志为6（即可以将最多6个显示器堆叠起来存放），问需要为此批货物准备多少平方米的货位？其储存定额（即每平方米的货物重量 t/m^2）是多大？若该批显示器全部存放在一个使用面积为650 m^{2}的仓库，则该仓库的面积利用率和有效容积为多少？

参考文献

[1] 胡海清. 现代物流管理概论[M]. 北京：机械工业出版社，2018.
[2] 李亦亮，徐俊杰. 现代物流仓储管理[M]. 合肥：安徽大学出版社，2009.
[3] 王魏林，刘明菲. 物流管理学[M]. 2版. 武汉：武汉大学出版社，2010.
[4] 平海. 物流管理[M]. 北京：北京理工大学出版社，2017.
[5] 王海军，张建军. 仓储管理[M]. 武汉：华中科技大学出版社，2015.
[6] 中国就业培训技术指导中心. 物流师：国家职业资格二级[M]. 2版. 北京：中国劳动社会保障出版社，2009.

第 5 章

库 存 管 理

5.1 库存及其分类

5.1.1 库存的定义

库存是指为满足未来需要而暂时闲置的资源。资源的闲置就是库存,与这种资源是否存放在仓库中没有关系,与它们是否处于运动状态也没有关系。汽车运输的货物处于运动状态,但这些货物是为了满足未来需要而暂时闲置的。这也是库存,是一种在途库存。资源不仅包括工厂里的各种原材料、毛坯、工具、半成品和成品,也包括银行里的现金,医院里的药品、病床,运输部门的车辆等。一般来说,人、财、物、信息各方面的资源都有库存问题。例如,专门人才的储备是人力资源的库存、计算机硬盘储存的大量信息是信息的库存。

简单地说,库存即为暂时处于闲置状态的,用于将来目的的资源,充当缓冲器的作用。

库存是指企业在日常活动中持有以备出售的产成品或商品、处在生产过程中的在产品、在生产过程或提供劳务过程中耗用的材料、物料等暂时处于闲置状态的资源。广义来说,就是具有经济价值的任何物品的停滞与储藏,是供将来使用的所有闲置资源。对于贸易企业来说,库存主要是成品及配件。

对于库存的定义比较权威的是美国生产及库存管理协会(American Production and Inventory Control Society,APICS)所下的定义:库存是用于支持生产、生产相关活动以及满足顾客需求时所需要使用到的料件,其中包括原物料、零组件、备用零件、在制品、半成品与成品。中华人民共和国国家标准《物流术语》将库存定义为处于储存状态的物品,即企业在生产经营过程中为现在及将来的耗用或者销售而储备的资源。

Fogarty et al.[1]、Davis et al.[2]、Simchi-Levi et al.[3]学者认为库存对于制造商或者零售商而言不仅是必要的也是重要的,有效的库存管理能够减少库存水平,降低库存成本,提

---

[1] Fogarty D, Blackstone J, Hoffmann T. Production and Inventory Management[M]. South-Western, 1991.
[2] Davis, Mark, N. Aquilano, and R. Chase. Fundamentals of Operations Management[M]. 清华大学出版社, 1999.
[3] Simchi-Levi, D. P. Kaminsky, and E. Simchi-Levi, Managing the Supply Chain: The Definitive Guide for the Supply Chain Professional[M]. McGraw-Hill. 2004.

高顾客的服务水平，增加顾客满意度，从而提升企业的经营效益，同时过高的库存水平也会带来一些弊端，如企业资金的占用、额外的库存成本等，并且可能会掩盖企业在生产经营中存在的问题。

5.1.2 库存的分类

1. 单周期库存与多周期库存

根据对物品的需求是否重复，可将物品需求分为单周期需求与多周期需求。单周期需求是指对物品在一段特定时间内的需求，过了这段时间，该物品就没有原有的使用价值了。报纸、新年贺卡、圣诞树等属于这种物品；易腐食品（如海鲜、活鱼、新鲜水果）属于这种物品；机器设备的备件也属于这种物品。虽然机器的使用寿命较长，但机器一旦报废，相应的备件也就没有用了。对于已过时的物品，还需要进行善后处理，或折价卖出，收回部分成本；或额外花费一笔钱才能处理掉。对单周期物品的订货称为一次性订货量问题。一次订货有一定的批量，就构成了单周期库存问题。圣诞树问题和报童问题都是典型的单周期库存问题。

多周期需求则是指在足够长的时间里对某种物品的重复的、连续的需求，其库存需要不断地补充。机械厂所需的钢材，用完了还需要补充；家庭所需的粮食，吃完了还得再买。与单周期需求比，多周期需求问题较为普遍，对多周期需求物品的库存控制问题称为多周期库存问题。

2. 独立需求库存与相关需求库存

来自用户的对企业产品和服务的需求称为独立需求。独立需求最明显的特征是需求的对象和数量不确定，只能通过预测方法粗略地估计。相反，我们把企业内部物料转化各环节之间所发生的需求称为相关需求。相关需求也称非独立需求，它可以根据对最终产品的独立需求精确地计算出来。比如，某汽车制造厂年产汽车 30 万辆，这是通过预计市场对该厂产品的独立需求确定的。一旦 30 万辆汽车的生产任务确定之后，对构成该种汽车的零部件和原材料的需求就是相关需求。相关需求可以是垂直方向的，也可以是水平方向的。产品与其零部件之间垂直相关，与其附件和包装物之间则水平相关。

3. 库存按其物理状态类

（1）原材料库存。企业从供应商处购买，物理形态未发生变化，尚未投入生产加工过程。

（2）在制品库存。只完成了部分加工过程的半成品。

（3）产成品库存。是指已经生产完成，存储在仓库的库存。

库存按其不同的功能和用途有周期库存、安全库存、在途库存、投资库存、季节性库存和闲置库存等。本文将重点以安全库存为研究对象，探讨 L 公司库存管理的改善方案。

5.2 库存问题的基本思想

定量订货模型[也称经济订购批量（economic order quantity，EOQ）或 Q 模型]和定期订货模型（也有其他称谓，如定期系统、定期盘点系统、固定订货间隔期系统及 P 模型）是两种基本的库存模型，它们都是多周期库存模型。另外，还有一些专用模型，如批量折扣模型和单周期存储模型，其中前者属于多周期库存模型。

5.2.1 定量订货模型

1. 基本定量订货模型

定量订货模型中要求规定一个确定的点 R，当库存水平到达这一点时就应当进行订购，且订购量为 Q。订购点 R 往往是一个既定的数。当可供货量到达 R 时，就应进行批量为 Q 的订购（如图 5-1）。库存水平可定义为目前库存量加上已订购量减去延期交货量的值。

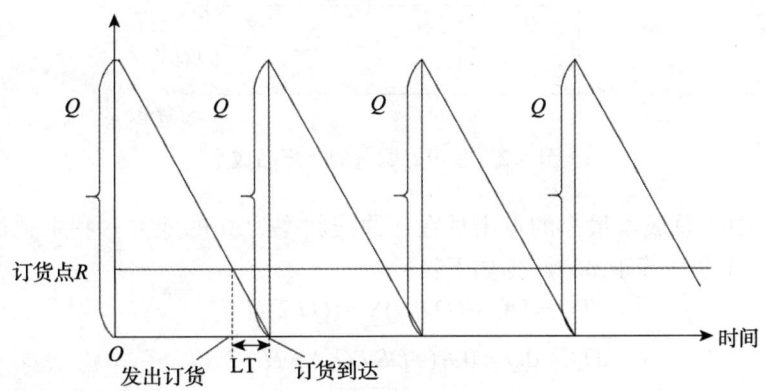

图 5-1 定量订货模型

图 5-1，以及对求解最优订购量的讨论都基于以下假设。
（1）产品需求是固定的，且在整个时期内保持一致。
（2）单位产品的价格是固定的。
（3）提前期是固定的。
（4）存储成本以平均库存为计算依据。
（5）订购或生产准备成本固定。
（6）所有对产品的需求都能满足（不允许延期交货）。

图 5-1 中关于 Q 与 R 的"锯齿形效果"表明，当库存水平下降到 R 点时，就应进行再订购。该订购的货物将在提前期 L 期末收到，且 L 在这个模型中保持不变。

$$年总成本 = 年采购成本 + 年订购成本 + 年存储成本$$

即

$$TC = DC + (D/Q)S + (Q/2)H \tag{5-1}$$

式中：TC——年总成本；
　　　D——需求量（每年）；
　　　Q——订购批量（最佳订购批量称为经济订购批量）；
　　　S——生产准备成本或订购成本；
　　　H——平均库存水平下，单位产品的持有和存储成本。
　　　DC——产品年采购成本；
　　　$(D/Q)S$——年采购成本；
　　　$(Q/2)H$——年存储成本（平均库存 $Q/2$ 乘以单位存储成本 H）。

基于订购量的年产品成本如图 5-2 所示。

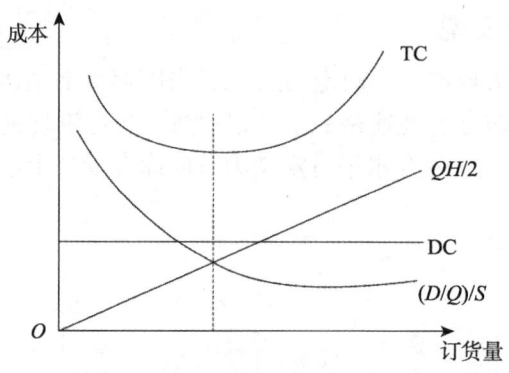

图 5-2　基于订购量的年产品成本

在图 5-2 中，总成本最小的点出现在使曲线斜率为 0 的地方。利用微积分将总成本对 Q 求导数，并令其等于 0。计算如下：

$$TC = DC + (D/Q)S + (Q/2)H$$

$$dTC/dQ = 0 + (-DS/Q^2) + H/2 \tag{5-2}$$

$$EOQ = \sqrt{\frac{2DS}{H}} \tag{5-3}$$

因为该模型假定需求和提前期都不变，即不需要安全库存，则再订购欧点 R 可简单表示为

$$R = \bar{d}L \tag{5-4}$$

式中：$\bar{d}$——日平均需求量（常数）；
　　　L——用天表示的提前期（常数）。

2. 边生产边使用的定量订货模型——经济生产批量模型

EOQ 模型假设所订购的产品成批到达，但事情往往并非如此。在许多情况下，都是边生产边消耗库存物资。在生产系统中，当某一部门是另一部门的供应商时，这种模型比较适用。例如，为了满足铝合金窗的订购必须生产铝合金板，然后将铝合金板切断、焊接，最后完成全部铝合金订单。同时公司与供应商签订长期合同，合同一般为期 6 个月或 1 年，供应商将每周送一次货或更频繁一些。

如图 5-3 所示，假设 Q 为生产批量（某产品一次投入生产的数量，也是一个生产周期 $[0, t]$ 内的库存消耗量），Q_1 为生产结束时的实际库存量，我们用 d 表示对将要生产的物资的固定需求率，用 p 表示该物资的生产率，t_1 为用于生产的时间，t 为生产间隔期（两批产品生产的间隔时间）。其余符号同 EOQ 模型的假设。

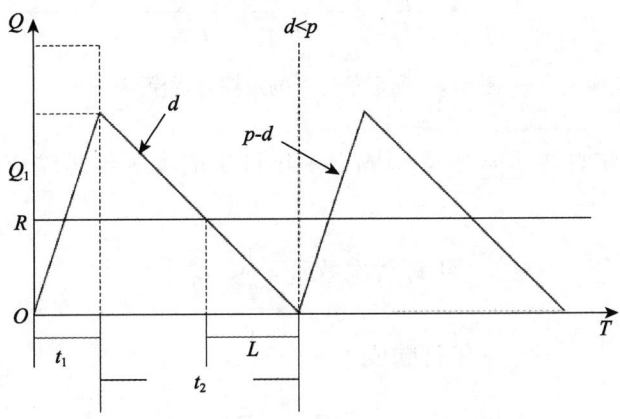

图 5-3　经济生产批量模型假设下的库存量变化

生产在 O 时刻开始进行，在 t_1 时刻结束，由于生产率 p 大于需求率 d，随着生产时间的推移，库存以 $p-d$ 的速率逐渐增加，在 t_1 时间段结束时达到最大值。t_2 时间段内生产停止，需求继续发生，库存按需求率 d 不断减少，在 t 时刻库存减到 0，生产重新开始，就这样周而复始地循环变化。

生产结束时的实际库存量为

$$Q_1 = t_1(p-d) = Q(p-d)/p \tag{5-5}$$

平均库存量为

$$\frac{Q_1}{2} = \frac{[Q(p-d)/p]}{2} = Q(p-d)/2p \tag{5-6}$$

若不允许缺货，年总费用为

年总费用（TC）= 存储费用 + 生产准备费用 + 生产成本

$$TC = DC + DS/Q - (p-d)QH/2p \tag{5-7}$$

对 Q 求导，令其等于 0，可得

$$EPL = \sqrt{\frac{2DSp}{H(p-d)}} \tag{5-8}$$

5.2.2　定期订货模型

如图 5-4 所示，在此模型中，假设：①库存需求速率 d 是固定的；②订货提前期 L 是固定的；③单位产品的价格是固定的；④存储成本 H 以平均库存为计算依据；⑤订购成本 S 是固定的；⑥不允许发生缺货，所订产品瞬时到货；⑦年需求量为 D；⑧订货周期为 T（单位：年）；⑨年总成本为 TC，年采购成本为 DC，年运输成本为 KD。

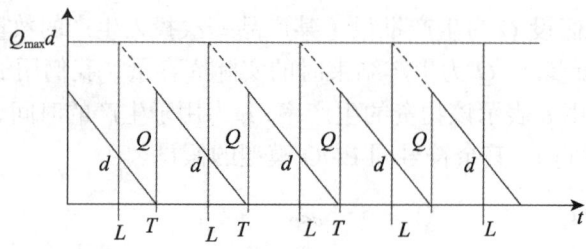

图 5-4 确定条件下的定期订货模型

在此情况下，年总成本＝年采购成本＋年订货成本＋年运输成本＋年储存成本。因此

$$年订货次数\ m = \frac{1}{T} \tag{5-9}$$

$$年订购成本\ mS = \frac{1}{T}S \tag{5-10}$$

$$年存储成本 = \frac{Q}{2}H = \frac{DT}{2}H \tag{5-11}$$

$$年总成本 = TC = DC + KD + \frac{1}{T}S + \frac{DT}{2}H \tag{5-12}$$

将上式两端对 T 求导，并令导数等于 0，则有

$$\frac{d(TC)}{dT} = -\frac{S}{T^2} + \frac{DH}{2} = 0 \tag{5-13}$$

故经济订货周期为

$$T^* = \sqrt{\frac{2S}{DH}} \tag{5-14}$$

由于产品需求速率的单位为件/年，因此最高库存量为 $Q_{max} = (L+T)D$，又由于订货周期和订货提前期的单位为日，一年内的工作日为 N，因此此时的最高库存量为 $Q_{max} = \frac{L+T}{N}D$。产品的需求速率和订货提前期是固定不变的，因此不需要设置安全库存，即 $Q_s = 0$。

定量订货模型和定期订货模型的基本区别是，定量订货模型是"事件驱动"的，而定期订货模型是"时间驱动"的。也就是说，定量订货模型在到达规定的再订货水平的事件发生后就进行订货，这种事件有可能随时发生，主要取决于对该物资的需求情况。相对而言，定期订货模型只限于在预定时期期末进行订货，是由时间来驱动的。

定量订货模型是一种永续盘存系统，它要求每次从库存里取出货物或者往库存里添加货物时，必须刷新记录以确认是否已达到再订购点。而在定期订货模型中，库存盘点只在盘点期发生。

定量订货模型与定期订货模型比较结果如表 5-1 所示。

表 5-1　定量订货模型与定期订货模型比较结果

特　　征	定量订货模型	定期订货模型
订购量	固定	变化
何时订购	在库存量降低到再订购点时	在盘点期到来时
库存记录	每次出库都做记录	只在盘点期记录
库存大小	比定期订货模型小	较大
维持所需时间	由于记录持续，因此较长	—
物资类型	昂贵、关键或重要物资	—

图 5-5 列示了当两种模型投入使用并成为一个运作系统后将会产生的结果。我们可以看到，定量订货系统关注订购数量和再订购点。从程序上看，每次每单位货物出货都要进行记录，并且立即将剩余的库存量与再订购点进行比较。如果库存已降低到再订购点，则要进行批量为 Q 的订购；如果仍位于再订购点之上，则系统保持闲置状态，直到有再一次的出库需求。对于定期订购系统，只有当库存经过盘点后才做出订购决策。是否真正订购取决于进行盘点的那一时刻的库存水平。

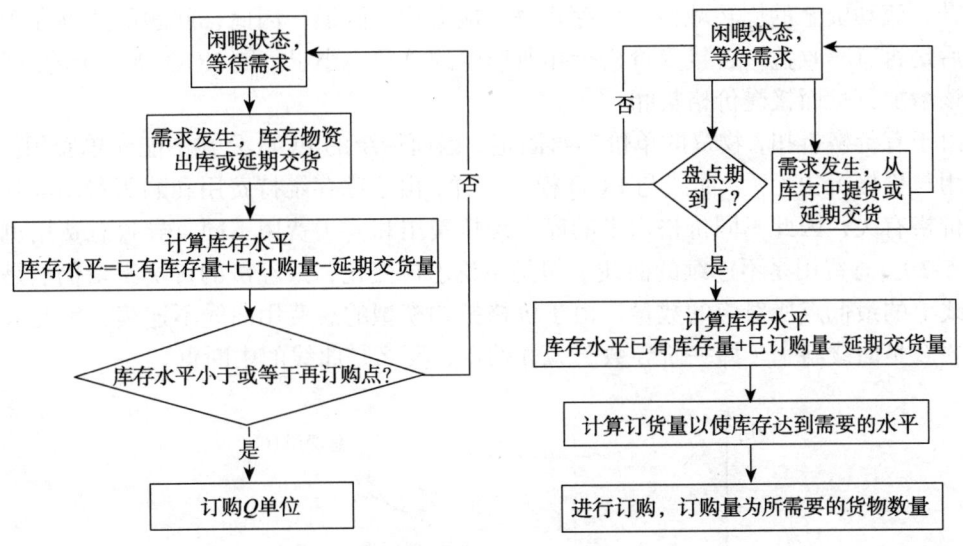

图 5-5　定量订货系统与定期订货系统的比较

5.2.3　专用模型

1. 批量折扣模型

在现实生活中，为了诱发更大的购买行为，供应商往往在订购数量大于某个数值时提供价格优惠。图 5-6 显示了三种价格。当采购批量小于 Q 时，单价为 P_1；当采购批量大于或等于 Q_1 而小于 Q_2 时，单价为 P_2；当采购批量大于或等于 Q_2 时，单价为 P_3。其中 $P_3 < P_2 < P_1$。

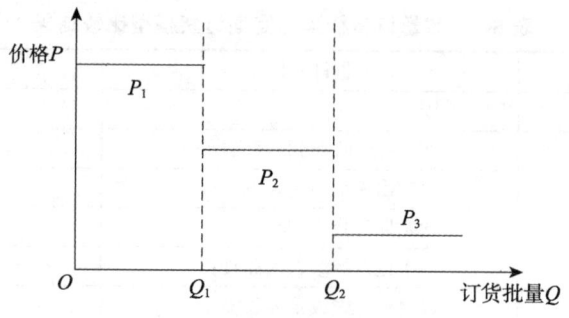

图 5-6 有数量折扣的价格曲线

价格折扣对于供应商有利。因为生产批量越大,生产成本越低,销量扩大可以占领市场,获取更大的利润。价格对于用户是否有利,则要做具体分析。

如果订购量大于供应商规定的折扣限量,购货厂家自然会愿意接受优惠价格,但是当订货量小于这一限量时,购买者是否接受这一价格优惠就要具体分析。因为购货厂家争取数量折扣时,一方面可以使库存的单位成本下降,订货费用减少,运输费用降低,缺货损失减小,抵御涨价的能力加强;另一方面又使库存量增大,库存管理费也可能因此上升,流动资金的周转减慢,库存货物可能老化、陈旧。因此,问题的关键在于增加订货后是否有净收益,若接受价格折扣所产生的总费用小于订购 EOQ 所产生的总费用,就应该增加订货而接受价格折扣。

由于有价格折扣,物资的单价不再固定,因而传统的 EOQ 公式不能简单套用。年订货费用与价格折扣无关,曲线与 EOQ 模型一样,由于库存维持费用和购买费用与物品的单位价格有关,因此不同价格水平的库存维持费用和购买费用不同,导致总费用也不同(图 5-7)。总费用是不连续的曲线。但是不论怎样变化,最经济的订货批量仍然是总费用曲线上的最低点所对应的数量。由于价格折扣模型的总费用曲线不连续,因此成本最低点要么是曲线斜率(即一阶导数)为 0 的点,要么是曲线的中断点。

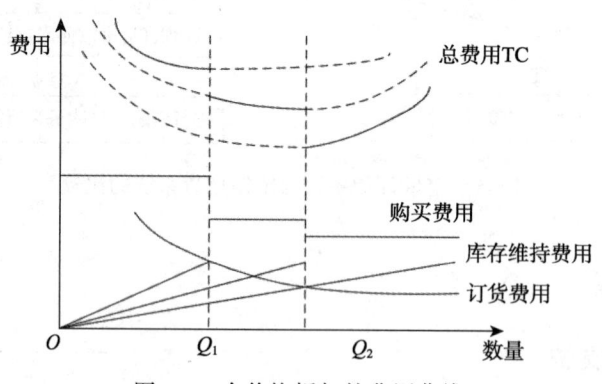

图 5-7 有价格折扣的费用曲线

求有价格折扣的最优订货批量可以按以下步骤进行。

(1)取最低价格代入基本经济订货批量公式,求出最优订货批量 Q^*,若 Q^* 可行(即所求的点在曲线上),Q^* 即为最优订货批量。否则,转入步骤(2)。

（2）取次低价格代人基本经济订货批量公式，求出最优订货批量 Q^*，若 Q^* 可行，在计算订货量为 Q^* 时的总成本并与价格更低范围的间断点的总成本进行比较，取其最低成本对应的数量，便是最优经济订货批量。

（3）如果 Q^* 不可行，重复步骤（2）。

2. 单周期存储模型

对于单周期需求来说，库存控制主要是在超储（over stocking）费用和欠储（under stocking）费用之间取得平衡。

由于预测误差的存在，根据预测确定的订货量和实际需求量不可能一致。如果需求量大于订货量，就会失去潜在的销售机会，导致机会损失和信誉损失，即订货的欠储成本。如果备件缺货，则造成的损失还包括生产中断带来的损失。用 C_u 表示单位欠储成本，则

$$C_u = 单位收入 - 单位成本$$

另外，假如需求量小于订货量，所有未销售出去的物品将可能以低于成本的价格出售，甚至可能还要额外支付一笔处理费。这种由于供过于求导致的费用称为超储成本。用 C_o 表示单位超储成本，则

$$C_o = 单位成本 - 单位处理费用$$

处理费用可能是正值，如折价变卖；也可能是负值，如还要交处理费。

显然，理想的情况是订货量恰恰等于需求量。为了确定最佳订货量，需要考虑各种由订货引起的费用。由于只发生一次订货和一次订购费用，因此订货费用是一种沉没成本，它与决策无关。库存费用也可视为一种沉没成本，因为单周期物品的现实需求无法准确预计，而且只通过一次订货满足。所以即使有库存，其费用的变化也不会很大。因此，只有欠储成本和超储成本才对最佳订货量的确定起决定性的作用。

单周期库存问题可以按需求情况分成两种，需求近似于连续的和需求是离散的：连续需求理论上可以用均匀分布或正态分布来描述；离散需求可以用统计频数或理论上用泊松分布来描述。

3. 连续需求的单周期库存模型

设 $P(D)$ 为需求量大于或等于 D 的概率，如果欠储费用的期望值 $(P(D) \cdot C_u)$ 大于超储费用的期望值 $\{[1-P(D)] \cdot C_o\}$，则 D 还应增加，一直加到 $P(D) \cdot C_u = [1-P(D)] \cdot C_o$。

这时的 D 我们用 D^* 表示，则：

$$P(D^*) \cdot C_u = [1-P(D^*)] \cdot C_o \qquad (5-15)$$

$$P(D^*) = \frac{C_u}{C_u + C_o} \qquad (5-16)$$

式中，D^*——最佳订货量。

4. 离散需求的单周期库存模型

假定原计划订货量为 Q，期望损失为 E_L，考虑追加一单位订货的情况，由于追加了

一单位的订货,使得期望损失的变化为

$$\Delta E_L(Q) = E_L(Q+1) - E_L(Q)$$

$$= \left[C_u \sum_{d>Q}(d-Q-1)p(d) + C_o \sum_{d>Q}(Q+1-d)p(d) \right] - \left[C_u \sum_{d>Q}(d-Q)p(d) + C_o \sum_{d>Q}(Q-d)p(d) \right]$$

$$= (C_u + C_o) \sum_{d=0}^{Q} p(d) - C_u = 0 \tag{5-17}$$

$$p(D^*) = \frac{C_u}{C_u + C_o} \tag{5-18}$$

确定 $p(D^*)$ 之后,再根据经验分布就可以找出最佳订货量。其计算公式与连续性需求是一致的,但由于是离散变量,符合公式的订货量可能处于两个给定需求变量之间,这时取这两个需求量中较大的一个,以保证对顾客有较高的服务水平,虽然可能使企业承受较多的超储损失。

库存管理作为运作管理和供应链物流管理的重要学科,受到了业界广泛的关注,同时也产生了丰富的研究成果,其中最基础的两个库存模型分别是经济订货批量(EOQ)和报童模型(news-vendor problem 或者 newsboy problem)。其中经济订货批量模型解决的是无限周期、确定性需求情况下的库存管理问题,而报童模型则解决的是单一周期、随机型需求情况下的订货问题。

经济订货批量模型最早由 Ford W. Harris 于 1913 年提出,该模型主要应用于产品的需求是恒定不变的、补货是瞬时完成的情况。每次订货都会产生一定的固定成本,而持有的库存则会产生一定的库存费用。该模型的目标则是确定最优的订货数量来降低无限周期内的平均成本。

具体到数学模型,首先我们假定又一个企业的需求率恒定为 d,由于需求率恒定,其订单量也恒定为 Q,订货瞬时到达(无提前期),当时间为 $t=0$ 时,库存量 $I=0$。此时,我们就可以很容易得到该企业的库存水平变化情况,如图 5-8 所示。

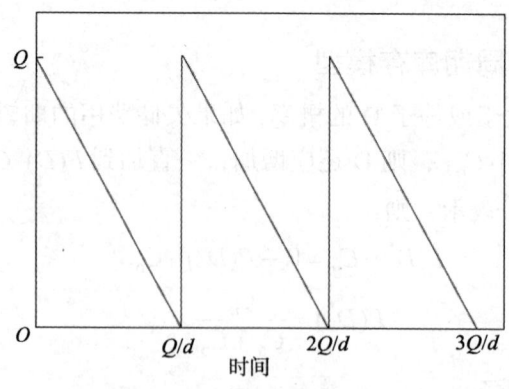

图 5-8　库存水平变化图

假设每次订货的固定成本为 k,单位成本为 c,单位库存持有成本为 h,因此我们可

以得到一个订货周期内的总成本为

$$\text{TC}(Q) = k + Qc + \frac{Q}{2}\frac{Q}{d}h \quad (5\text{-}19)$$

其中第一项为固定订货成本，第二项为变动订货成本，而第三项则为库存持有成本。又由于一个订货周期的长度为 Q/d，因此平均的成本则为

$$\text{AC}(Q) = \frac{dk}{Q} + cd + \frac{Q}{2}h \quad (5\text{-}20)$$

不难证明（5-20）是关于订货量 Q 的凸函数，通过一阶条件即可得到最优订货量为：

$$Q^* = \sqrt{\frac{2dk}{h}} \quad (5\text{-}21)$$

也称 Q^* 为经济订货批量（EOQ）。

通过对 EOQ 模型（5-21）的分析，我们可以发现，最优订货量与其单位成本并无关系，只与其固定订货成本、需求，以及库存持有成本相关，当固定订货成本或者需求增加时，订货量增加，而当库存持有成本增加时，订货量则减少，单位订货成本则不影响订货量。其内在原因在于从长期来看，需求和供给是稳定的，最优库存策略是平衡库存持有成本与固定订货成本的。

上述只是最基本的 EOQ 模型，除此之外还有大量的关于 EOQ 的扩展，包括带有提前期的 EOQ、多品类的 EOQ、交货延迟，等等。EOQ 模型在现实生产生活中被大量应用，甚至于有些场景开始滥用，其原因主要有两点，其一是 EOQ 模型本身相对简单，非常容易理解和应用，而另外一点重要的原因在于 EOQ 模型本身具有很好的鲁棒性，即当我们对于需求的预估是不准确的时候，我们依然能够用 EOQ 模型得到比较好的结果，即保证相对较低的平均成本。

库存领域另外一个重要的数学模型即报童模型，该模型是用以确定单周期、固定售价和批发价格、随机需求的易逝品的最优订货量。报童模型讲述的是一个报童面临第二天不确定的报纸需求，而卖不出去的报纸在后天不会有人买的情况下，如何决定最优的报纸订货量，报童的目标则是其期望的利润最大。一方面，如果他预定了过多的报纸，虽然满足了所有的需求，但剩余的报纸到了后天就会无人问津，白白浪费订购报纸所花费的成本；另一方面，如果报童预定了过少的报纸，虽然不会出现浪费，但可能存在一部分的需求无法满足，明明可以挣到的钱没有挣到。因此，他需要在满足顾客需求（潜在报纸需求）和降低残值（未售出的报纸）之间找到平衡，从而最大化其预期利润。

假设报纸的需求为 D，需求是随机的，即 D 服从一定的概率密度分布，令其分布函数为 F，每份报纸的定价为 p 而其批发价格则为 c，假设报纸的残值为 0，决策变量 q 为报童的订货量，可以很容易得到报童的期望利润。

$$E[\text{profit}] = E[p\min(q,D)] - cq \quad (5\text{-}22)$$

对（5-22）求最大，即可得报童的最优订货量为

$$q^* = F^{-1}\left(\frac{p-c}{p}\right) \quad (5\text{-}23)$$

式中：F^{-1}——需求 D 分布函数 F 的逆函数。

从上面报童模型的最优订货量可以发现，报童的最优订货量与其少订报纸的机会成本（$p-c$）和多订报纸的成本（p）的比例有关，前者越高则订货越多，反之则订货越少。而这个比例在收益管理中被称作利特尔伍德法则（Littlewood's rule），在收益管理中它刻画了销售方在看到高价客源之前，应该分配多少舱位给低价顾客的决策。

与 EOQ 模型类似，报童模型作为库存理论最基础的模型，已经被广泛应用于企业实际的库存管理，同时，也涌现了大量的关于报童模型的拓展模型，如引入多阶段报童模型、考虑竞争型的报童模型、考虑退货的报童模型及考虑低碳等因素的报童模型。

Srivastava[1]将库存问题的研究方法分为三大类。

第一类是定性分析。研究者一般将库存问题放在供应链的环境中进行定性分析，提出新的库存理论，但是缺乏解决现实问题的具体方法。

第二类是定量分析。研究者一般采用线性规划、混合整数规划或随机规划等方法对所研究的库存系统建立数学模型，然后在一些假设，以及限制条件下找出最大化或最小化目标函数的最优解。这类方法受假设条件的限制，通常只适用对特定的库存问题的研究。

第三类是仿真分析。研究者采用仿真工具来模拟所研究的库存系统的动态特性，对可能的库存策略进行性能对比分析，以确定最优库存策略。这种方法一般也是针对特定的物流系统进行分析，所求得的最优库存策略有可能为局部最优解，而非整体最优解。

其中，定量分析是前向物流决策研究中常用的方法，如设施选址模型、运输路径模型、调度模型及随机库存模型等。

5.3　随机性库存问题

在现实中，对于物资的需求率和提前期都是随机变量，需求率和提前期中有一个随机变量的库存控制问题就是随机库存问题。

5.3.1　安全库存和服务水平

上节中的模型假设需求是固定且已知的，但多数情况下需求并不固定，而是经常变化的，因此，必须建立安全库存以便在需求变化的情况下也能保持库存水平。安全库存是指对预期需求的附加库存。例如，如果月平均需求是 100 单位，且预计下个月的需求量保持不变，如果订购 120 单位，那么安全库存为 20 单位。这时的订货点为

$$R = \mathrm{SS} + E(L) \tag{5-24}$$

式中：SS 为安全库存；$E(L)$ 为提前期内需求的期望。

在随机型库存系统中，需求率和订货提前期的随机变化被预设的安全库存所吸收。安全库存作为一种缓冲器，用来补偿在订货提前期内实际需求超过期望需求量或实际提

---

[1] Silver E A, Pyke D F and Peterson R, Inventory management and production planning and scheduling[M]. New York: John-Wiley and Sons, 1998.

前期超过期望提前期所产生的需求。图 5-9 表示提前期内的需求近似服从正态分布的情况。左边阴影部分的面积表示不发生缺货的概率，可以作为库存系统的服务水平；右边阴影部分的面积表示发生缺货的概率。从中可以看出，如果没有安全库存，缺货的概率可以达到 50%。安全库存对公司的成本有双重的影响：可以降低缺货损失费，提高服务水平，但会增加维持库存费用。但是，即使有安全库存的存在，仍不能保证顾客的每一次需求都得到满足，因此缺货是不可避免的。

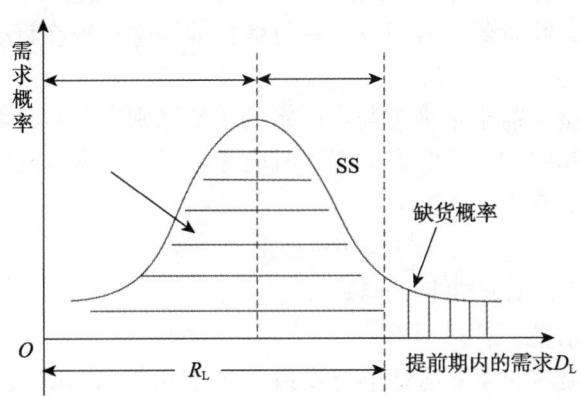

图 5-9　提前期内的需求近似服从正态分布的情况

服务水平是衡量随机型库存系统的一个重要指标，关系到库存系统的竞争能力。衡量服务水平有以下方法。

（1）整个周期内供货的数量/整个周期的需求量。
（2）提前期内供货的数量/提前期内的需求量。
（3）顾客订货得到完全满足的次数/订货发生的总次数。
（4）不发生缺货的补货周期数/总补货周期数。
（5）手头有货可供的时间/总服务时间。

取提前期内需求 SL 不超过订货点 R 的概率作为服务水平：

$$SL = p(L \leqslant R) \tag{5-25}$$

显然，服务水平越高，安全库存量越大，所花的代价也越大，但服务水平过低又将失去顾客，减少利润。因而确定适当的服务水平是十分重要的。图 5-10 描述了订货点与服务水平的关系。当服务水平较低时，将服务水平提高同样比例，订货点增加幅度小；

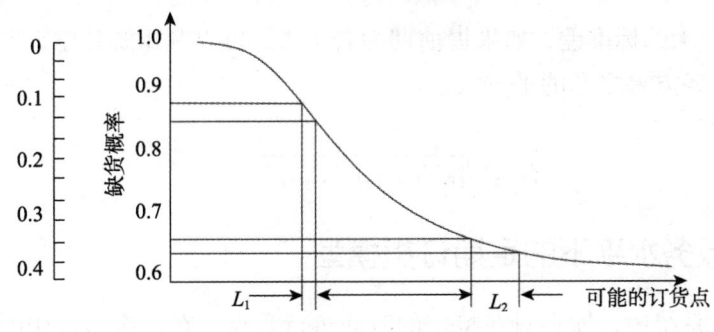

图 5-10　订货点和服务水平的关系

在服务水平较高时,将服务水平提高同样比例,订货点增加幅度大。也就是说,当服务水平较低时,稍微增加一点安全库存,服务水平提高的效果就很明显。但是,当服务水平增加到比较高的水平时,再提高服务水平就需要大幅增加安全库存。

5.3.2 既定服务水平下的定量订货模型

定量订货系统对库存水平进行连续监控,且当库存量降至一定水平 R 时,就进行新的采购。在该模型中,缺货的风险只发生在订购提前期中,即在订购的时刻与收到货物的时刻之间。

对于定量订购模型,需求量确定与不确定的主要区别在于再订购点的计算,这两种情况下的订购批量是相同的。求解安全库存时应考虑需求不确定的因素。

再订购点的计算公式为

$$R = \bar{d}L + Z_{\sigma L} \tag{5-26}$$

式中:R——以单位产品计的再订购点;
$\bar{d}$——日平均需求量;
L——以天计的提前期(下达订单与收到货物之间的时段);
Z——某服务水平之下的标准差;
σL——提前期中使用量的标准差;
$Z_{\sigma L}$——安全库存量。

注意:如果安全库存量为正,则再订购的时间应当提前。R 的值扣除安全库存量就是提前期内的平均需求量。如果订货提前期期间的使用量为 20 单位,计算出的安全库存量为 5 单位,那么就应在库存量为 5 单位时发出订单。

订货提前期内的需求量只是从发出订单到货物接收之间库存用量的一个估计值或预测值。它可能是一个简单的数,或者是提前期内每天预期需求量的总和。

$$\bar{d} = \frac{\sum_{i=1}^{n} d_i}{n}, \quad (n \text{ 为天数}) \tag{5-27}$$

$$\sigma_d = \sqrt{\frac{\sum_{i=1}^{n}(d_i - \bar{d})}{n}} \tag{5-28}$$

σ_d 指的是一天的标准差,如果提前期为若干天,可以利用统计学,即一系列独立事件的标准差等于各方差之和的平方根。

所以通用公式为

$$\sigma_s = \sqrt{\sigma_1^2 + \sigma_2^2 + \cdots + \sigma_i^2} \tag{5-29}$$

5.3.3 既定服务水平下的定期订货模型

在定期订货系统中,库存只在特定的时间进行盘点。在供应商走访顾客并与其签订合同或某些顾客为节省运输费用而将他们的订单合在一起的情况下，必须定期进行库存盘点和订购。另外一些公司实行定期订购系统是为了促进库存盘点。

在定期订货系统中，不同时期的订购量不尽相同，订购量的大小主要取决于各个时期的使用率。它比一般的定量订货系统要求更高的安全库存。定量订货系统是对库存连续盘点，一旦库存水平到达再订购点，立即进行订购。相反，标准定期订货模型是仅在盘点期进行库存盘点。它有可能在刚订完货时由于大量的需求而使库存降至 0。这种情况只有在下一个盘点期才会被发现。而新的订货需要一段时间才能到达。这样，又可能会在整个盘点期 T 和提前期 L 发生缺货。所以安全库存应当保证在盘点期和提前期内不发生缺货。

在定期订货系统中，在盘点期（T）进行再订购，同时必须持有安全库存，其计算公式为

$$\text{安全库存} = Z_{\sigma L+T} \tag{5-30}$$

订货量 = 盘点期和提前期内的平均水平需求 + 安全库存 − 现有库存（如有已订购的也加上），即

$$q = \bar{d}(T+L) + Z_{\sigma L+T} - I \tag{5-31}$$

式中：q——订购量；

T——两次盘点的间隔期；

L——提前期（订购与收到货物之间）；

$\bar{d}$——预测的日平均需求量；

Z——既定服务水平下的标准差；

I——现有库存（包括已订购尚未到达的）。

在该模型中，需求量 $\bar{d}$ 可以预测出来，并且可以随盘点期而不同。或者，如果适当的话，可以使用年度平均值。Z 值可以由式（5-32）给出。

$$E(Z) = \frac{\bar{d}T(1-P)}{\sigma_{T+L}} \tag{5-32}$$

式中：$E(Z)$——σ 为 1 时标准化表中的期望缺货量；

P——用小数表示的服务水平（如95%表示为0.95）；

$\bar{d}T$——盘点周期内的需求量，其中 $\bar{d}$ 是指日需求量，T 是指天数；

σ_{T+L}——盘点周期和提前期内的需求的标准差。

目前，随机库存问题的相关文献主要使用了两种类型的定量研究方法。第一种类型是预定库存控制策略，采用线性规划、随机规划、动态规划等方法建立库存模型，求解最优或次优库存参数值；第二种类型是对库存策略的结构进行分析以找出最优库存策略，如排队论、马尔可夫链、统计方法、仿真及启发式算法等。

其中，随机规划法是随机库存问题相关文献中最普遍运用的定量研究方法，但是随机规划法所建立的库存模型存在着两方面的缺陷：一方面是所建立的库存模型一般规模比较大，随着所研究的库存问题规模的扩展，对库存模型的求解也相应地变得相当复杂；另一方面则是考虑随机因素的能力十分有限。这些缺陷使得在逆向物流随机库存问题的研究中采用随机规划法变得很困难。

鉴于逆向物流库存系统的高度不确定性，由于马尔可夫决策过程（Markov decision processes，MDP）相对于随机规划法所建立的库存模型规模更大，假设条件可以更放松，且适用领域更全面，所得到的研究结果更具有一般性，所以本文将借助马可夫决策过程（MDP）的特性，即只需用少数几个库存成本参数就可以确定最优或次优库存策略，以库存成本最小化为目标，通过对逆向物流库存系统的动态变化特性的定量分析进行随机库存问题的研究。

第一个库存管理模型是 Harris（1913）[1]提出的经济批量订购模型（economic order quantity model，EOQ），即 EOQ 模型。作为基础模型，EOQ 模型具有较严格的假设，包括需求是已知且不确定、不能发生缺货和订货前制期为 0 等条件，此类假设与实际不太相符，但这并不影响其在实际中的应用，由于现实中有些产品的确满足此类假设条件。而随机库存问题的提出追溯到 Whitin（1955）[2]，他在库存管理模型中引入随机因素，将经济理论和库存控制理论相结合，建立了以成本最小化为目标的模型。最初是应用随机库存模型在金融行业解决其资金流动问题，而学术界对该模型的广泛关注在 20 世纪末。关于库存管理问题中的相关基础研究见专著 Silver（1998）[3]、Porteus（2002）[4]和 Zipkin（2000）[5]。此后，人们发现随机库存模型在生产管理和经济运营中有着重要的作用，并在日常生活的各行各业得到广泛应用。学者们对其扩充研究也越来越广，包括追求目标的扩充、需求状况的扩充、决策者自身因素的扩充，以及扩充到多产品多销售阶段等。

对于决策者自身因素的考虑，主要涉及决策者对风险的态度，包括风险厌恶（risk-averse）、风险中立（risk-neutral）和风险偏好（risk-seeking）。在实际决策中，大多数人对待风险相当谨慎，也有一部分人乐于挑战风险。可以看出，决策者采取不同的风险测量方法，目标函数随之也会改变。在库存模型中，基于风险度量的定量分析方法主要有：期望效用理论（expected utility theory）、均值方差（mean-variance）、风险价值（value-at-risk）与条件风险价值（conditional value-at-risk）、下行风险（downside-risk）和一致风险测度法（coherent measures of risk）等。这些风险度量的方法各有优缺点，而被广泛采用的是期望效用理论、均值方差、风险价值与条件风险价值。

有关基于期望效用理论的库存问题的研究文献较多。在单周期库存模型中，Horowtitz（1970）[6]和 Baron（1973）[7]分别在不考虑处理价值和考虑正的处理值的角度，得出风险中立公司的订购量高于风险厌恶公司订购量的结论，它们都没有缺货惩罚成本。均值方差准则作为另一种衡量风险的方法，也广泛地应用到随机库存模型中。Lau（1980）[8]最早从零售商的最大化期望利润和最大化给定利润两方面入手，对经典的随机库存模型进

---

[1] Harris F W. How many parts to make at once[J]. Operations Research, 1991, 38(6): 947-950.
[2] Whitin T M. Inventory control and price theory[J]. Management Science, 1955, 21(1): 61-68.
[3] Silver E A, Pyke D F and Peterson R, Inventory management and productionplanning and scheduling[M]. New York: John-Wiley and Sons, 1998.
[4] Porteus E L, Foundations of Stochastic Inventory Theory[M]. Stanford Univ, 2002.
[5] Zipkin P H, Foundations of Inventory Management[M]. McGraw-Hill/Irwin, 2000.
[6] Horowitz I, Decision making and the theory of the firm[M]. New York: Holt, Rinehart and Winston, 1970.
[7] Baron D P. Point estimation and risk preferences[J]. Journal of the American Statistical Association, 1973, 68(344): 944-950.
[8] Lau H S. The newsboy problem under alternative optimization objectives[J]. Journal of the Operational Research Society, 1980, 31525-535.

行了研究，在不考虑缺货惩罚的情况下，得到风险厌恶的公司的订货量不超过风险中立公司的订购量。Chen 和 Federgruen（2000）[①]基于均值方差分析了单周期库存问题，并对风险中立、风险厌恶及风险偏好的决策者进行了优化。

5.4 库存管理策略

5.4.1 客户 ABC 分类

提高客户服务水平是存货管理决策的重要考虑因素，但有时客户众多，无法全面顾及每一位客户，为了使有限的人力、物力作有效的利用，不得不做重点管理。未采取重点管理的企业，当订单多时，订单处理人员往往为了使订单积压减少，常会处理一些比较简单的订单，而对订货数量多、处理手续较烦琐的大客户反而容易忽略，此种"小户驱逐大户"的现象，对企业绩效将造成不良影响。商品应对客户重要性的程度，分为 A、B、C 三类。

一般而言，对 A 类客户应重点投入人力、物力以做优先处理，而对 C 类客户则可按部就班，但仍要仔细分辨其能否列入 B 类或 A 类，以避免误判而导致损失。此外，在设置仓库时，也可参考此种分析，将仓库设于重要客户附近，以减少转运成本及对重要客户的延迟交货次数，提高服务水平。

5.4.2 商品 ABC 分类

许多企业常唯恐无法满足客户需求而保留了大量库存，导致许多不必要的成本浪费，以至于经营不善。先进的管理观念是对销售总值高的少数商品，做完整的记录、分析，实施较严格的库存控制；而对销售总值低的多种商品，做定期例行的检查控制。

在库存管理领域，用途最广的是 ABC 分类法，无论是在国内还是在国外，还有大量的企业依然沿用着 ABC 分类法最基本的原则管理库存。ABC 分类法也叫帕累托分析法、柏拉图分析法、主次因素分析法等，它主要是根据事物在技术或者经济方面的主要特征，进行一定的分类，对不同分类进行不同的管理的一种分析方法，由于被分析的主题被划归到 A、B 和 C 三类，因此也称 ABC 分析法。1951 年，管理学家戴克首先将 ABC 法则应用到库存管理。在库存管理中，我们主要依据不同库存的单位价值来对库存进行 ABC 分类，具体步骤可以如下：首先，计算每一种库存的金额，并按照从大到小进行排序；其次，计算每一种库存金额占总库存的比率以及累计比率；最后，进行分类。而在实际的操作中，可以灵活地划分 ABC 类库存，或者划分更多类别的库存，然后在根据不同类型的库存制定相应的库存管理策略。一般情况，对于 A 类库存，企业制定最为详细和精确的库存策略，尽可能的保障供应，对于 B 类库存，则制定一般的库存，其订货周期一般大于 A 类库存的订货周期，最后对于 C 类库存则制定相对简单的库存策略，一般订货周期也要高于 A 类和 B 类库存。通过对 ABC 三类不同物资分别进行管理，企业可以更

[①] Chen F and Federgruen A. Mean-variance analysis of basic inventory models[J]. Financial Analysis, 2000, 9(3): 77-88.

好地保障其关键物资的供应，降低其整体的库存管理费用。

　　ABC 分类法目前是企业应用范围最广的库存管理策略。一方面，其操作流程相对简单，一般的没有经过相关培训的库存管理员工都可以学会使用，对于企业来说，不用花费大量的成本培训员工。另一方面，ABC 分类法简单但不低效，其背后的管理学原理是符合库存管理的一般原则，能够给企业带来看得见、摸得着的效率提升和成本降低。ABC 分类也存在着一些不足，首先，ABC 分类法的准则是影响其效度和效率的关键因素，选择合适的分类依据是摆在管理者面前的一道关键题，仅仅以金额或者价值来衡量可能带来一定的问题。比如，对于一个生产型企业，有些零部件其本身的绝对价值和成本可能很低，但是其可能是生产环节不可或缺或者无法替代的部分，就像是木桶的短板，其决定了整个生产系统的效率，仅以金额或者价值来分类可能就不妥，因此企业在实际应用中应该更谨慎地选择分类的标准和原则。除此之外，ABC 分类法虽然从原理上遵从了管理的一般原则，但缺乏严格的、科学的理论依据来表明其最优性，现实中存在着很多情况并不能简单通过分类的方式来解决。总的来说，ABC 分类法在管理一般物资的库存时可能有着比较好的效果，但在对待很多产品的库存时，应该更多地考虑产品本身的特性，慎重地应用 ABC 分类法。

　　ABC 分类法属于传统库存管理方法，也是许多大型企业普遍采用的库存控制方法，最早起源于意大利，是帕累托在研究个人收入发布时发现的 20% 的居民创造了社会 80% 的财富，而 80% 的居民仅创造 20% 的财富，即"二八法则"，"二八法则"同样也适用于企业的库存管理，按照数量和价值占总库存的比例进行排序和分类，不同类别的产品分别采用不同的方法来管理，以达到一种相对的理想模式。

　　F. Y. Partovi 和 M. Anandarajan 提出了一种基于人工神经网络的医药企业库存单元 ABC 分类方法。Flores B. E 等也对 ABC 分类法提出多规则的改进。Wang Lung Ng 提出了一个简单的多准则库存分类模型，该模型将库存项目的所有标准度量转换为标量得分，然后基于 ABC 原理计算出的分数进行分类，通过简单的转换就可以得出库存项目的得分。

　　Qifeng Zhou，Ruyuan Han，Tao Li 等使用联合预测模型同时预测多个时间序列数据的问题，提出了一个多时间序列预测模型，并将其应用于库存管理领域。此外，还有学者采用决策矩阵改进 ABC 分类，综合多方面因素后，将原本按 ABC 分类法属于 B 类的物料，在改进后的 ABC 分类中划入 A 类。

　　ABC 分析的一般步骤：收集数据、处理数据制作 ABC 分析表、根据 ABC 分析表确定分类。

　　ABC 分类法的划分原则（表 5-2）及管理方法如下所述。

表 5-2　ABC 分类法

类别	数量占比/%	资金占比/%
A 类	5～15	60～80
B 类	20～30	20～30
C 类	60～80	5～15

A 类：数量占总数的 5%～15%左右，但价值占总价值的 60%～80%左右的库存商品；A 类物资数量较少但是价值比较高，所以对于这类库存商品要做好重点管理，避免不必要的风险。在不影响需求的前提下尽量减少库存量，缩短采购的提前期，采用准时制采购来控制到货时间，经常盘点以提高库存精度。

B 类：数量占总数的 20%～30%左右，价值也占总价值的 20%～30%左右的库存商品；B 类物资数量和价格基本成正比，此类的物资管理也是介于 A 类、C 类之间，适宜采用批量采购。

C 类：数量占总数的 60%～80%左右，但价值占总价值的 5%～15%左右的库存商品；C 类物资数量较多但价格较低，此类物资不会对库存造成大的影响，所以不需要对 C 类物资过于关注，可以存储一定的数量或定期补货，保证物资的供应即可。

课后习题

1. 库存可以分为哪几分类？
2. 简述 ABC 分类法。
3. 某公司生产无痛注射针供应医院，已知年需求量为 1 000 单位，每次订货成本 $S=10$ 元，每年每单位保存成本 $H=10$ 元。为了减少存货成本，最佳的每批批量是多少？
4. 某制造公司每年以单价 10 元购进 8 000 单位的某种物品。每次订货的订货成本为 30 元，每单位每年的储存成本为 3 元，订货提前期为 10 天，一年共有 250 个工作日。
问：求经济订货周期、最高库存量和年总成本各是多少？
5. 某产品的日需求量服从均值为 60、标准差为 7 的正态分布。供应来源可靠，提前期固定为 6 天，订购成本为 10 元，每单位年持有成本为 0.50 元。假设不计短缺成本，订货时的订单将在库存补充之后得到满足、销售全年 365 天都发生。求提前期内能满足有 95%的概率不出现缺货的订购量与再订购点。
6. 已知某企业所生产产品年需求量 $D=1000$ 单位，经济订购批量 $Q=200$ 单位，不出现缺货的期望概率 $p=0.95$。提前期内需求的标准差 $\sigma_L=25$ 单位，提前期 $L=15$ 天，假设需求在工作日发生，而该年度工作日为 250 天。求再订购点。

参考文献

[1] 王海军. 运营管理[M]. 北京：中国人民大学出版社，2013.
[2] 姚宗明. 物流师[M]. 2 版. 北京：中国劳动保障出版社，2009.
[3] 王道平，侯美玲. 供应链库存管理与控制[M]. 北京：北京大学出版社，2010.

第 6 章

运 输 管 理

6.1 运 输 方 式

运输是指通过运输工具将乘客或货物从一个空间位置运送到另一个空间位置,在这一过程中不改变运送对象的质量和数量,仅有空间位置的变化,以满足托运者的需求。运输方式是指通过不同的管理组织,采用不同的运输工具、运输设备和运输线路而形成的各种运输形式。

19 世纪末,内燃机的发明为汽车、船舶提供了动力,并使飞机的研发成为可能,这是交通运输业一个巨大的突破。20 世纪初,随着汽轮机、燃气轮机和发动机的发明,交通运输业进入迅速发展的新时期。常用的现代运输方式有铁路运输、公路运输、水路运输、航空运输、管道运输等。

6.1.1 运输方式的分类及其特点

基本运输方式有公路、铁路、水路、航空、管道五种。不同的运输方式适合于不同的运输情况,合理地选择运输方式不仅能提高运输效率,降低运输成本,还会对整个物流系统的合理化产生很大的影响。以下简要介绍这五种基本运输方式并对其进行比较。

1. 公路运输

公路运输在所有的运输方式中是影响面最为广泛的一种,其优势在于:

(1) 全运程速度快。公路运输可以实现"门到门"运输,可以减少旅客转换运输工具所需要的等待时间与步行时间,对于限时运送货物,或为适应市场临时急需的货物运输,公路运输服务优于其他运输工具。特别是对于短途、高价值产品运输,其整个运输过程,较任何其他运输工具都更为迅速、方便。

(2) 运用灵活。公路运输富于灵活性,可随时调拨,不受时间限制,可随处停靠,富于弹性和适应性。

(3) 受地形气候限制小。汽车在路上行驶,可以逢山过山,不受地形限制。遇恶劣气候,较飞机、船舶受影响小。

但是,公路运输也存在很多不足,其表现主要有:

（1）载运量小。汽车载运量，从客运角度，小到三四人，多到数十人；从货运考虑，普通可载运 3～5 t，即使使用全拖车，也不过数十吨，无法与铁路或轮船的庞大容量相比。

（2）安全性差。公路运输，由于车种复杂，路况不良，以及驾驶人员的疏忽等因素，交通事故较多，安全性较差。

因此，公路运输适合于短距离、小批量的运输。

2．铁路运输

铁路运输是使用铁路列车运送货物的一种运输方式，主要承担长距离、大数量的货运任务。在干线运输中起主力运输作用。铁路货物运输分为整车、零担、集装箱三种。

1）铁路运输的优点

（1）运量大、运价低廉且运距长。铁路运输采用大功率机车牵引列车运行，可承担长距离、大运输量的运输任务，而且由于列车运行阻力小，能源消耗量低，所以价格低廉。

（2）行驶具有自动控制性。铁路运输具有专用路权，在列车行驶上具有高度导向性，可以采用列车自动控制方式控制列车运行，以达到车辆自动驾驶的目的。目前最先进的列车已经可以通过高科技电脑的控制，使列车的运行达到全面自动化甚至无人驾驶，从而大大提高运输安全，降低司机劳动强度。

（3）有效使用土地。铁路运输以客、货车组成的列车为基本单元，可以在有限的土地上进行大量的运输，因此，较之公路可以节省大量的土地，使土地资源达到最有效的利用。

（4）污染性较低。铁路的污染性比公路低。例如，在噪声方面，铁路所带来的噪声污染，不仅比公路低，而且是间断性的。

（5）受气候限制小。铁路运输具有高度的导向性，只要行车设施无损坏，在任何气候条件下，如下雨、冰雪，列车均可安全行驶，受气候因素限制很小，所以铁路是营运最可靠的运输方式。

但是铁路运输系统也有其缺点，如资本密集、固定资产庞大、设备不易维修、战时容易遭破坏等。对于物流管理来说，其缺点主要表现在以下方面。

2）铁路运输的缺点

（1）固定成本高，项目投资大，建设周期较长。

（2）运输时间较长，在运输过程中需要有列车编组、解体和中转改编等作业环节，占用时间较长，因而增加了货物的运输时间。

（3）铁路运输中的货损率比较高，由于装卸次数较多，货物毁损或丢失事故通常比其他运输方式多。

（4）不能实现"门到门"运输，如果托运人和收货人都有铁路专用线，可以提供"门到门"服务，但如果没有铁路专用线，则货物运送必须用其他方式来协助完成。

3．水路运输

水路运输方式是以船、筏等运载工具沿各种水域航线载运旅客和货物的运输方式。

其优势在于：

（1）成本低：水路运输不需要昂贵的道路或铁路建设费用。

（2）载重量大：适合运输大型设备和重物。

（3）适应性强：能够利用天然水道，减少建设成本。

（4）环保：相比陆地运输，水路运输对环境的污染较小。

水路运输的主要缺点包括以下几个方面：

（1）速度慢：水路运输的速度相对较慢，这会导致在途货物多，运输时间长，增加货主的流动资金占用量。

（2）受地域限制：水路运输只能在固定的水路航线上航行，不能实现"门到门"的运输，大部分水路运输需要其他运输手段的配合和衔接，才能最终完成整个运输过程。

（3）受天气影响大：内河航道和某些港口受季节影响较大，冬季结冰，枯水期水位变低，难以保证全年通航。海上运输也容易受到暴风、大雾等恶劣天气的影响。

（4）货物运输过程中易受损：船舶在行驶过程中受风浪的影响，容易颠簸、摇晃，从而导致货物破损较多。

4. 航空运输

航空运输的特征主要表现在以下五个方面。

（1）速度快。这是航空运输的最大优势，现代喷气式客机，巡航速度为 800～900 km/h，比汽车、货车快 5～10 倍，比轮船快 20～30 倍，而且距离越长，航空运输所能节约的时间越多，快速的特点也越显著。

（2）不受地形限制，机动性大。飞机在空中飞行，受陆地地形因素限制很少，受航线条件限制的程度也远比汽车运输、铁路运输和水运小得多。它可以将地面上任何距离的两个地方连接起来，可以定期或不定期飞行。尤其对于灾区的救援、供应，对于边远地区的急救等紧急任务，航空运输已成为必不可少的手段。

（3）舒适、安全。喷气式客机的巡航高度在 10 000 m 左右，飞行不受低空气流的影响，平稳舒适。现代民航客机的客舱宽敞，噪声小，机内有供膳、视听等设施，旅客乘坐的舒适程度较高。由于科学技术的进步和对民航客机适航性的严格要求，航空运输的安全性比以往已大大提高。

（4）适用范围广泛、用途广。飞机，尤其是直升机，不但可供客货运输，而且还可以用于邮政、农业、渔业、林业、救济、工程、警务、气象、旅游观光和军事。

（5）基本建设周期短、投资少。要发展航空运输，从设备条件上讲，只要添置飞机和修建机场就可基本满足。这与修建铁路和公路相比，建设周期短、占地少、投资省、收效快。据计算，在相距 1 000 km 的两个城市间建立交通线，若载客能力相同，修建铁路的投资是开辟航线的 1.6 倍。铁路修建周期为 5～7 年，而开辟航线只需 2 年。

同时，航空运输也有其不利的方面。

（1）航空运输具有国际性。航空事业属于环球多国籍的运输行业，具有跨国服务的特性，故须考虑国际化服务与合作，如天空开放和代码共享。

（2）航空运输载运量小、成本高。由于受飞机机舱容积制约，航空运输载运量小，运载成本和运价比地面运输高。

（3）受气象条件限制。航空运输工具在空中飞行，受气象条件限制较大，飞机的航期和安全常受影响。

（4）航空运输造成的噪声污染比较严重。由于航空运输具有快速、机动的特点，可以为旅客节省大量时间，为货主加速资金周转，所以，在客运和进出口贸易中，尤其是在运输贵重物品、精密仪器、鲜活物资等方面，起着越来越大的作用。

5. 管道运输

管道运输是使用管道输送流体货物的一种运输方式，所输送的货物主要有油品（原油和成品油）、天然气（包括油田伴生气）、煤浆及其他矿浆。管道运输是随着石油开发而兴起的、并随着石油、天然气等流体燃料需求量的增长而发展。

用管道运输，不同于用车、船舶、飞机等运输货物，管道是静止的，它通过输送设备（如泵、压缩机等）驱动货物，使之通过管道流向目的地。因此，管道的运输特性是：

（1）运量大。一条管径 720 mm 的管道，可年输易凝高粘原油 2 000 万 t 以上，相当于一条铁路的运量；一条 1 220 mm 的管道，年输量可达 1 亿 t 以上。

（2）永久性占用土地少，易选取捷径缩短运距。管道多埋于地下，埋入地下部分一般占管道总长度的 95%以上，永久占用土地少，管道可以从河流、湖泊乃至海洋的水下穿过，也可以翻越高山，横越沙漠，允许敷设坡度较铁路、公路大，易选取捷径缩短运距。

（3）可长期稳定运行。由于受恶劣气候条件的影响较小，可以长期连续不断地稳定运行。

（4）便于管理。便于运输管理，易于远程监控，维修量小，劳动生产率高。

（5）损耗少，安全可靠。易燃的油、气密闭于管道中，既可减少挥发损耗，又较其他运输方式安全，且系统机械故障率低。

（6）耗能低、运输费用低。每公里输送每吨轻质原油的能耗只有铁路的 1/17～1/2。成品油运费仅为铁路的 1/6～1/3，接近于海运，且无须装卸、包装，无空车回程问题。

（7）沿途无噪声、漏失污染少。管道运输不仅沿途无噪声，且据近 10 年西欧石油管道的统计，漏失污染量仅为输送量的 4%。

但是管道运输不如其他运输方式灵活，承运的货物比较单一，货源减少时不能改变路线，当运输量降低较多并超出其合理运行范围时，优越性就难以发挥。因此只适于定点、量大、单向的流体运输。

以上五种运输方式的特点是物流企业在选择运输方式时的参考指标。对我国物流企业来说，在选择运输服务方式时最关注的就是运输成本问题，而各种运输方式中对运输成本影响显著的营运特性主要是运价、运输时间（速度）、货物的灭损情况（安全可靠性）及运输方式的可得性（运输方式服务于任何给定的两个地点间的能力）。对于这几个运输特性后面我们会专门讨论，这里为了清晰可见，特将五种运输方式的各营运特性简单地归纳汇总如下（表6-1）。

表 6-1　各种运输方式相关的营运特性排序

营运特性	铁路	公路	水路	航空	管道
运价	3	2	5	1	4
速度	3	2	4	1	5
可得性	2	1	4	3	5
可靠性	3	2	4	5	1
能力	2	3	1	4	5

注：排名分别按照由大到小、由高到低的排序

6.1.2　运输方式选择的影响因素

物流企业可以根据所需运输服务的要求，参考不同运输方式的不同营运特性，进行最优选择，使所获得的运输服务成本最低。当然，有时单靠一种运输方式无法实现最低成本，往往需要几种运输方式的组合才能实现。因此，为了选择正确的运输方式降低运输成本，必须考虑以下三个因素。

（1）价格：运输服务价格就是运输货物的在途运费加上提供额外服务的所有附加费和运输端点费用。如果是使用受雇运输，运输服务的总成本就是货物在两点间运输收取的运费加上所有附加费，如保险费、装卸费、终点的送货费等。如果是自用运输，运输服务成本就是分摊到该次运输中的相关成本，如燃油成本、人工成本、维修成本、设备折旧和管理成本等费用。

不同的运输方式，其运输成本相差很大。航空运输是最昂贵的，管道运输和水上运输则是最便宜的，而公路运输又比铁路运输贵。但是这种成本比较，是使用运费收入除以所运货物的总吨数得到的比值，并不能确切地反映各种运输方式的综合效益。在实际运营中，必须根据实际运费、运输时间、货物的性质及运输安全等进行综合比较。

（2）运输时间：运输时间通常是指货物从起点运输到终点所耗费的平均时间。这个时间的长短，从两方面影响运输的费用：①货物价值由于其适用期有限可能造成损失，如水果、蔬菜等；或因为其时间价值的适用期有限而造成损失，如报纸、时装等。②货物在运输中由其价值表现的资本占用费用，对高价值货物或货运量很大的货物，可能占成本的很大部分。因此，平均运输时间是一个重要的运输服务指标。不同运输方式，提供的货物平均运输时间是不同的。有些能够提供起止点之间的直接运输服务，有些则不能。但如果要对不同运输服务进行对比，即使涉及一种以上的运输方式，也最好是用"门到门"运送时间进行衡量。当考虑运输时间时，还要注意一个问题，即运输时间的变化。运输时间的变化是指各种运输方式下多次运输出现的时间变化。它是衡量运输服务的不确定性的指标。起止点相同，使用同样运输方式的每一次运输的在途时间不一定相同，因为天气、交通拥挤、中途暂停次数、合并运输所费的时间不同等都会影响在途时间。一般来说，运输时间的变化率的排序与运输时间的顺序大致相同。也就是说，铁路的运输时间变化最大，航空运输最小，公路运输介于中间。但要注意的是，如果从变化率与平均运输时间的比值看，则航空运输最不可靠，公路运输是最可靠的。

（3）灭失与损坏：灭失与损坏，也就是运输质量中的安全性问题。因为各承运人安全运输货物的能力不同，所以运输中灭失或损坏的记录就成为选择承运人的重要因素。承运人有义务合理速遣货物，并恰当地审慎避免货物的灭失和损坏。但如果是自然原因、托运人过失或承运人无法控制的其他原因造成货物的灭失和损坏，承运人可以免除责任。虽然在托运人准确陈述事实的情况下，承运人会承担给托运人造成的直接损失，但托运人应该在选择承运人之前认识到会有一定的转嫁成本。托运人承受的最严重的潜在损失是客户服务。运输延迟或运到的货物不能使用意味着给客户带来不便，或者导致库存成本上升，或者造成缺货或延期交货。托运人如果要进行索赔，需要花时间搜集相关证据，费周折准备适当的索赔单据，在索赔处理过程中还要占用资金，如果索赔只能通过法庭解决，可能还涉及很高的费用。显然，对承运人的索赔越少，用户对服务越满意。对可能发生的货物破损，托运人的普遍做法是增加保护性包装，而这些费用最终也一定由用户承担。

由此可见，价格、运输时间及货物的灭失和损坏，直接或间接地影响着物流运输成本。因此，在选择运输方式时，上述三个因素是物流管理首要考虑的基本因素。

6.1.3 运输方式的选择

用于生产和加工的原材料有较大一部分是从国外供应商处采购，通过不同的进口运输方式运送到国内工厂。运输方式会影响到运输成本从而影响到产品价格，此外还会影响到货准时性和在途货损性，所以进口原材料运输方式的研究非常重要。科学选择运输方式可以降低产品成本、降低库存水平、提高供应链整体效益和提高客户满意度。

（1）单一运输方式的选择：单一运输方式，就是选择一种运输方式提供运输服务。可以根据五种基本运输方式的特点，结合自身运输需求进行恰当的选择。

（2）多式联运的选择：多式联运就是选择使用两种以上的运输方式联合起来提供运输服务。多式联运的主要特点是在不同运输方式间自由变换运输工具，以最合理、最有效的方式实现货物运输过程。例如，将卡车上的集装箱装上飞机，或铁路车厢被拖上船等。多式联运的组合方法有很多，但在实际中，这些组合并不都是实用的，一般只有铁路与公路联运、公路或铁路与水路联运得到了较为广泛的采用。

铁路与公路联运，即公铁联运，或称驮背运输，是指在铁路平板车上载运卡车拖车，通常运距比正常的卡车运输长。它综合了卡车运输的方便、灵活与铁路长距离运输经济的特点，运费通常比单纯的卡车运输要低。这样，卡车运输公司可以延伸其服务范围，而铁路部门也能够分享到某些一般只由卡车公司单独运输的业务，同时托运人也可得以在合理价格下享受到长距离"门到门"服务的便捷。因此，驮背运输，即铁路公路联运成为最受欢迎的多式联运方式。

公路或铁路与水路联运，也称鱼背运输，即将卡车拖车、火车车厢或集装箱转载到驳船或船舶上进行长途运输。这种使用水路进行长途运输的方式，是较便宜的运输方式之一，在国际多式联运中应用广泛。

此外，航空与公路联运应用也较广泛，即将航空货运与卡车运输结合起来，这种方式所提供的服务和灵活性可与公路直达运输相比拟。

两种以上运输方式的连接所具有的经济潜力，使得多式联运吸引了托运人和承运人。多式联运的发展对物流计划者具有很大的利益，这种发展增加了系统设计中的可选方案，从而可以降低物流成本、改善服务。

（3）运输中间商的选择：运输中间商，一种是运输承包公司，另一种是运输代理人。运输承包公司是不具有运输工具或只具有少量短途运输工具，而以办理货运业务（或兼办客运业务）为主的专业运输业务企业。采用运输承包发运货物时，可以把有关货运工作委托给运输承包公司，由他们负责办理货物运输全过程中所发生的与运输有关的事务，并与掌握运输工具的运输企业发生托运与承运的关系。特别是对于一些运输条件要求较高、货运业务手续较为繁杂，且面向千家万户的运输，更适合采用运输承包发运货物。比如，零担货物的集结运输，由于零担货物批数多、重量小、发散地分散、品种复杂、形状各异、包装不统一，由运输承包公司承包此项业务，不仅可以方便货主，提高运输服务质量，还可以通过运输承包公司的货物集结过程，集零为整，提高运输效率和运输过程的安全可靠性。

运输代理人主要应用于国际货物运输业务中。国际间货物运输业务的业务范围遍布国内外广大地区，不仅涉及面广、头绪多，而且情况复杂，任何一个运输经营人都不可能亲自处理每一项具体运输业务，这就需要把不少工作委托给代理人代办。运输代理人接受委托人的委托，代办各种运输业务并按提供的劳务收取一定的报酬，即代理费、佣金或手续费。代理人一般都经营运输多年、精通业务、经验比较丰富，且熟悉各种运输手续和规章制度，与交通运输部门，以及贸易、银行、保险、海关等有着广泛的联系和密切的关系，从而具有有利条件为委托人代办各种运输事项。因此委托代理人去完成一项运输业务，有时比自己亲自去处理更为有利。因为代理人熟悉当地情况，与各方面有着密切关系，比人生地疏的委托人自己去办可能更顺利，更好一些，虽然要花费一些酬金，但委托人从代理人提供的服务中可以得到补偿。因此，代理在运输业中的发展十分迅速。物流企业可以根据代理人的不同性质和范围进行选择。

（4）自用运输的选择：所谓自用运输，即使用自有的运输设备运输自有的、承租的或受托的货物的活动。比如，拥有或租用火车车皮、客车汽车、货用飞机及运输船舶运输自己的，或自己承租的，或自己受托的货物等，都是自用运输。拥有自用运输设备，可以具有更大的控制力和灵活性，能够随时适应顾客的需要，这种高度的反应能力可以使企业缩短交货时间，减小库存，减少缺料的可能性，而且可以不受商业运输公司服务水平和运价的限制，并有利于改善和顾客的关系。但是自用运输有一个很大的弊端，就是运输成本较高。主要原因就是回空问题，回空成本要计入运出或运入的单程货运成本内，这样货运成本实际是单程成本的两倍。因此，企业是选择运输中间商还是选择自用运输，一定要做好成本的比较工作，选择最佳运输方式。

（5）运输方式的定量分析：上述是对各种运输方式服务选择的定性分析，除此之外，我们还需要做一定的定量分析，将指标量化，使所选择的运输方式的优劣可以一目了然。所谓的定量分析，就是对所选择的运输方式的各种指标（即影响因素）绩效进行评分，给出衡量值，然后物流管理运输部门根据各种指标的重要程度给出不同的权重，用权重乘以运输方式的绩效衡量值就得到运输方式在该评估因素中的等级，将个别因素等级累积起来就得到运输方式的总等级。如果绩效的衡量值和权重分值越高，表示绩效越好，评估指标越重要，那么总等级分值越高的运输方式越好；反之，如果绩效衡量值和权重分值越低，表示绩效越好，评估指标越重要，那么总等级分值越低的运输方式越好。

我们以选择运输中间商，或者说承运人为例来说明这种定量分析的方法（见表6-2）。这里我们选择一个3分制的评定标准，承运人绩效的评定范围从"1——绩效好"到"3——绩效差"，各评估指标的权重值范围为"1——高度重要，2——一般重要，3——低度重要"。这样，我们可以计算出表6-2中的承运人的总等级为26。按此方法，总等级分最低的，应是最佳承运人。

表 6-2　选择承运人评估标准

评 估 因 素	相对重要性	承运人绩效	承运人等级
成本	1	1	1
中转时间长度	3	3	9
中转时间可靠性	1	2	2
能力	2	2	4
可达性	2	2	4
安全能力	2	3	6
承运人总等级		26	

在目前的物流环境中，由于各种新运输形式的出现，各种承运方式能提供的服务和能力也在不断增长，这就使选择运输方式比过去更加复杂，评估也变得更加困难。因此物流公司必须慎重考虑许多因素，对其进行定性和定量分析以求选择最佳运输方式。

6.1.4　运输方式选择的意义

运输方式会影响到运输成本从而影响到产品价格，此外还会影响到货准时性和在途货损性。科学选择运输方式可以降低产品成本、降低库存水平、提高供应链整体效益和提高客户满意度。

1. 降低产品成本

产品价格的确定受很多因素的影响，运输费用就是其一。运输费用对产品价格的影响非常直观：当运输费用高时，产品的价格就相应增加；当运输费用低时，产品的价格就相应减少。在选择运输方式时应结合不同运输方式的特点、托运货物的特性和到货时间需求进行综合考量。合理选择运输方式可以有效降低运输成本，从而使产品成本和产品价格也相应降低，这不仅会使消费者受益，对供应链上的其他企业也有利。

2. 降低库存水平

不同运输方式的运输速度和准时到达率都是不同的，根据期望到货时间选择合理的运输方式，使原材料在期望的时间内到达仓库，可以有效降低库存水平。急货选择速度快的运输方式，可以减少货物的存储时间，提高货物周转率，降低库存量。不急的货选择速度慢、费用低的运输方式，可以降低运输费用。每一货物根据其紧急程度确定期望到达的时间，再根据历史记录分析不同运输方式的运输时间和准时性，综合考虑决定选用哪种运输方式，这样不仅可以降低运输成本，也可以降低库存成本。

3. 提高供应链整体效益

对于制造型企业来说供应链的运转能力非常重要，其中运输衔接了整个链条上的各组成部分。企业供应链成本的高低主要取决于运输费用的高低，而运输费用的高低主要取决于选用何种运输方式。选择合理的运输方式，便于采购计划的制订，使物流运输在期望时间内完成，保证生产计划顺利进行，使库存维持在合理水平，整个供应链良好运行，企业稳定发展逐步上升。

4. 提高客户满意度

根据客户的不同需求来选择适合的运输方式，可以提高客户满意度，提升企业竞争力。比如，针对要求到货速度快的客户，企业应选择速度快的运输方式以满足客户的到货时间需求，在产品价格上与客户进行协商，就增加的运输方式进行合理分摊。如果客户的需求是产品价格尽可能低，则公司应选用速度慢但价格低的运输方式，从而尽可能降低产品的总体成本，以满足客户的需求。

6.2 运 输 成 本

运输成本是指企业在对原材料、在制品和成品的运输活动中所产生的费用。运输成本管理工作的目的是防止运输过程中出现超支。超支从运输各环节产生，因此必须从每一环节逐一控制才能最终控制住总的运输成本。一般来说，财务部门是事后控制运输成本，运输管理部门是在过程中控制运输成本。

6.2.1 运输成本的构成

1. 变动成本

在特定的范畴之内（时间范围或者是业务量范围），成本会跟着业务量的变动而变动的成本，而且是成线性变动（正比例或反比例变动）的成本，叫作变动成本。比如，装卸货物的人工成本，它是与需要运输货物的重量有直接的关系，需要用单位重量衡量。运量越大，装卸货物的人工成本越多，成正比例的线性关系。

2. 固定成本

固定成本，顾名思义，与变动成本相反，就是指在一定的范围内是固定不变的，不会跟着业务量的变动而变动的成本，如管理人员的工资，车辆的折旧费和保险费等，不管有没有运输活动，也不管运输活动的多少，都会发生的成本。固定成本也是相对的固定成本，超出一定的范围它也会发生变动。

3. 返程成本

返程成本在公路运输中非常明显。如果没有回程货物，往程货运必须将返程成本计入货物运输成本。在铁路运输、水路运输和航空运输中，返程成本通过运输计划实现。但是严格的运输计划会造成运输频率不高。

4. 公共成本

公共成本是运输场站和运输管理部门收取的费用。

6.2.2 影响运输成本的因素

1. 运输距离

运输距离是影响运输成本的主要因素。运输距离的远近，对人力、燃料和维修保养等费用产生直接影响。图 6-1 为距离与运输成本的一般关系。

（1）当运输距离为 0 时的成本是货物提取和交付活动所产生的固定费用。

（2）成本曲线随运输距离增加而上升，但是两端运输的成本所占的比例大，即运输距离越长，城市内运输成本所占的比例趋于更高。因此，必须减少在城市内的行驶距离，这也是配送中心设置在城市与郊区边缘地带的原因。承运人应尽量减少在市区内的运输距离，减少成本支出。

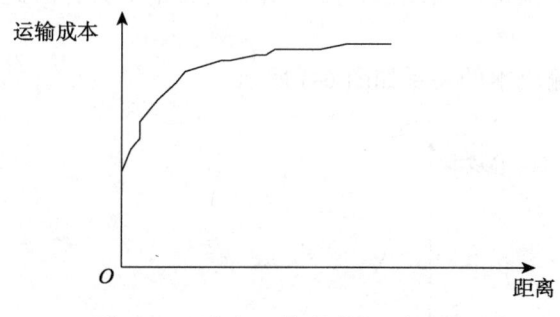

图 6-1　距离与运输成本的一般关系

2. 载货量

由于运输活动中存在着规模经济，一些如运输设备、工具、行政管理费用等固定成本随运输量的增加而被分摊，因此总运输成本则会随着运输量的增加而减少。因此，在转载货物时，提高运输工具的装载量，充分利用装载空间，可降低运输成本。载货量对运输成本的影响如图 6-2 所示。

3. 运输时间要求

运输时间和运输成本是不同运输方式互相竞争的重要条件，运输时间和成本的变化势必会改变运输方式。

缩短运输时间与减少运输成本是一种此长彼消的关系，如果利用快速的运输方式，就会增加运输成本；反之，运输成本减少就会导致运输速度降低。所以，如何有效地协调两者之间的关系，使其保持一种均衡状态，是企业选取运输方式时一定要考虑的重要因素。

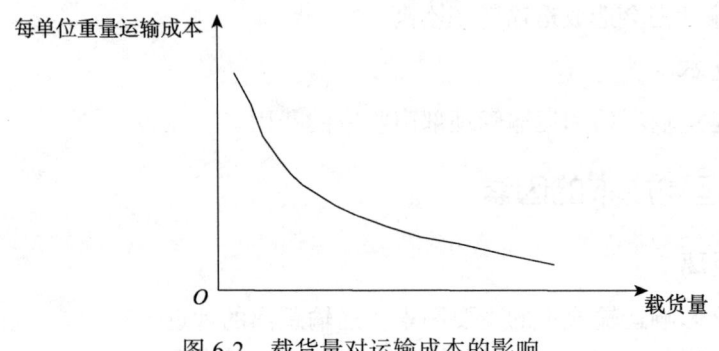

图 6-2　载货量对运输成本的影响

4. 货物的密度

货物密度，是综合考虑货物的重量和空间。在一般情况下，运输成本表示为单位重量所耗用的费用。在重量和空间方面，单独的一辆运输卡车更多的是受到空间的限制，而不是重量限制，一旦车辆装满，即使产品再轻，也无法再增加数量。因此，产品的密度越高，相对地可以把固定运输成本分摊到增加的重量上去，因此所承担的单位运输成本相对较低。

货物的密度与运输成本的关系如图 6-3 所示。

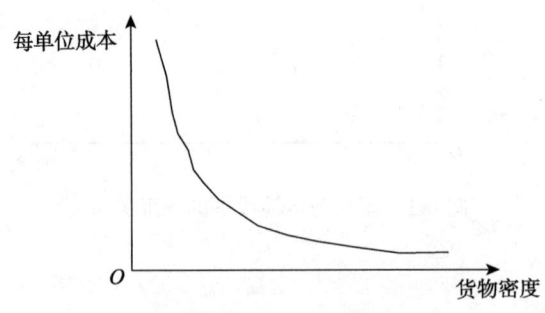

图 6-3　货物的密度与运输成本的关系

再者，人们对物流运输管理理解的改变，对物流运输成本的观念也随之改变。在传统的物流阶段，成本管理主要关注点在销售环节；到了物流发展阶段，管理的重点伸展至采购供应、生产环节，物流运输成本管理认知有所增强；而当今，物流运输成本管理延伸至供应链的领域，结合上下游企业，并整合和优化供应链流程，达到物流总成本的最小化的目标。

6.2.3 控制运输成本方法

1. 合理选择运输工具

合理选择运输工具是指根据货物的形状与价值、运输批量、交货日期和到达地点选择适当的运输工具，在确定成本的基础上，提高运输能力。

2. 自有运输工具与外部资源结合

自有运输工具可满足企业最基本的货运需求，超过基本需求的将主要采用外部运输资源。

（1）与专业运输商建立长期稳定的合作关系，保证在运输需要时能迅速调用运输能力。

（2）充分利用社会小型运输资源，与小型零散运输商的合作可以采用挂靠、租赁等长期合作方式。

3. 优化集货点布局

总运输成本将随运输网络中集货点（集货仓库）的增加而减少，这对于汽车运输的承运人非常重要。因为无论是铁路、水路和航空运输，它到达提货仓库与送货仓库都取决于公路运输。

适当的集货点有助于降低运输成本。如图 6-4 所示，运输成本最低点就是集货仓库的合理数量处。如果集货点过多，越过实际需要，小批量运输频率会增加，导致进入集货点的单位重量货物运输费提高，总运输成本开始增长。

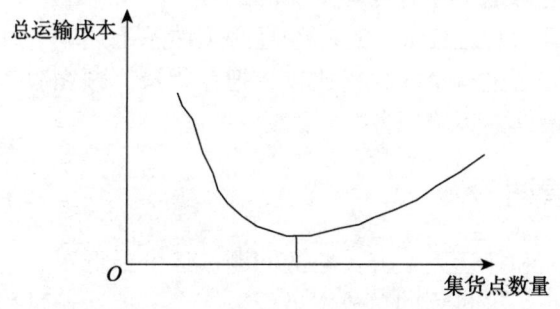

图 6-4 运输成本与集货点之间的关系

4. 开展集运方式

运输的经济性是运输批量越大，费率越低，这导致运输商将小批货物合并成大批量运输，降低单位重量运输成本。集运有四种途径。

1）库存合并

形成库存满足运输批量，这也是库存控制的目的之一。

2）运输车辆合并

在拣取和送出的货物均达不到整车载重量的情况下，为提高运载效率可以安排同一车辆到多个地点取货和送货。为实现这种形式的规模经济，就需要对行车路线和行车时间表进行整体规划。

3）仓库合并

物品仓储的主要原因是集中货物进行大批量远距离的运输及近距离小批量的配送运输。

4）时间合并

企业将一定时间内积累的用户订单实现一次性大批量运送。通过运输路线规划和货物合理配载量，企业可以获得运输的经济效益。但是，由于筹集用户货物的时间过长，也会造成运输服务水平的下降，引起客户的流失。因此，承运人必须在运输成本与服务水平之间寻求平衡。

5. 增加直达运输的比例

直达运输减少中转换载，提高运输速度，节省装卸费用，降低中转过程货损率。

直达运输的主要困难在于组织整车货物的时间。如果配装整车货物的时间过久，次间隔过长，会造成客户不方便。

在决定采取直达运输时，应考虑如下因素。

（1）货物的特性。

（2）货物运送的路程与成本。

（3）用户的订货数量与重量。

（4）终端与干线的距离。

直达运输的两端运输成本高于换载后的短途配送运输成本，但是由于减少了一次装卸的时间和成本，直达运输仍然有成本降低的优势。

总之，为了完成运输管理任务，运输经理必须熟悉上述业务程序，在选择运输服务时，运用总成本分析方法进行全面权衡比较，把存货量、顾客服务、生产和其他费用考虑在内，选择总成本最低的运输服务。

6.2.4 运输成本管理

运输成本是承运人和托运人十分关心的问题。运价最低不一定是最佳的选择，最佳选择的根本依据应该是运输过程的总成本最低。综合考虑运输过程中的各种因素，目的就是选择总运输成本最低的运输服务，因此，成本管理是运输管理中的关键工作。运输成本管理主要包括如下管理方法。

（1）作业成本管理法，它将企业视为满足最终顾客需求而设计的一系列作业的集合体，是一个由此及彼、由内到外的作业链，作业产出价值与耗用的配比是企业价值的来源，是创造顾客价值的过程；同时，通过分析成本和作业价值，加强企业产品与企业资源消耗的关系，进而利于对企业成本的产生机制进行有效分析，为成本管理创造优越的条件。

（2）现代目标成本管理法，通过对企业运营成本的统计预算，分析企业运营情况和成本的结构，管理和控制产品的采购成本、加工成本、运输成本、配送成本等一系列相关成本，拓宽核算的界限，提高产品成本的核算准确性，进而实现企业的经营目标；同时分析过程中的动因因素，为优化企业成本管理提供依据。

（3）价值链成本管理理论是建立在作业成本法、价值链理论等基础上的，企业不仅要考虑本方的个人利益，优化自身价值链体系，而且需要站在更高的角度上，应考虑到价值链中各方企业的利益，加强与价值链上的企业的沟通与合作，信息共享，以达到各方互赢的目的，进而实现有效管理企业成本、最优企业价值链的目的，是一种全面的成本管理方法。

6.3　运　输　规　划

6.3.1　物资运输规划概述

物资运输规划，是物资运输计划和调度人员制订运输计划的科学方法。它的基本内容就是根据给定的运输任务确定如何从多个供应点通过运输网络将货物最经济的运输到多个用户。

1. 物资运输规划问题的一般模型

设要从 m 个生产厂分别将货物运输到 n 个用户，从第 i 个生产厂运输到第 j 个用户的运量 X_{ij} 既要满足供应厂的可供量 $a_i\,(i=1,2,\cdots,m)$ 的条件，又要满足用户需求量 $b_j\,(j=1,2,\cdots,n)$ 的条件。物资运输规划问题的一般模型为

$$\min F = \sum_{i=1}^{m}\sum_{j=1}^{n} C_{ij} X_{ij} \tag{6-1}$$

$$\sum_{j=1}^{n} X_{ij} = a_i\,(i=1,2,\cdots,m) \tag{6-2}$$

$$\sum_{i=1}^{m} X_{ij} = b_j\,(j=1,2,\cdots,n) \tag{6-3}$$

$$X_{ij} \geqslant 0$$

解题步骤：

（1）建立初始运输表格。所谓初始运输表格就是包含所有源点和所有汇点，并且源、汇点间的运价系数齐全、供需平衡的单纯形表格。当 $\sum_i a_i \neq \sum_j b_j$ 时，要设立虚源和虚汇，化为平衡模型。如果源点和汇点之间有多条路径，应该取其中的最短路径为运价系数。

（2）用最小元素法求初始解。在初始运输表格中，依次优先从最小的运价系数的格开始，分配由源量和汇量允许的最大的调运量，直到所有的源量分配完毕、所有的汇量都得到满足为止。填上解的这些格称作基本格，它们的个数应当有 $m+n-1$ 个。

（3）对求出的解进行位势法检验。先由基本格根据 $c_{ij} = u_i + v_j$ 的关系，求行位势 u_i 和

列位势 v_j，然后判断非基本格单纯形系数是否不小于 0，如果所有的单纯形系数 $z_{ij} = c_{ij} - u_i - v_j$ 都不小于 0，则得到最优解，退出。否则，进入下一步。

（4）对解进行回路法调整。以单纯形系数 z_{ij} 为负值最大的基本格为起点，向左右前后前进，碰到基本格拐弯，构造出闭合回路，并在各顶点依次标注"+"和"-"。然后从标注号"-"的各格中找最小的调运量作为调整量，并在回路中将所有带"-"的格的调运量分别减去这个调整量（这时消除了一个基本格）、将所有带"+"的格的调运量依次加上这个调整量（这时添加了起点一个基本格），就得到一个改进解。然后转到步骤（3）。

【例1】 多分支多闭合回路运输网络图如图 6-5 所示，求调运方案。

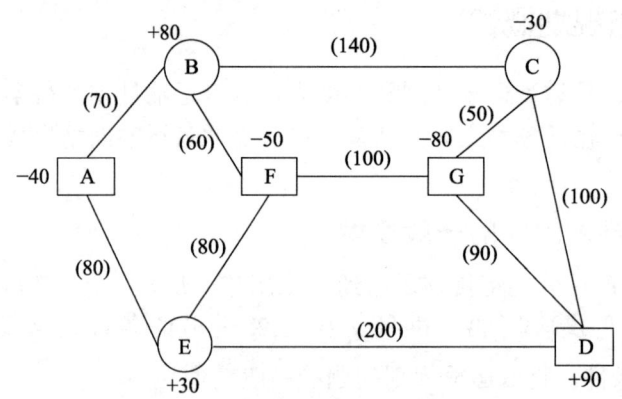

图 6-5　多分支多闭合回路运输网络图

解：第一步，先根据运输网络图建立初始运输表格，如表 6-3 所示。表中的最左一列和最右一列分别是源点和对应的源量 a_i，最上一行和最下一行分别是汇点和对应的汇量 b_j，中间主体部分的每一格左上角带半括弧的数字都是相应源点到相应汇点的运价系数 c_{ij}，并且总源量等于总汇量，供需平衡。

表 6-3　多闭合回路初始运输表格

	A	C	F	G	源量 a_i
B	70)	140)	60)	160)	80
D	280)	100)	190)	90)	90
E	80)	230)	80)	180)	30
汇量 b_j	40	30	50	80	—

第二步，用最小元素法求初始解。

首先，最小元素为 60，对应由 B 到 F 的运量，对应的源量是 80、汇量是 50，所以允许分配的最大调运量是 50，填入该格中，得到一个基本格。这样，F 列已得到满足，后面不能够再填了。

其次，在剩下的各格中，找最小元素，为 70。对应由 B 运到 A，对应的源量还剩 30（虽然原来是 80，但已经分配 F 点 50）、汇量 40，所以允许的最大调运量是 30。并且 B 行已得到满足，以后不能够再填了。同样，依次填上其他各个基本格，到所有源量分配完、所有汇量都得到满足，共得到 $m+n-1=3+4-1=6$（个）（如表 6-4 所示）。

表 6-4 用最小元素法求初始解

	A	C	F	G	源量 a_i
B	70) 30	140)	60) 50	160)	80
D	280)	100) 10	190)	90) 80	90
F	80) 10	230) 20	80)	180)	30
汇量 b_j	40	30	50	80	

第三步，位势法检验。

先由基本格根据 $c_{ij}=u_i+v_j$ 的关系，求行位势 u_i 和列位势 v_j。

假设 $u_1=0$，由 $c_{11}=u_1+v_1=70$，得 $v_1=70$，由 $c_{13}=u_1+v_3=60$，得 $v_3=60$；

再由 $v_1=70$，$c_{31}=u_3+v_1=80$，得 $u_3=10$；

再由 $u_3=10$，$c_{32}=u_3+v_2=230$，得 $v_2=220$；

再由 $v_2=220$，$c_{22}=u_2+v_2=100$，得 $u_2=-120$；

再由 $u_2=-120$，$c_{24}=u_2+v_4=90$，得 $v_4=210$。

这样就求出了所有的行位势和列位势。

$$u_1=0,\ u_2=-120,\ u_3=10,\ v_1=70,\ v_2=220,\ v_3=60,\ v_4=210$$

再由行位势 u_i 和列位势 v_j 根据公式 $z_{ij}=c_{ij}-u_i+v_j$，判断非基本格的单纯形系数 z_{ij} 是否大于或等于 0。因为：

$$z_{12}=c_{12}-u_1-v_2=140-0-220=-80；$$
$$z_{14}=c_{14}-u_1-v_4=160-0-210=-50；$$
$$z_{21}=c_{21}-u_2-v_1=280+120-70=330；$$
$$z_{23}=c_{23}-u_2-v_3=190+120-60=250；$$
$$z_{33}=c_{33}-u_3-v_3=80-10-60=10；$$
$$z_{34}=c_{34}-u_3-v_4=180-10-210=-40。$$

从中发现，负值最大的是 z_{12}，对应 B 与 C 的交点格。

第四步，回路法调整：以负值最大的 B 与 C 交点格为起点，遇基本格拐弯构闭合回路，并依次填上"+"和"-"（见表 6-5）。以负顶角中最小的数字为调整量（20），在各个顶角分别加上或减去这个调整量，得到一个新的解（见表 6-6）。

表 6-5 回路法调整（1）

	A	C	F	G	源量 a_i
B	70)30 −−−−	+ 140)	60)50	160)	80
D	280) + −−−−	100)10	190)	90)80	90
E	80)10	230)20	80)	180)	30
汇量 b_j	40	30	50	80	

表 6-6 回路法调整（2）

	A	C	F	C	源量 a_i
B	70)10	140)20	60)50	160)	80
D	280)	100)10	190)	90)80	90
E	80)30	230)	230)	180)	30
汇量 b_j	40	30	50	80	

再返回第三步检验。先求行位势和列位势，再求单纯形系数，发现所有的非基本格单纯形系数都大于或等于 0，这个解就是满意解，即调运方案如下（图 6-6）：

由 B 点发出 80：$X_{BA}=10$，$X_{BC}=20$，$X_{BF}=50$；

由 D 点发出 90：$X_{DC}=10$，$X_{DC}=80$；

由 E 点发出 30：$X_{EA}=30$；

A 点总共收到 40：$X_{BA}=10, X_{EA}=30$；

C 点总共收到 30：$X_{BC}=20$，$X_{DC}=10$；

F 点总共收到 50：$X_{BF}=50$；

G 点总共收到 80：$X_{DG}=80$。

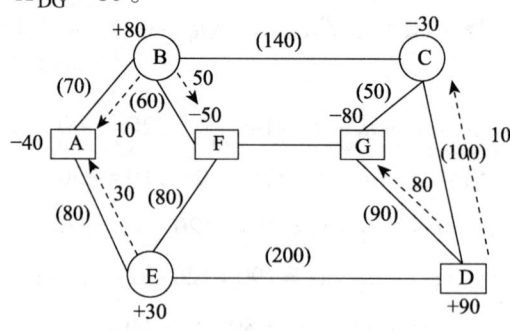

图 6-6 多闭合回路调运方案图

2. 调运约束

实际制订运输计划时，要考虑各种约束条件。这些约束条件有以下六个方面。

（1）计划约束：根据国家经济发展计划和供需矛盾情况而制订的物资分配计划。

（2）特殊调度约束：为满足特殊用户需求量而进行的物资调度约束。这些特殊用户一般是关系国计民生的重点项目或者紧急项目等。

（3）用户质量要求的约束：用户根据产品质量需要选定供应厂商。

（4）供需协作约束：供需双方已经结成了互惠互利的供需关系。

（5）订货发货起点约束：选订货起点和发货起点二者中的较高者。

（6）运力约束：运输路段上运输能力的限制条件。它具有方向性。

3. 调运问题的六点说明

（1）合理调运问题的解法，就是解决有以上调运约束条件的运输问题。

（2）都是解单一品种，或者虽然不是同一品种，但可以转换成单一品种。

（3）资源量的确定：等于可供调运的数量，或者经过计划处理的量。

（4）需求量的确定：等于实际需求的数量，或者经过计划处理的量。

（5）源和汇数目的处理：为减少运算处理工作量，应尽量减少源和汇的数目。

（6）运价系数的确定：运价系数取为单位物资的全程运费，在同样的运输方式条件下，也可以取为运输路程或运输时间。

4. 调运模型分类

调运模型可以分成直达调运和中转调运两大类。其中中转调运又包括经中转仓库中转和经任意网点中转。下面分别说明。

1）直达调运

直达调运就是从生产厂家直接运到用户的调运，如图 6-7 所示。直达调运问题一般是已知若干个物资供应点及其供应量，也已知若干个需求点及其需求量，要求把物资从各个供应点运送到各个需求点，求出能满足各种约束条件，并使总运费最省的运输方案。这些约束条件包括：①供应量、需求量约束；②计划约束；③特殊调度约束；④用户质量要求约束；⑤供需协作约束；⑥运力约束等。

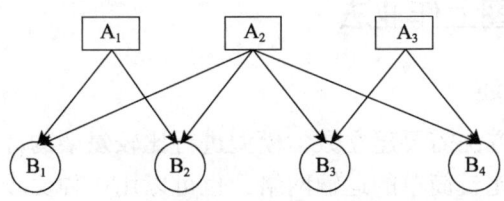

图 6-7 直达调运

2）中转调运

（1）经中转仓库中转，所谓中转调运，就是由供应点经过中转仓库到用户的运输（图 6-8）。

中转调运问题的处理，就是要对中转仓库进行数学上的处理，达到把中转调运问题转化成直达调运问题求解的目的。

中转仓库可以进行如下处理：把中转仓库既看成用户（因为它们也像一般用户一样，也要由供应点进货），也看成是供应点（因为它们也像一般供应点一样，也向用户供应货物）。在初始调运表格中，它们占一行又一列。其行资源量等于其列资源量，等于该仓库的中转量，等于仓库吞吐量的一半。

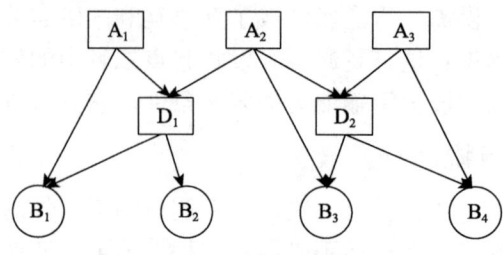

图 6-8　中转调运

（2）经任意网点中转：一个运输网络是由若干网点构成的，物资运输可能经过其中任意网点中转。这些网点的性质可能有以下五种情况。

①纯生产厂：提供资源，有出无进。

②纯消费厂：需要资源，有进无出。

③纯中转点：货物只是经过，有进有出，其出等于进。

④中转兼生产：既中转又提供，有进有出，其出大于进。

⑤中转兼及消费：既中转又消费，有进有出，其出小于进。

这时把所有各网点根据情况视为供应点和用户，凡是有进货者都看成是汇点，在初始调运表格中占一列，其列需求量等于其进货量；凡是有出货物者都看成是源点，在初始调运表格中占一行，其行资源量等于其列需求量（如果有的话）加上其自身的供应量（如果有的话）或减去其自身的消费量（如果有的话），构成直达调运初始表格进行求解。

6.3.2　运输规划的图上作业法

1. 图上作业法概述

上一节的运输规划方法需要建立数学模型进行比较复杂的计算。一般用于比较大型的运输网络系统。对于比较简单的运输网络，也可以用一种比较简单直观的计划方法，叫作图上作业法。

图上作业法，就是直接运用交通路线图进行规划分析而得出运输方案的方法。这种方法比较直观简单，适用于一些比较简单的综合运输问题，主要有：

（1）无分支不闭合线路问题。

（2）有分支不闭合线路问题。

（3）无分支闭合线路问题。

2. 图上作业法步骤

图上作业法的基本步骤如下。

第一步：画交通路线图。即把与所有的源点（发货点）、汇点（收货点）相连的运输线路按相对位置关系大致成比例地画出来，标出每段线路的长度（置于括弧内，要统一单位）、源点的源量（发货量）和汇点的汇量（收货量）。源量用带"+"的数字表示，汇量用带号的数字表示。

第二步：制定初始调运方案。所有的调运方案都是要把所有源点的源量分别分配去满足各个汇点的汇量，直到所有的源量都已发出、所有的汇量都得到满足为止（这里都是假设总源量等于总汇量，供需正好平衡。如果供需不平衡，则事前要做平衡处理）。得到的调运方案都包括两个流向：正向流和反向流，都用带数字（运量，不带括弧）的虚线箭头表示。正向逆向这样确定，即面向路段运输行进方向，把流量箭头分别画在路段右侧，指向行进方向。

第三步：方案合理性检验。方案的合理性的判断依据是：所有的源量都填平了所有的汇量，且没有任何一段出现交错重叠的迂回流。（在闭合回路的情况下，是否形成迂回流可以这样判断：正向流和反向流的流程长度都不超过总流程的一半，就是没有形成迂回流）。如果经检验，没有形成迂回流，就得出一个合理方案，工作结束。否则，进入下一步。

第四步：方案调整。如果经检验，形成了迂回流，就要进行调整，直到把所有的迂回流去掉为止。在闭合回路的情况下，通常用甩段法把它变成非闭合回路处理，如果正向流或反向流的流程大于总流程的一半，形成局部迂回，就在大于总流程一半的那个流（例如，假设是正向流）当中，找其中最小的调运量作为调整量进行调整：本流向（如根据假设，这里应是正向流）各路段流量都减去这个调整量，对方流向（如根据假设，这里应是反向流）各路段都加上这个调整量。由此得到一个改进方案，转第三步。

3. 图上作业法例解

下面通过例子来说明。

1）无分支不闭合运输线路

【例2】 无分支不闭合运输线路如图6-9所示，各路段里程用括弧的数字分别标注在各路段上。现在需要把源点B的50 t和E点的10 t调运到汇点A（30 t）、C（10 t）和D（20 t），求满意调运方案。

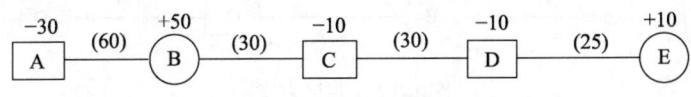

图6-9 无分支不闭合运输线路图

解：第一步，画交通线路图，如图6-9所示。已供需平衡。

第二步，制定初始方案：关注两个源点，把它们的源量往两个方向分配，避免产生双向交叉重复运输，如图6-10所示。

第三步，方案合理性检验：方案中没有迂回流，已达满意方案。即分三项任务：①由B点到A点调运30；②由E点到D点调运10；③由B点装载20到C点放下10后，再运到D点10。

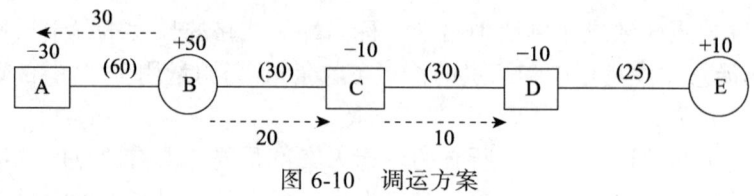

图 6-10　调运方案

2）有分支不闭合运输线路

【例 3】　有分支不闭合运输线路如图 6-11 所示，求调运方案。

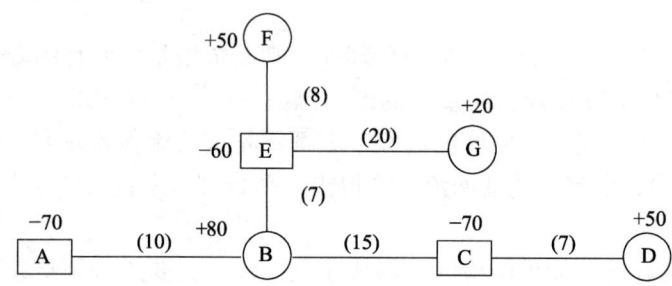

图 6-11　有分支不闭合运输线路图

解： 对这样的有分支不闭合线路制定初始方案，一般遵循"先分支、后主干"的原则。即先满足分支，再在主干上调整。在图 6-11 中，先将分支 GE 和 FE 的末端源点 G（20）和 F（50）的源量共 70 先满足汇点 E 的需求量（60）后剩下 10 进入主干交接点 B，使源点 B 的源量增至 90，参与主干线 AD 的调整（方法同例 1）。最后得到的调运方案如图 6-12 所示。

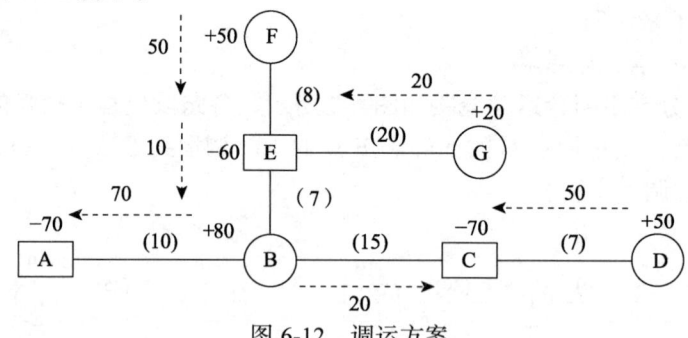

图 6-12　调运方案

3）无分支闭合运输线路

【例 4】　无分支闭合运输线路如图 6-13 所示。求满意调运方案。

解： 第一步，画交通路线图，如图 6-13 所示。

第二步，制定初始调运方案：在无分支闭合回路的情况下，制定初始方案，都采用甩断法把闭合回路变成如例 1 的非闭合回路进行考虑。甩断的路段通常取最长路段，或者两端同是源点的路段。本题选最长的 ED 路段甩断，这样就变成 DCBAHGFE 无分支非闭合路线。得初始方案如图 6-14 所示。

第三步，方案合理性检验：在初始方案中，全程总流程 = 80 + 65 + 180 + 220 + 90 + 75 + 60 + 70 = 545 + 295 = 840，正向流程 = 75 + 70 = 145，逆向流程 = 180 + 65 + 80 + 60 + 90 = 475，大于总流程的一半，形成迂回，需要调整。

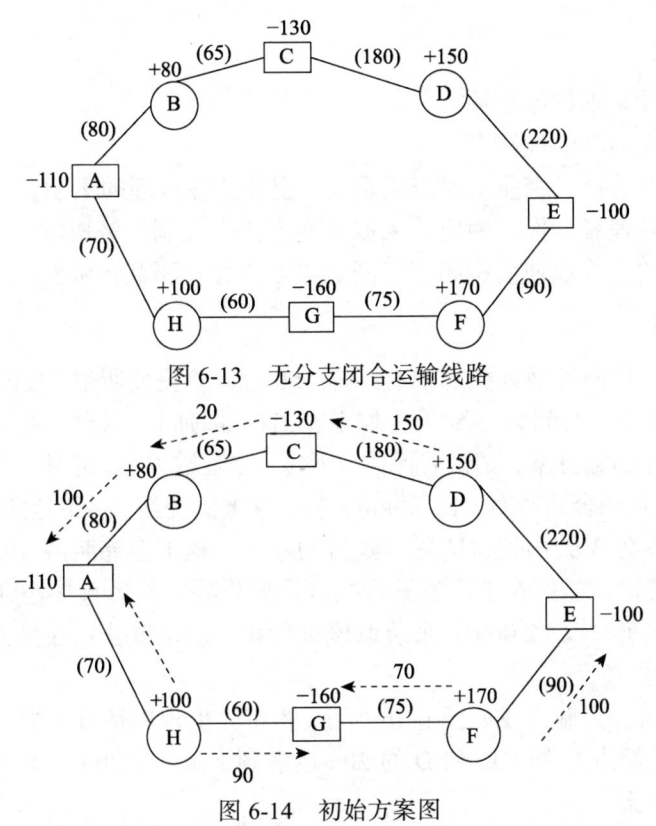

图 6-13 无分支闭合运输线路

图 6-14 初始方案图

第四步，方案调整：在超长的逆向流程中，找最小的调运量（20）作为调整量，超长流程分别依次减调整量，超短流程分别依次加调整量。得改进方案，如图 6-15 所示。

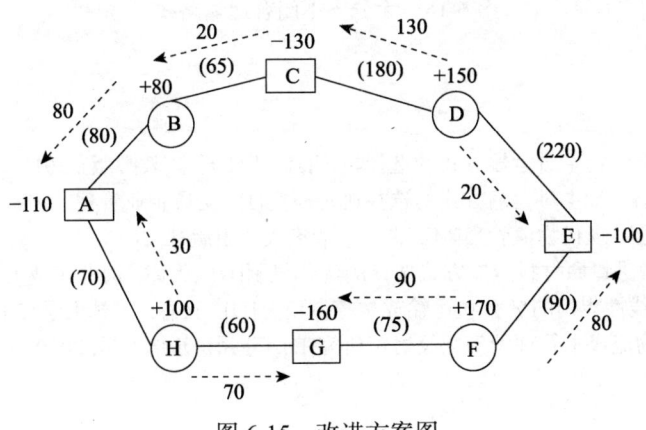

图 6-15 改进方案图

第五步，方案合理性检验：在图 6-15 的改进方案中，正向流程 = 220 + 75 + 70 = 365，逆向流程 = 80 + 60 + 90 + 180 = 410，均小于总流程 840 的一半（420），已达到满意方案。

课后习题

一、简答题

1. 请简述五种基本物流运输方式。
2. 请简述铁路运输的优缺点。
3. 运输方式的选择对企业来说至关重要，企业选择合理的运输方式的意义是什么？
4. 作为物流管理者，你认为应该采取哪些方法来控制运输成本？
5. 比起传统的运输规划模型而言，图上作业法存在哪些优势？

二、计算题

1. 某公司从甲地向乙地某配送中心运输 150 台计算机监听器，其价值为 292 500 元，其转运确定的标准中转时间为 2.5 天，如果超出标准时间，每台监视器每天的机会成本为 48 元。现有两个运输方案，请试着评估一下每一个运输方案的成本。①A 是一家长途卡车货运公司，可以按照合同费率（12 元/km）装运这批监视器。从甲地到乙地为 1 940 km。A 公司估计它能够在 3 天内把这票货送到目的地。一辆卡车能装载 192 台监视器。②B 公司是一家铁路公司，能够在工厂的站台提取该票货物，然后直接送到指定地点。B 公司可以按照每辆火车收取 12 000 元来装取该批货物，但是该公司在换火车时有延误，预计要花费 5 天时间。

2. 无分支不闭合运输路线如图 6-16 所示，各路段里程用括号的数字分别标注在个路段上。现在需要把源点 C 的 60 t 和 D 的 20 t 运送到汇点 A（20 t）、B（40 t）、E（20 t）。请给出满意调运方案。

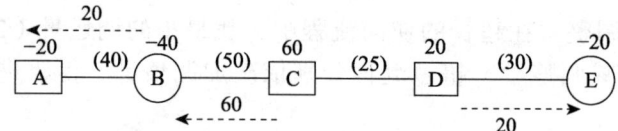

图 6-16　无分支不闭合运输路线

参考文献

[1] 白鹏霞, 王明瑞. 货主对运输方式的选择机理[J]. 青年科学(教师版), 2013, 34(7).
[2] 刘红莲, 王夕萍. 货主对运输方式的选择机理研究[J]. 交通企业管理, 2016, 31(7): 45-47.
[3] 赵泉午, 卜祥智. 现代物流管理[M]. 北京: 清华大学出版社, 2018.
[4] 罗艳萍. L 公司进口原材料运输方式选择的优化机制[D]. 天津: 河北工业大学, 2019.
[5] 韩茂松. 基于线性规划的 Z 公司运输成本控制研究[D]. 长春: 吉林大学, 2015.
[6] 薛明. N 公司物流成本管理的问题及对策研究[D]. 苏州: 苏州大学, 2020.

第 7 章

配 送 管 理

7.1 配送流程与配送形式

7.1.1 配送的基本环节

从总体上看，配送是由备货、理货和送货三个基本环节组成的，其中每个环节又包含若干项具体活动。

1. 备货

备货是指准备货物的系列活动。它是配送的基础环节。备货应当包括筹集货物和储存货物两项具体活动。

（1）筹集货物。在不同的经济体制下，筹集货物（或者说组织货源）是由不同的行为主体去完成的。若生产企业直接进行配送，那么，筹集货物的工作自然是由企业（生产者）自己去组织的。在专业化流通体制下，筹集货物的工作会出现两种情况：其一，由提供配送服务的配送企业直接承担，一般是通过向生产企业订货或购货完成此项工作；其二，选择商流、物流分开的模式进行配送，订货、购货等筹集货物的工作通常是由货主（如生产企业）自己去做，配送组织只负责进货和集货（集中货物）等工作，货物所有权属于事主（接受配送服务的需求者）。总之，筹集货物都是由订货（或购货）、进货、集货及相关的验货、结算等一系列活动组成的。

（2）储存货物。储存货物是购货、进货活动的延续。在配送活动中，货物储存有两种表现形态：一种是暂存形态；另一种是储备（包括保险储备和周转储备）形态。暂存形态的储存，是按照分拣、配货工序要求，在理货场地储存少量货物。这种形态的货物储存是为了适应"日配""即时配送"需要而设置的，其数量多少对下一个环节的工作方便与否会产生很大影响，但不会影响储存活动的总体效益。储备形态的储存，是按照一定时期配送活动要求，根据货源的到货情况（到货周期）有计划地确定的，它是使配送持续运作的资源保证。如上所述，用于支持配送的货物储备有两种具体形态：周转储备和保险储备。然而，不管是哪一种形态的储备，相对来说数量都比较多。因此，货物储备合理与否，会直接影响配送的整体效益。

备货是决定配送成败与否、规模大小的最基础的环节。同时，它也是决定配送效益高低的关键环节。

2. 理货

理货是配送的一项重要内容，也是配送区别于一般送货的重要标志。理货包括货物分拣、配货和包装等经济活动。货物分拣是采用适当的方式和手段，从储存的货物中分出（或拣选）用户所需要的货物。分拣货物一般采取两种方式来操作：一是摘取式，二是播种式。

3. 送货

送货是配送活动的核心，也是备货和理货工序的延伸。在物流活动中，组成配送活动的运输，称为"配送运输"，与通常所讲的"干线运输"是有很大区别的。在配送过程中，根据用户要求或配送对象（产品）的特点，有时需要在未配货之前对货物进行加工，叫作流通加工，如钢材剪切、木材截锯等，以求提高配送质量，更好地满足用户需要，提高资源的利用率。

现在的物流模式多为"货到人"拣选模式，即在物流拣选过程中，人不动，货物被自动运送至拣选人的面前。"货到人"拣选是物流配送中心重要的拣选方式之一。"货到人"的拣选模式发展已经有了超过40年的历史。最早是由自动化立体仓库完成，托盘或者料箱经过自动输送线运送至拣选人的面前，拣选完成后，再回到库中进行储存。

7.1.2 配送的工艺流程

配送工艺流程包括：一般流程和特殊流程。一般流程即配送活动必须经过的基本工艺流程，也是各种货物的配送活动共同具有的工艺流程。特殊流程则刚好相反，它是适应于特殊需要和特殊产品而设计、实施的工艺流程。

1. 配送的一般流程

配送的一般流程基本上是：进货→储存→分拣、配货→送货。每个流程的作业内容如下所述。

（1）进货。进货亦即组织货源，其方式有两种：①订货或购货；②集货或接货。前者的货物所有权属于配送主体，后者的货物所有权属于用户。

（2）储存。储存即按照用户提出的要求并依据配送计划将购到或收集到的各种货物进行检验，然后分门别类地储存在相应的设施或场所中，以备拣选和配货。储存作业一般程序为：运输→卸货→验收→入库→保管→出库。储存作业依产品性质、形状不同而形式各异。

（3）分拣、配货。分拣和配货是同一个工艺流程中的两项有着紧密关系的经济活动，一般采用机械化或半机械化方式操作。随着一些高新技术的广泛应用，自动化的分拣\配货系统已在很多国家的配送中心建立起来，并发挥了重要作用。

（4）送货。在送货流程中，包括这样几项活动：搬运、配装、运输和交货。其作业程序如下所示：配装→运输→交货。送货是配送的终结。

2. 配送的特殊流程

在实践中，某些有特殊性质、形状的货物，其配送活动有许多独特之处（例如，液体状态的物质资料的配送就不存在配货、配装等工序，金属材料和木材等生产资料的配送常常附加流通加工工序），据此，在配送的一般流程的基础上，又产生了配送的特殊流程。其作业程序如下所示。

（1）进货→储存→分拣→送货。

（2）进货→储存→送货。

（3）进货→加工→储存→分拣→配货→配装→送货。

（4）进货→储存→加工→储存→装配→送货。

上面各个配送流程分别为各类食品的配送流程，煤炭等散货的配送流程，木材、钢材等原材料的配送流程，机电产品中的散件、配件的配送流程。

例如，食品配送有三种工艺流程。

（1）第一种流程：在备货工序之后紧接分拣和配货等工序，中间不存在储存工序。亦即货物（食品）组织到以后基本上不存放，很快进行分拣、配货，然后快速送货。通常，保质期较短和保鲜要求较高的食品（如点心类食品、肉制品、水产品等）基本上都按照上述流程进行配送，其配送工艺流程如图 7-1 所示。

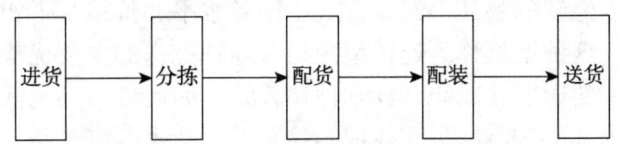

图 7-1 没有储存工序的食品配送工艺流程

（2）第二种流程：在备货作业安插储存工序，然后依次进行配货和配装等作业。通常，保质期较长的食品主要按照上述流程进行配送。其操作程序是：大量货物组织进来以后，先要进行储存、保管，然后根据用户订单进行分拣、配货、配装，待车辆满载以后，随即向各个用户送货。这种带有储存工序的食品配送工艺流程如图 7-2 所示。

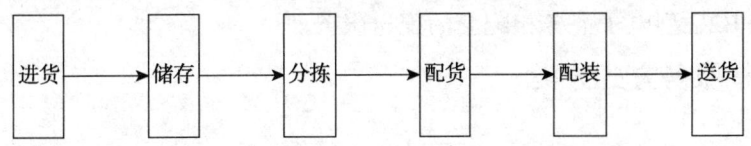

图 7-2 带有储存工序的食品配送工艺流程

（3）第三种流程：带有加工工序的配送流程。实际操作情况大体上是这样的：大量货物集中到仓库或场地以后，先进行加工，然后依次衔接储存、分拣、配货、配装和送货等工序，其配送工艺流程如图 7-3 所示。

鲜菜、鲜果、鲜肉和水产品等保质期短的货物配送经常选用上述包含加工工序的食品配送模式。而就加工工序的作业内容而言，主要有以下几项：分装货物（将大包装改成小包装）、货物分级分等、去杂质（如蔬菜去根、鱼类去头和内脏），配制半成品等。

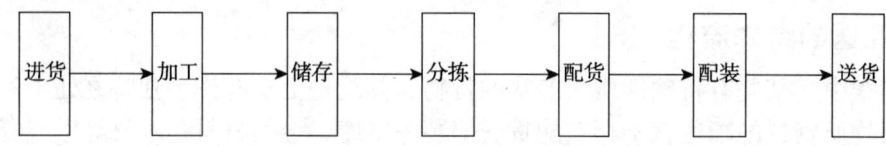

图 7-3 带有加工工序的食品配送工艺流程

食品配送特别强调速度和保质，因此，在物流实践中，一般都采用定时配送、即时配送等形式向用户供货。

7.1.3 配送形式

1. 配送按配送对象分类

配送供给与需求的双方是由实行配送的企业和接受配送服务的用户（企业或消费者）所构成的，有以下三种情况。

（1）企业对企业的配送：企业与企业之间的配送，是属于社会开放系统的企业之间的配送。作为配送需求方的企业，有两种情况：第一种是企业是最终的需求方；第二种是企业在接受配送服务之后，还要对产品进行销售，这种配送一般称为"分销配送"。

（2）企业内部配送：大多发生在巨型企业之中，有两种情况。①如果企业属于连锁型企业，各连锁商店经营的物品、经营方式、服务水平、价格水平相同，配送的作用是支持连锁商店经营，这种配送称为连锁型配送。连锁配送的主要优势是：在一个封闭系统中运行，随机因素的影响比较小，计划性比较强，因此容易实现低成本的、精细的配送；②巨型企业的内部配送。巨型企业成本控制的一个重要方法是，由高层主管统一进行采购，实行集中库存，按车间或者分厂的生产计划组织配送，这种方式是现在许多企业采用的"供应配送"。

（3）企业对消费者配送：在社会（一个大的开放系统）中所运行的配送，虽然企业可以通过会员制、贵宾制等方式锁定一部分消费者，从而采用比较容易实施的近似于连锁配送的方式，但是，在多数情况下，消费者是一个经常变换的群体，需求的随机性非常强，服务水平的要求又很高，所以这是配送供给与配送需求之间最难协调的一种类型。最典型的是和 B2C 型电子商务相配套的配送服务。

2. 配送按服务方式分类

1）定时配送

定时配送是按规定时间和时间间隔进行配送。定时配送的时间由配送的供给与需求双方通过协议确认，每次配送的品种及数量可预先在协议中确定，实行计划配送，也可以在配送之前以商定的联络方式（如电话、传真、计算机网络等）通知配送品种及数量。定时配送这种服务方式，由于时间确定，对用户而言，易于根据自己的经营情况，按照最理想的时间进货，也易于安排接货力量（如人员、设备等）。对于配送企业而言，这种服务方式易于安排工作计划，有利于对多个用户实行共同配送以减少成本的投入，易于计划使用车辆和规划路线。定时配送有以下四种具体形式。

（1）小时配：接到配送订货要求之后，在 1 h 之内将货物送达。这种方式适用于一般消费者突发的个性化需求所产生的配送要求，也经常用做配送系统中应急的配送方式。

（2）日配：接到订货要求之后，在24 h之内将货物送达。日配是定时配送中实行较为广泛的方式，一般而言，日配的时间要求大体上是，上午的配送订货，下午可送达；下午的配送订货，第二天早上送达。这样就可以使用户获得在实际需要的前半天得到送货服务的保障。如果是企业用户，这可使企业的运行更加精密化。日配方式广泛而稳定地开展，使用户基本上无须保持库存，即实现用户的"零库存"。

日配方式对下述情况特别适合：①消费者需要新鲜的食品类商品，如水果、点心、肉类、蛋类、菜蔬等；②消费者由于消费冲动产生的突发需求，如体育用品、衣物、电器等商品；③用户是许多小型商店，追求周转快，随过随售，或是连锁型商业企业和连锁型服务企业，需要采取日配形式，保证货物的鲜活程度并加速周转；④用户条件限制，不可能保持较长时期的库存，或者用户是采用"零库存"方式进行生产的生产企业；⑤由于事故、特殊情况出现了临时性需求。

（3）准时配送方式：按照双方协议时间，准时将货物配送到用户的一种方式。这种方式和小时配、日配的主要区别在于：小时配、日配是向社会普遍承诺的配送服务方式，针对的是社会上不确定的、随机性的需求。准时配送方式则是根据用户的生产节奏，按指定的时间将货送达。这种方式比日配方式更为精密，可实现"零库存"。准时配送的服务方式，可以通过协议计划确定，也可以通过看板方式来实现。准时配送方式要求有很高水平的配送系统来实施。由于用户的要求独特，因而不大可能对多用户进行周密的共同配送。这种方式适用于装配型、重复、大量生产的企业用户，这种用户所需的配送物资是重复、大量而且没有太大变化的，因而往往是一对一的配送。

（4）快递方式：一种快速配送方式。快递服务覆盖地区较为广泛，所以，服务承诺期限按不同地域会有所变化，这种快递方式，综合利用"小时配""日配"等在较短时间内实现送达的方式，但不明确送达的具体时间，所以一般用做向社会广泛服务的方式，而很少用做生产企业"零库存"的配送方式。快递配送面向整个社会企业型和个人型用户。比如，日本的"宅急便"、美国的"联邦快递"、我国邮政系统的EMS快递都是运作得非常成功的快递配送企业。

2）定量配送

定量配送是按事先协议规定的数量进行配送。这种方式数量固定，备货工作有较强的计划性，容易管理。可以按托盘、集装箱及车辆的装载能力有效地选择配送的数量，这样既能够有效地利用托盘、集装箱等集装方式，也可做到整车配送，配送的效率较高。定量配送有利于配送服务供给企业的科学管理，对用户来讲，每次接收同等数量的货物，有利于人力、装卸机具、储存设施的配备。定量配送适合在下述领域采用：①用户对于库存的控制不十分严格，有一定的仓储能力，不施行"零库存"；②从配送中心到用户的配送路线保证程度较低，难以实现准时的要求；③难以对多个用户实行共同配送。只有达到一定配送批量才能使配送成本降低到供需双方能接受的水平。

3）定时定量配送

定时定量配送是指按照规定的配送时间和配送数量进行配送。定时定量配送兼有定时、定量两种方式优点，是一种精密的配送服务方式。这种方式计划难度较大，由于适合采用的对象不多，很难实行共同配送，因而成本较高。定时定量配送方式主要在大量而且稳定生产的汽车、家用电器、机电产品的供应物流中取得了成功。

4）定时定路线配送

定时定路线配送是指在规定的运行路线上，制定配送车辆到达的时间表，按运行时间表进行配送，用户可以按照配送企业规定的路线及规定的时间选择这种配送服务，并到指定位置及指定时间接货。采用这种方式有利于配送企业依次对多个用户实行共同配送，无须每次决定货物配装、配送路线、配车计划等问题，因此易于管理，配送成本较低。对用户而言，可以在确定的路线、确定的时间表上进行选择，有计划地安排接货力量，虽然配送路线可能与用户还有一段距离，但由于成本较低，用户也乐于接受这种服务方式。这种方式特别适合对小商业集中区的商业企业的配送。

5）即时、应急配送

即时、应急配送是指完全按用户突然提出的配送要求随即进行配送的方式。这是对各种配送服务进行补充和完善的一种配送方式，这种配送方式主要针对用户由于事故、灾害、生产计划的突然变化等因素所产生的突发性需求。但配送服务实际成本很高，难以用做经常性的服务方式。

6）共同配送

按照日本工业标准的解释，共同配送是"为提高物流效率，对许多企业一起进行配送"。共同配送有以下优势：降低配送成本；减少上路车辆，改善交通及环境；取得就近的优势，减少车辆行驶里程；减少配送网点及设施，节约社会财富。因此，共同配送得到广泛应用。

共同配送有以下几种具体形式：①由一个配送企业综合若干家用户的要求，对各个用户统筹安排，在配送时间、数量、次数、路线等诸方面做出系统的、最优的安排；②由若干家用户联合组织配送系统对这些用户进行配送。这种形式将分散的配送需求集中起来，达到一定规模，从而提高配送效率并且降低成本；③多家配送企业联合，共同划分配送区域，共同利用配送设施（如配送中心），进行一定程度的配送分工，形成一种共同协作的配送方式。

7）加工配送

加工配送是指和流通加工相结合，经过流通加工后进行的配送。流通加工和配送相结合，使流通加工更有针对性，配送企业通过流通加工增值取得收益。这种配送方式大大提高了配送的服务水平。

7.2 物流配送中心运营管理

目前"物流配送中心"在学术界尚无统一的严格定义，但它通常被认为与"物流中心""配送中心""物流枢纽中心"等常用的词语具有基本相同的含义。

1. 物流配送中心的功能

不同的文献对物流配送中心功能的总结各不相同，这主要是因为从不同角度或从不同的应用需求出发来描述其功能,综合分析这些文献资料,可以把物流配送中心的功能归纳为以下七大功能。

1)装卸功能

物流配送中心在开始运输环节前,首先需要将待配送的货物从上级节点中运来,然后到达本节点后再将货物卸货。

2)存储功能

物流配送中心在将货物卸货的过程依赖于一定面积的场所去完成,该场所在货物尚未分流分类处理前,还承担着临时储存的功能。

3)中转功能

到达物流配送中心的货物需要根据目的地的不同进行分流,有些货物从某地运往另外一地时,需要从某中间城市的物流配送中心中转,因此物流配送中心还承担着中转的功能。

4)调度功能

随着市场经济的发展,有些物流配送中心会提供专门的仓库供品牌商户存放自己的商品。当消费者产生订单时,品牌商户便会根据消费者的收货地址选择联系距离消费者最近的物流配送中心,让其从自己租用的仓库中发货。

5)加工功能

随着消费者对于商品需求的个性化发展,品牌商户有时还会委托物流配送中心替自己完成加工货物的任务,因为物流配送中心有着其租用的仓库,委托物流配送中心的工作人员替自己处理仓库中的货物,可以节省其自身更多的成本,因此逐渐成为品牌商户的市场营销中的举措趋势。

6)配送功能

配送是物流配送中心完成物流运输任务中不可缺少的一环,只有顺利地完成配送,才可以将货物安全准确地送至各基层网点,最后再由各基层网点完成"最后一公里",妥善投递至消费者手中。

7)信息处理功能

物流配送中心在实现以上六个功能时,会产生大量的数据,为了从这些大量的数据中提取有价值的信息,为自身决策、合作商咨询、客户工单投诉、政府有关部门督查提供数据来源基础,物流配送中心势必需要进行信息处理。

2. 物流配送中心的定位分析

无论从现代物流学科建设还是从经济发展的要求,都需要对物流配送中心的定位进行分析。

1)层次定位

在整个物流系统中,流通中心定位于商流、物流、信息流、资金流的综合汇集地,具有非常完善的功能。物流中心定位于物流、信息流、资金流的综合设施,其涵盖面比流通中心低,属于第二层次的中心。物流配送中心如果具有商流职能,则属于流通中心的一种类型,如果只有物流职能,则属于物流中心的一种类型,如果可以被流通中心或物流中心所覆盖,则属于第三层次的中心。

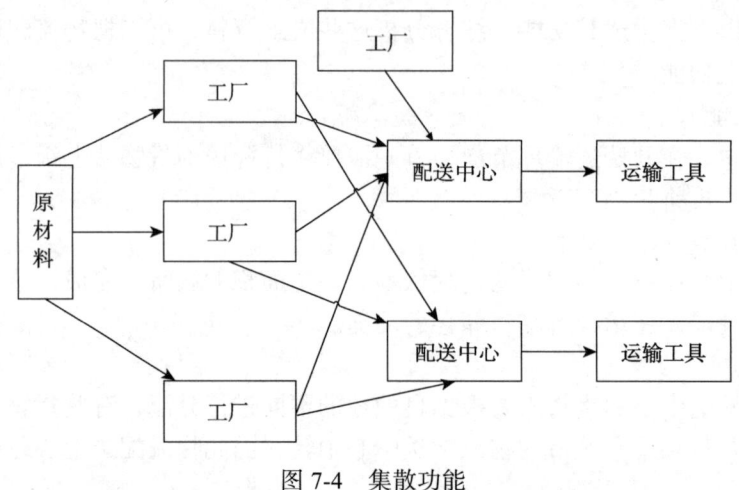

图 7-4　集散功能

2）横向定位

从横向来看，和物流配送中心作用大体相当的物流设施有仓库、货栈、货运站等。这些设施都可以处于末端物流的位置，实现资源的最终配置。不同的是，物流配送中心是实行配送的专门设施，而其他设施不是按配送要求而建的，有完善组织和设备的专业化流通设施。

3）纵向定位

如果将物流过程按纵向顺序划分为物流准备过程、首端物流过程、干线物流过程、末端物流过程，则物流配送中心在物流系统中纵向的位置是处于末端物流过程的起点，是直接面向用户的位置。因此，物流配送中心不仅承担直接对用户服务的功能，而且起着指导全物流过程的作用。

4）系统定位

物流配送中心在整个物流系统中的位置是提高整个系统的运行水平。多批量、多品种、小批量、多批次的货物是传统物流系统难以提高物流效率的对象，物流配送中心作为末端物流的节点设施，很好地解决了这些货物的运送。因此，在包含物流配送中心的物流系统中，物流配送中心对整个系统的效率提高起着决定性的作用。

5）功能定位

物流配送中心的功能是通过配货和送货完成资源的最终配置。物流配送中心的主要功能是围绕配货和送货而确定的，如采购、存储、配组、分拣、分装、集散、加工及有关的信息活动、交易活动、结算活动等。物流配送中心包括自动输送系统、自动化立体仓库系统、自动导向系统、自动拣选系统等现代化的物流系统。它具有配送反应速度更快、全流程更加智能化、调度系统更加完善、仓储系统更加细致化、支持定制化需求等特点。

3. 物流配送中心服务范围的确定

物流配送中心服务范围的确定关系到物流配送中心的定位、配送组织方式、物流设备的选择、作业能力等的规划与设计，也关系到物流服务水平和客户满意程度。

1）配送的对象或客户（entry）

物流配送中心的服务对象或客户不同，物流配送中心的订单和出货形态就会有很大不同。例如，为生产线提供 JIT 配送服务的物流配送中心和为分销商提供服务的物流配送中心，其分拣作业的计划、订单传输方式、配送过程的组织将会有很大的区别；而同是销售领域的物流配送中心，面向批发商的配送和面向零售商的配送，其出货量的多少和出货形态也有很大的区别。

2）配送的货品种类（item）

（1）配送的货品项数。物流配送中心所处理的货品项数差异性非常大，多则万种以上，少则数十种。由于货品项数的不同，其配送的复杂性和难度也不同，其货品存放的储位安排也完全不同。

（2）配送的货品种类。物流配送中心所处理的货品种类不同，其特性也完全不同，配送组织方式和物流设备的选择也不同。

3）货品的配送数量或库存量（quantity）

（1）货品的配送数量。货品的出货数量的多少和随时间变化趋势会直接影响到物流配送中心的作业能力和设备的配置。

（2）库存量。物流配送中心的库存量和库存周转将影响到物流配送中心的面积和空间的需求。一般进口型的物流配送中心应拥有较多的库存量，而流通型物流配送中心应注意分货的空间及效率。

4）物流服务水平（service）

物流服务水平的高低与物流成本成正比，即物流服务品质越高，则物流成本也越高。因此，物流服务水平应是合理物流成本下的服务品质，也就是物流成本不会比竞争对手高，而物流服务水准比竞争对手高一点。物流服务水平包括订货交货周期、货品缺货率、增值服务能力等，企业应针对客户的需求制定一个合理的服务水平。

5）物流的交货周期（time）

物流的交货周期是指从客户下订单开始，经过订单处理、库存检查、理货、流通加工、装车，最后配送到达客户的这一段时间。交货周期太长或不准时，会影响客户的业务或使用，影响配送中心的信用。物流的交货周期依厂商的服务水平而不同，可分为 2 h、4 h、12 h、24 h、2 天、3 天、一周送达等。同样情况下，物流的交货周期越短，其成本也会越高。

4. 运营成本管理

1）物流配送中心运营成本的构成

物流配送中心是从事配送活动的场所或组织，也是综合性、地域性、大批量的配送物理位移集中地，它集商流、配送、信息流和资金流于一体，成为产需企业之间的中介桥梁。虽然物流配送中心的类型和规模各不相同，运营涵盖的作业项目也不相同，但它的基本作业流程和作业成本大致相同。根据配送中心的作业流程分析，其运营成本主要是指物流配送中心在进行分货、配货、送货过程中所发生的各项费用总和，包括包装费用、装卸搬运费用、客户服务、库存管理、流通加工、信息管理、有关工作人员的工资等。

2）物流配送中心运营成本影响因素

物流配送成本是各种作业活动的费用，它的大小与下列因素有关。

（1）时间。配送时间的延长占用了配送中心的仓库资源，从而耗用了配送中心的固定成本，而这种成本往往表现为机会成本，以减少物流配送中心提供其他配送服务或者在其他配送服务上增加成本的方式，减少物流配送中心的收益。

（2）距离。距离是导致配送运输成本的主要因素，距离越远意味着成本越高，同时造成运输设备增加、送货员增加，进而导致运输成本的增加。

（3）配送物的数量和重量。数量和重量增加会使配送作业量增大，但大批量的作业往往使配送效率提高，因此，配送的数量和重量是委托人获得价格折扣的理由。

（4）货物种类及作业过程。不同种类的货物对配送作业的要求不同，配送中心承担的责任也不同，因而会对成本产生较大的影响。采用原包装配送，成本支出显然要比配送配装要少，因而不同的配送作业过程直接影响配送成本。

（5）外部成本。外部成本主要是指物流配送中心需要使用到配送企业以外的资源时所发生的成本。例如，当需要额外使用起吊设备时，配送企业就需要租用起吊设备从而增加成本支出。又如，当地的路桥普遍收费且无管制，则必然会增加配送成本。

3）物流配送中心成本管理方法

成本控制是企业构筑有效配送体制和供应链体制的关键因素，降低配送成本是企业永恒的课题。

（1）物流配送中心运营成本的特点有以下六个方面。

①能正确把握配送成本的大小并从时间序列上预测配送成本的发展趋势，从而与其他企业进行横向比较。

②通过对配送成本的现状分析来评价企业配送绩效、规划配送活动，并从供应链管理的角度对配送活动的全过程进行控制。

③能为企业全程管理提供依据，为企业高层管理者做出有关配送管理方面的决策提供支持，并充分体现配送管理在企业活动中的作用。

④有利于将一些不合理的配送活动从生产或销售部门分离出来。

⑤能正确评价企业配送管理部门或配送分公司对企业的贡献度。

⑥有利于企业在不断改善配送系统的同时控制相应的成本。

（2）运营成本管理方法。配送成本的计算方法大致有三种：形态别配送成本控制、功能别配送成本控制，以及适用范围别配送成本控制。而配送功能范围、配送形态范围和会计计算科目范围就是通常所指的计算条件。这三方面的范围选择，决定着配送成本的大小，每个企业应根据本企业的实际情况，决定本企业配送成本的计算范围。

①不同形态的成本管理方法。不同形态的成本控制是指将配送成本按照各种支付形态进行归类的成本管理办法。将企业配送成本分为支付运费、支付保管费、商品材料费、本企业配送费、人员费、配送管理费等，企业可以很清晰地知道配送成本中的哪些费用所占比重更大，同时知道配送成本在企业总成本中所占的比重。这样，企业既能充分认识到配送成本中合理化的重要性，又能明确控制配送成本的重点在于管理控制哪些费用。

这种方式的具体做法是，在企业每月单位损益计算表"销售费及一般管理费"的基础上，乘以一定的指数得到配送部门的费用。配送部门是分别按"人员指数""台数指数""面积指数"和"时间指数"等计算配送费的。在此基础上，企业管理层通过比较总销售管理费和配送管理费用等指标，分析增减的原因，进而提出改善配送的方案。

②不同功能的成本管理方法。不同功能的成本控制是将配送费用按包装、保管、装卸、信息、配送管理等功能进行分类，通过这种方式把握配送各机能所承担的配送费用，进而着眼于配送不同功能的改善和合理化，特别是算出标准配送功能成本后，通过作业管理，能够正确设定合理化目标。具体方法是：在计算出不同形态配送成本的基础上，再按功能算出配送的成本。当然，功能划分的基础随着企业业种、业态的不同而不同，因此，按功能标准控制配送成本时，必须使划分标准与本企业的实际情况相吻合。

按不同功能控制配送成本的特点是在算出单位功能别配送成本后，企业管理层在计算出各功能别配送成本的构成比、金额等之后，将其与往年数据进行对比，从而明确配送成本的增减原因，找出改善配送成本的对策。

③不同范围的成本管理方法。不同范围的成本控制是指分析配送成本适用于什么对象，以此作为控制配送成本的依据。例如，可将使用对象按商品类别、地域类别、顾客类别、负责人等进行划分。当今先进企业的做法是，按分公司营业点类别来把握配送成本，有利于各分公司进行配送费用与销售额、总利润的构成分析，从而正确掌握各分支机构的配送管理现状，及时加以改善；按顾客类别控制配送成本，有利于全面分析不同顾客的需求，及时改善配送服务水准，调整配送经营战略；按商品类别管理配送成本，能使企业掌握不同商品群配送成本的状况，合理调配、管理商品。

4）降低配送成本的措施

从物流配送中心运营成本的构成可见，影响运营成本的因素是十分复杂的，要控制和降低物流配送中心的运营成本可采取多方面的措施。

（1）加强配送的计划性。物流配送中心成本中一般有40%以上来源于送货过程。因此，合理配送、严格配送作业管理尤为重要。在配送活动中，临时配送、紧急配送或无计划的随时配送，以及车辆装载不满、浪费里程等都会大幅度增加配送成本。因此，必须要加强配送的计划性，用提价或奖励等办法对非正规的配送需求加以限制。

在实际工作中，应针对商品的特性制定不同的配送申请和配送制度。

①不同货品的订货周期应尽量相同，以增加每次送货的货品数量，降低单位成本。

②对普通干货商品应定期向物流配送中心订货，订货量为两次订货的预计需求量，实行定期配送可以降低经营风险。

③有温度要求的冷冻、冷藏货品要按店面最大的订货周期订货，减少订货费用。

④鲜活商品应定时定量申请，定时定量配送，应控制在当天全部售完为宜。

（2）简化订单处理。订单处理是指从接受订货到发运交货，包括受理客户收到货物的反映的单据处理全过程。应尽力简化订单处理，以缩短配送时间，减少订单处理费用，从而降低配送成本。简化订单处理主要包括以下三点。

①下达指示阶段的简化。这主要包括订单审核简化和成交通知简化。订单审核简化主要有下放审核权力和实现审核自动化等措施。例如，采用电子自动订货系统（EOS）。成交通知简化是要加快制作及传递速度。例如，采用传真、电子邮件等方式，也可采用

电子数据自动交换系统（EOI），实现即时交换数据。

②备货整装阶段的简化。备货整装阶段的简化主要是对库存核对、运输安排、整装备运等方面的工作进行合理安排、协调衔接。

③制单发运阶段的简化。应及时制作发运单及办理有关货物的各种证件和运输凭证，确保按时、按质、按量安全发运，发运后应立即通知接货人收取货款。

（3）确定合理的配送路线。采用科学的方法确定合理的配送路线，是配送活动中的一项重要工作。确定配送路线的方法很多，既可以采用方案评价法，即拟定多种方案，以使用的车辆数、司机数、油量、行车的难易度、装卸车的难易度及送货的准时性等作为评价指标，对各个方案进行比较，从中选出最佳方案；又可以采用数学模型进行定量分析，采用加权迭代方法优化出最佳送货路线。无论采用何种方法都必须考虑以下条件。

①满足所有配送点对商品品种、规格和数量的要求。

②满足所有配送点对货物发到时间范围的要求。

③各配送路线的商品量不得超过车辆容积和载重量。

④在配送中心现有运力以及可支配运力的范围之内组织配送。

⑤在交通管理部门允许通行的时间内送货。

（4）进行合理的车辆配载。各配送点的销售情况不同，订货也就不一致，一次配送的货物可能有多个品种。这些商品不仅包装形态、储运性质不一，而且密度差别较大。密度大的商品在装载中体积空余很大，而密度小的商品在装载中往往达不到载重量。实行轻重配载，既能使车辆满载，又能充分利用车辆的有效体积，会大大降低运输费用。除重量、体积的合理配载外，在条件允许时，采用多温度配送，以增大合理优化配载空间。

（5）实现共同配送，提高物流规模效益。共同配送的本质是通过作业活动的规模化降低作业成本，提高物流资源的利用效率。一般来讲，当物流量较少时，通过物流共同配送可以提高货物装卸率，进而削减由于运输过频或装载率较低产生的物流费用。例如，药品与保健品公司是共享配送网络的大客户之一，这是由于为了快速履行订单，他们必须要在主要的销售点附近保存少量的存货，因为在这些销售点相对来说空间很小，为保证在有限的空间内陈列更多的商品，就不能保有太多的库存，因此采用共同配送进行及时补货是非常适合的。实现共同配送的最大优点就是提高物流规模效益，进而达到产业的最优化和整体成本的最小化。

（6）科学管理库存，加速周转，减少隐形成本。库存管理的目的是在满足顾客服务要求的前提下，通过对企业的库存水平进行控制，尽可能降低库存水平、提高物流系统的效率，以强化企业的竞争力。大量库存占用了企业有限的资金，降低了产品的周转速度，增加了库存费用，增加了不可预测的风险，同时增加了隐性成本。统计资料表明，由于物流运作不畅导致库存费用增加所形成的利息成本、库存占用资金的机会成本、市场反应慢的损失及管理不善形成的损坏成本，这些隐性成本占物流仓储环节成本的比例为 80% 以上，而仓库费用这一显性成本则占不足 20%。物流管理的职能就是要控制库存，达到最低库存。

（7）削减退货成本。退货成本是随着退货产生的一系列物流费用。例如，退货商品损伤、货品滞销而产生的费用,以及处理退货商品所需要的人员等各种事务性、管理性费用等。特别是在出现退货情况时,一般是由商品提供者承担退货所发生的各种费用,而退货方因为不承担商品退货所产生的损失,容易很随意地退回商品。不仅如此,由于退货商品一般规模较小,也很分散,商品分公司进行配送费用与销售额、总利润的构成分析,从而正确掌握各分支机构的配送管理现状,及时加以改善;按顾客类别控制配送成本,有利于全面分析不同顾客的需求,及时改善配送服务水准,调整配送经营战略;按商品类别管理配送成本,能使企业掌握不同商品群配送成本的状况,合理调配、管理商品。

(8)建立信息系统。在物流作业中,分拣、配货要占全部劳动力的60%,而且容易发生差错。借助现代信息系统的管理能使拣货准确、迅速,配货简单、高效,从而提高作业效率,节约劳动力,降低成本。信息系统提供准确、迅速、及时、全面的配送信息,是配送中心提升运营效率,提高服务水平,降低成本,获得连续正常活动的关键环节。

5)降低配送成本的策略

如何在提高客户满意度和减少配送成本之间寻求平衡是配送中心迫切需要解决的问题。这里介绍在一定客户服务水平下使配送成本最小的五种策略。

(1)差异化。差异化的指导思想是:产品特征不同,客户群体服务需求也不同。当企业拥有多种产品线或物流中心及不同客户组合时,不能对所有商品和所有客户都按同一标准的客户服务水平配送。而应按产品的特点、销售水平来设置不同的库存、不同的运输方式及不同的储存地点,按客户需求特点设置不同的订货周期、不同的送货方式。忽视产品和客户需求的差异会增加不必要的配送成本。

(2)混合法。混合法是指部分配送业务由企业自身完成。混合法的指导思想是:尽量采用单一的配送方法(即全部的配送活动或由配送中心自身完成或完全外包),这样容易形成一定的规模经济,使管理简单化。但是,由于产品品种多变、规格不一、销量不同等情况,采用单一的配送方法超出一定程度反而会造成规模不经济。而采用混合法,合理安排配送中心自身完成的配送和外包给运输公司完成的配送,能使配送成本最低。

(3)合并法。合并法包含两个层次,即配送方法上的合并和共同配送。

①配送方法上的合并。配送中心在安排车辆完成配送任务时,实行合理的轻重配装、容积大小不同的货物搭配,合并装车,就可以充分利用车辆的容积和载重量,做到满载满装,取得最优效果。合并法是降低成本的重要途径,最好借助计算机计算货物配车的优化解。

②共同配送。共同配送是一种产权层次上的共享,也称集中协作配送。这种配送整合了多个企业的配送资源,集小量为大量,共同利用同一配送设施的配送方法。配送能力得到互补、提高,不仅可以减少企业的配送费用,还有利于缓和城市交通拥挤,提高配送车辆的利用率。

(4)延迟法。实施延迟策略的前提条件有以下三点。

①产品特征。模块化程度高,产品价值密度大,有特定的外形,产品特征易于描述,定制后可改变产品的体积或重量。

②生产技术特征。模块化产品设计,设备智能化程度高,定制工艺与基本工艺差别

不大。

③市场特征。产品生命周期短,销售波动性大,价格竞争激烈,市场变化大,产品的提前期短。

传统的配送计划是根据市场需求的预测制定的,会因预测风险而增加配送成本。延迟法就是对产品的外观、形状及其生产、组装、配送应尽可能推迟到接到客户订单后再确定。一旦接到客户订单就要快速反应。因此,也要求信息传递要非常快。实施延迟法常采用生产延迟(或称形成延迟)和物流延迟(或称时间延迟)。形成延迟常发生在贴标签、包装、装配等生产领域,时间延迟常发生在发送等物流领域。

(5)标准化。标准化就是尽量减少因品种多变而导致的附加配送成本,尽可能多地采用标准零部件、模块化产品。标准化要求生产企业从产品设计开始就要站在消费者立场去考虑,以产品标准化来节省配送成本。

5. 运营绩效评估

运营绩效评估的目标是跟踪作业计划与运营实绩之差,以识别提高效率和效益的机会。运营绩效评估可以从以下三个方面入手。

1)作业活动绩效评估

(1)以作业为基础的衡量。所关注的是基本工作成果的效率和效益,通常不评估满足客户的全过程的绩效。典型的以作业活动为基础的评估项目有:①每批订货的订单进入时间。②每批订货的发送时间。③每批订货的挑选时间。④每批订货的探寻时间。⑤每个客户的订单进入时间。⑥每个客户的订货挑选时间。⑦每个客户的发送时间。⑧每个产品的订货挑选时间。⑨每个产品的发送时间。

(2)以过程为基础评估。考虑的是整个供应链传送的客户的满意度,检验的是总的工作周期时间或总的服务质量,以衡量满足客户的所有活动的整体效果。

现代物流企业在试图不使个体活动次优化的同时,更加注意过程评估。

2)内部绩效评估

内部绩效评估着重将作业的过程与以前的作业或目标比较。由于这些信息、资料相对比较容易收集,所以内部绩效在评估中常被使用。内部绩效评估项目通常有以下五个方面。

(1)成本。绩效的最直接的反应是完成特定运作目标所发生的真实成本。成本绩效的代表性指标是以总金额表示的销售量的百分比或每个单位数量的成本。

代表性的物流成本绩效指标有:总成本分析、单位成本、销售量的百分比成本、进货运费、出货运费、仓储费用、行政管理处费用、订货处费用、直接劳工工资、实绩与预算的比较、成本趋势分析和产品直接利润率等。

(2)客户服务。这是考察物流企业满足客户需要的相对能力。常用的客户服务指标有:运送错误、及时发运、填写速度、无现货、订货未付、周期时间、客户反馈、销售部门反馈、客户调查等。

(3)生产率。生产率是衡量组织绩效的一个指标,是系统用于生产某产品而投入的(资源)数量与产出(货物或服务)之间的相对比率或指数的关系。

（4）资产衡量。资产衡量指标着重对诸如存货等流动资本如何能快速的周转，以及固定资产如何能产生投资回报等方面进行衡量。代表性的资产管理绩效指标有：存货周转、存仓成本、存货水平、日供应量、过时存货、净资产收益率和投资报酬率等。

（5）质量。质量指标是指向全过程评估的最主要指标，它用来确定一系列活动的效率，而不是个别的活动。代表性的物流质量指标有：损坏频率、损坏总金额、货方追讨次数、客户退货数和退货费用。

3）外部绩效评估

外部绩效评估对监督、理解和保持对客户的集货观察，以及培养革新意识是非常必要的。

（1）客户感觉评估。对客户感觉进行正规的评估是向顶尖物流绩效攀升的一个重要方面。具有代表性的对客户感觉评估指标有：完成周期时间、信息的可用性、问题的解决和产品的支持等。对客户感觉评估可通过由企业或行业资助的调查，或系统的订货追踪获得。

（2）最佳实施基准。基准是作为将自己的运作与竞争对手或顶尖厂商比较的一种技术，也是综合绩效评估的重要方面。便于配送中心管理者找准基准的一些关键的定基领域有：资产管理、成本、客户服务、生产率、质量、战略、技术、运输、仓储和订货处理。

最佳的实施基准的审视检讨集中在比照组织的指标、程序和实施上。检讨可以识别关键的绩效指标，如果可能，可追踪历史的和现今的绩效水平。

6. 配送中心绩效的改进方法——基准化管理

1）基准化的含义

基准化是美国现代营销大师马克姆·波里奇于20世纪70年代提出来的。基准化指企业在未来削减运营成本、缩短流通时间、增加产品稳定性、降低库存和提供客户满意度方面，鉴别与筛选出那些能够为企业直接采用，或者经过必要的加工后能够为企业直接采用的产品、服务、流程及经营管理实践等系统化的思维方式。换言之，基准化就是将本企业的各项活动与从事该项活动的最佳者进行比较，从而提出改进方法，以弥补自身的不足。基准化的实质是一种绩效改进的工具，是通过模仿、学习而达到创新的过程。

2）基准化的类型

按照基准的来源，基准化可以划分为内部基准化、外部基准化、竞争性基准化。只有正确全面地掌握基准化方法的定位和内涵，企业在运用基准化方法的过程中才不会出现偏差。任何类型的基准化，如果能正确地应用都将使企业受益。

（1）内部基准化。内部基准化主要是指单个企业内部的基准化。首先确立企业内部最佳智能或流程，然后推广到企业内的其他部门，这是企业内部绩效提高较便捷的方法之一。这是以企业内部操作为基准的方法，是较简单且易操作的基准化方法之一。

（2）外部基准化。外部基准化是指企业所在行业外的基准化，是指在所处的行业以外寻找基准化的对象。对于配送中心来讲，从外部寻找基准化对象的做法很有必要，因为大部分的物流实践及运作方式的创新突破是在不同行业间的物流活动中体现出来的；并且，同行业内的企业间存在着竞争性，所以在同行业内很难达到基准化过程中所必需的合作性。在同行业中设定基准化，很可能只把自己设定为行业的领袖。

与外部基准化同样重要的是选择物流管理上类似的基准化伙伴。一个良好的基准化伙伴关系必须具备以下要素：①双方优劣势互补，即一方的优势恰好就是另一方的劣势；反之，另一方的劣势就是这一方的优势。②具有对机密消息的灵敏性。③能够承认劣势并吸取教训。④能够承认优势并与他人分享成果。⑤具有开放的思想。⑥具有物流作业上的相似性。⑦在不同行业或不同国家进行经营活动。

（3）竞争性基准化。竞争性基准化关注的是同行业内不同企业间的作业状况。这是以竞争对象为基准的基准化方法，也被称为竞争性基准法。该方法的目标是与有着相同市场的企业在产品、服务和工作流程等方面的绩效与实践进行比较，直接面对竞争者。

3）基准化的实施

基准化过程一般应遵循以下步骤：①决定基准化的功能对象，即要基准化哪项功能。②识别关键且可测定的绩效变量。③识别最好的一类公司。④测定最好的一类公司绩效。⑤测定本公司的绩效。⑥制定缩小这种差距的具体方案和实施行动。

实施基准化活动，要求企业清晰界定基准化的目标和项目。简单地说，就是企业在基准化活动中应该明确学什么，向谁学。而整个基准化流程中最重要的环节是方案的具体实施与运作。

7.3 配送合理化

国内外对于配送合理化的判断尚未形成完整的指标体系。物流配送服务涉及一系列相关活动，如订单处理、配货管理、仓储管理、运输管理等，因此可以从配送服务占用的资源、配送服务本身的成本效益及能力保证、配送服务产生的社会效益和用户效益出发来构建评价指标体系。

7.3.1 配送计划

1. 配送计划概述

配送首先要做配送计划。因为配送往往涉及品种多、用户多、车辆多、各种车的载重量不同等多种因素，所以需要认真制订配送计划，实现科学组织，合理调配资源，达到既满足用户要求又使总费用最省、车辆充分利用、效益最好的目的。

配送计划方法有很多种，如节约法、0-1 规划法、邮递员模型法等。我们这里只介绍节约法。

2. 节约法原理

节约法的原理如图 7-5 所示。如果从配送中心 A 到用户 P_1、P_2 的运输距离分别是 C_{01} 和 C_{02}，P_1 和 P_2 之间的运输距离是 C_{12}，如果不配送，则对每个用户需派一辆车来回送货。总运输距离为

$$C = 2C_{01} + 2C_{02} \tag{7-1}$$

而如果配送，则可以只派一辆车一次给两个用户顺序送货。总运输距离为

$$C' = C_{01} + C_{02} + C_{12} \tag{7-2}$$

二者之间的节约量为

$$\Delta C = C - C' = (2C_{01} + 2C_{02}) - (C_{01} + C_{02} + C_{12}) = C_{01} + C_{02} - C_{12} \tag{7-3}$$

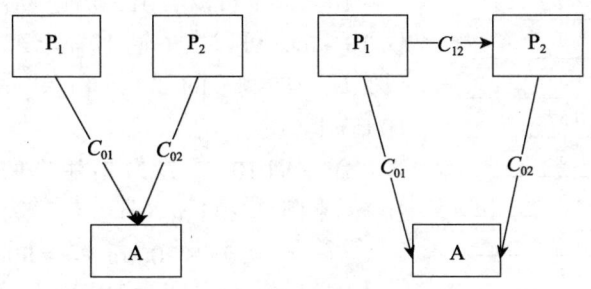

图 7-5 节约法的原理

如果把多个用户连在一起，则节约量更大。

如果多个用户满足假定条件：

（1）$\sum_{j=1}^{n} b_j \leq Q_k$；

（2）$C_{01} + C_{02} > C_{12}$，则节约量更大。

则可以按节约量从大到小的顺序依次把用户连成一条回路，直到整个回路各个用户的需求量之和不超过这辆载重车的载重量，这样就组成了节约量最大的配送回路。然后在剩下的用户中同样按节约量由大到小的顺序继续组织配送回路，派出车辆，这样下去一直到所有的用户都组织完毕为止，就做完了一个完整的配送计划。

3. 节约法案例

例如，某月某日，长江物流公司接受了武汉某商场给武汉市 10 个用户送货的任务单，多个品种总运量共 80 t，各个用户之间的路程如表 7-1 所示，各个用户的需求量如表 7-2 所示。公司现有 10 t 车两辆、5 t 车两辆，2 t 车若干辆。需要指定配送计划。

表 7-1 各个用户之间的路程（路程单位：km）

A										
10	P_1									
12	10	P_2								
11	9	11	P_3							
13	12	10	9	P_4						
15	11	14	12	26	P_5					
13	14	12	15	25	15	P_6				
16	14	20	18	24	17	16	P_7			
17	12	18	20	23	19	17	21	P_8		
18	11	14	22	22	21	19	22	15	P_9	
20	15	16	24	21	23	18	20	17	18	P_{10}

表 7-2　各个用户的需求量

用户	需求量/t
P_1	60.0
P_2	12.0
P_3	1.0
P_4	1.5
P_5	0.5
P_6	0.5
P_7	1.5
P_8	0.8
P_9	1.2
P_{10}	1.0

制订配送计划的第一步，首先安排直送，对大运量用户先用专车直送，剩下的小运量用户再统一安排配送。

由表 7-1 可以看出，物流中心 A 到用户 P_1 的路程仅 10 km，可以由一辆 10 t 车来回运送 4 次，1 天可以完成。P_1 剩下的 20 t 加上 P_2 的 10 t 可以由另一辆 10 t 车运 3 次。

派一辆 10 t 车专为 P_1 用户来回运送 4 趟，每趟运 10 t，来回算 20 km。其工作量为

$$10\ t \times 20\ km \times 4 = 800\ t \cdot km$$

第二辆 10 t 车为 P_1 送 20 t，为 P_2 送 10 t，来回运 3 次。其工作量为

$$10\ t \times 20\ km \times 2 + 10\ t \times 12\ km \times 2 = 640\ t \cdot km$$

把这些大运量用户直送安排完之后，P_2 还剩下 2 t，其余小运量各用户再安排配送，制订配送计划。

第二步，制订详细具体的配送计划。首先要求配送用户的节约量，如表 7-3 所示。当具体组织回路时，总是从最大的节约量开始，连接用户。例如，表 7-3 中，最大的节约量为 20 km，有 3 个 20 km，随便哪一个都可以。例如，我们选定 P_{10} 和 P_9 的交叉点上的 20 km，但是这时要考虑一下它们的需求量之和（1.2 t + 1.0 t）是否小于或等于可用车的载重量，如果大于一辆车的载重量就不能连，如果小于一辆车的载重量就可以连。第一辆配送车辆准备用 5 t 车，而 P_9 和 P_{10} 的需求量之和只有 2.2 t，所以可以连。这样在这个格和 P_9 所在的格上作一个记号，如①（表示第一条回路），这就意味着能把 P_9 和 P_{10} 连起来。把 P_9 和 P_{10} 连起来，下一个连谁呢？还是选剩下的节约量最大的，在 P_{10} 所在行，还有一个 20 km，它在 P_{10} 和 P_8 的交叉点上，意味着 P_{10} 和 P_8 连接，需求量之和（1.2 t + 0.8 t + 1.0 t = 3 t）小于载重量 5 t，可以连，在这个 20 km 所在格，以及 P_8 所在格上作出相同的记号①，表示 P_{10} 和 P_8 连在一起了。由于车还没载满，继续连，再在剩下的里面找节约量最大的，这时注意，P_{10} 所在行已经满了，因为这一行已经有两个记号了，表示

表 7-3　各个用户之间的节约量（路程单位：km）

需求量/t	A										
2	①	P_2									
1.0		12	P_3								
1.5	②	15	15	P_4							
0.5		13	14	2	P_5						
0.5	②	13	9	1	13	P_6					
1.5		8	9	5	14	13	P_7				
0.8	①	11	8	7	13	13	12	P_8			
1.2	①	16	7	9	12	12	12	20	P_9		
1.0		16	7	12	12	15	16	20	20	P_{10}	

它的两头都已经"牵上手"了，不能再"牵手"了。

注意一个规则：每行每列的记号都只能有两个，也必须有两个（包括用户格和配送中心 A 所在列的格中的记号，但 A 所在列的记号可以多于两个）。这样就能够在 P_{10} 所在行以外的各个用户中找节约量最大的，为 16 km，表示 P_9 和 P_2 "牵手"，需求量之和等于 5 t，可以连，在 16 km 所在格和 P_2 格打上相同的记号①。这时，一辆 5 t 车已经载满，这时把 P_2 和 P_8 分别与配送中心 A "牵手"（即在它们的交叉点上打上相同的记号①），就完成了一个配送回路。这个配送回路就是 A—P_2—P_9—P_{10}—P_8—A，用 5 t 车刚好装 5 t 货物循环送货，全路程长 61 km，工作量为 305 t·km。

在剩下的用户当中按同样的方法组织第二个回路，即表 7-3 中用②标记的回路。这条回路是 A—P_4—P_3—P_5—P_7—P_6—A，用 5 t 车刚好装 5 t 循环送货，全长 80 km，总工作量为 400 t·km。

这样具体的运输计划就是：共用 4 辆车，其中 2 辆 10 t 车，2 辆 5 t 车，都满载。10 t 车用于 P_1 和 P_2 的直送；5 t 车都用于配送。5 t 车中，第 1 辆运行路线为 A—P_2—P_9—P_{10}—P_8—A，第 2 辆运行路线为 A—P_4—P_3—P_5—P_7—P_6—A。总工作量为 2145 t·km。注意，这样做出来的具体配送计划可能不是唯一的，可能有几个方案。最后比较哪个方案最省，就用哪个。

7.3.2 配送合理化

1. 不合理配送的表现形式

不合理配送主要包括：①资源筹措不合理，如不是多客户多品种联合送货、资源过多过少等；②库存决策不合理，如没有控制库存量、库存结构和库存量不合理等；③价格不合理，如配送价格过高或过低；④配送与直送决策不合理，如大批量用户不直送、小批量用户不配送等；⑤送货中运输不合理，如不联合送货、不科学计划配送路线等。

2. 合理配送的判断标志

对于配送合理与否的判断，是配送决策的重要内容。目前，国内外尚无统一的技术经济指标体系和判断方法，按一般认识，可考虑以下标志。

（1）库存标志：①库存总量降低。实行配送后库存量之和应低于实行配送前各客户库存量之和；②库存周转加快。一般总是快于原来各企业库存周转。库存标志一般是以库存储备资金计算，而不以实际物资数量计算。

（2）资金标志：①资金总量。用于资源筹措所占用的流动资金总量降低；②资金周转加快；③资金投向的改变。实行配送后，资金应当从分散投入改为集中投入，增加调控作用。

（3）成本和效益标志：由于总效益及宏观效益难以计量，在实际判断时，常以按国家政策进行经营，缴纳国家税收，配送企业及客户的微观效益来判断。

（4）供应保证标志：①缺货次数；②配送企业集中库存量；③即时配送的能力及速度。

（5）社会运力节约标志：运力使用的合理化是依靠送货运力的规划和整个配送系统

的合理流程及与社会运输系统合理衔接实现的。

（6）物流合理化标志：①物流费用降低；②物流损失减少；③物流速度加快；④物流方式有效；⑤有效衔接了干线运输和末端运输；⑥物流中转次数减少；⑦采用了先进的技术手段等。物流合理化是衡量配送能力的重要标志。

3. 配送合理化的措施

配送合理化的措施主要包括以下六点。

（1）推行一定综合程度的专业化配送。通过采用专业设备、设施及操作程序，降低配送综合化的复杂程度及难度，提高配送效率，追求配送合理化。

（2）加工配送。通过流通加工和配送的有机结合，实现配送增值。同时，加工借助于配送，加工目的更明确，与客户联系更紧密，避免了盲目性。

（3）共同配送。通过联合多个企业共同配送，可以充分利用运输工具的容量，提高运输效率，以最近的路程、最低的配送成本完成配送从而追求合理化。

（4）实行双向配送。配送企业与客户建立稳定、密切的协作关系，配送企业不仅成为客户的供应代理人，也成为客户的储存据点，甚至成为产品代销人。

（5）推行准时配送系统。配送做到准时，客户才有资源把握，才可以放心地实施低库存或零库存。准时供应配送系统是现在许多配送企业追求配送合理化的重要手段。

（6）推行即时配送。即时配送成本较高，但它是整个配送合理化的重要保证手段。此外，即时配送也是客户实行"零库存"的重要保证手段。

课后习题

1. 配送的基本环节包括哪些？
2. 配送形式如何分类，分别包括什么？
3. 配送中心的运营成本管理方法有哪些？
4. 内部绩效评估项目通常包括哪些？
5. 如何判断配送是否合理？

参考文献

[1] 王愧林，刘明菲.物流管理学[M]. 武汉：武汉大学出版社, 2010, 03.
[2] 李诗珍. 配送中心 ABC 分类存储模式与拣货路径策略选择[J]. 起重运输机械, 2008, (6): 4-7.
[3] 顾丹，黄建平，彭弢，等. 柔性分拣系统在烟草卷烟物流配送中心的研究与应用[J]. 中国储运, 2021, (3): 126-127.
[4] 李志国. 基于改进 K 均值聚类算法的物流配送中心优化选址[D]. 西安：西京学院, 2021.
[5] 姚宗明.物流师：国家职业资格二级/中国就业培训技术指导中心组织编写[M]. 2 版. 北京：中国劳动社会保障出版社, 2009.
[6] 张霞. 物流配送服务合理化的多层次灰色综合评价[J]. 物流技术, 2011, 30(21): 85-87.
[7] 贾瑞玉，宋建林. 基于聚类中心优化的 K-means 最佳聚类数确定方法[J]. 微电子学与计算机, 2016, 33(5): 62-66.
[8] 章俊哲. 物流配送中心系统效率优化研究[D]. 北京：机械科学研究总院, 2021.
[9] 许胜余. 谈谈物流配送中心的立项[J]. 信息与电脑, 2002, (2): 27-30.

第8章

物流信息管理

信息化是物流现代化的基础，没有物流的信息化，任何先进的技术都不可能应用于物流领域，也不可能建立起现代物流体系。而物流系统运作的最高目标是系统效率的最大化。因此，物流信息化是现代物流发展的基石与核心。

"物流信息起先是展现物流中各种活动状态、特征的信息，是对物流活动的运动变化、相互作用、相互联系的真实情况的生动反映，这系列过程包含了知识、资料、图像、情报、数据、语言、文件等各种形式。物流信息由生产到消费的物流活动的产生而产生，与物流中的各种活动，如运输、保管、装卸、包装及配送等，成为有机的结合体，对整个物流活动顺利进行起着举足轻重的作用"[1]。通常来讲，物流活动由运输、储存、装卸搬运、流通加工、包装、配送及物流信息七项基本功能构成，这七项功能中除物流信息外，其他物流功能都相对独立，只有物流信息这一功能伴随着整个物流活动，是物流的神经系统，对物流的其他活动起着重要的调节作用。借助物流信息的传递与反馈，物流活动由多个单项零散作业，变成一项系统化作业，进而在降低企业运营成本的同时大大提高物流作业效率，缩短物品由供应地向接受地传递的时间。因此，物流活动离不开物流信息这一基本功能，物流信息在整个物流活动中起着不可替代的重要作用。物流信息也是区别现代物流与传统物流的重要标志，一个企业的物流信息化水平直接影响着整个企业的物流运作能力[2]。

8.1 物流信息系统设计

物流信息系统主要是面向企业，运用信息技术以支持管理现代化的一门综合性学科，也是计算机应用最为广泛的一个领域。因为它既是计算机应用于信息处理的一个重要分支，又是软件工程的重要应用领域。另外，物理信息系统的建立与运行是企业管理现代化水平和企业信息化水平的主要标志，因此，它蕴含着极其丰富的管理理念。

作为一门综合性、边缘性的学科，物流信息系统涉及的内容自然很多，所需应用的技术也很广。本章从物流信息系统应用人员和开发人员的需要出发，从原理性知识的角度介绍物流信息系统项目开发，系统的分析、设计与实施的技术等，以对物流信息系统有一个基本的了解。

8.1.1 物流信息系统项目开发

物流信息系统的开发,是一个较为复杂的系统工程,它涉及计算机处理技术、系统理论、组织结构、管理功能、认识规律及工程化方法等问题。在物流信息系统的开发中,首先应了解系统开发前的准备工作及项目开发的一般过程。

1. 系统开发前准备

做好系统开发前的准备工作是物流管理信息系统开发的前提条件。系统开发前的准备工作一般包括基础准备和人员组织准备两部分。

(1) 基础准备。基础准备工作一般包括:管理工作要严格科学化。具体方法要程序化、规范化;做好基础数据管理工作;数据文件报表内容和格式要统一。

(2) 人员组织准备。物流管理信息系统的开发需要相应的开发队伍,因此需要对开发人员进行选择,以便缩短实施周期,提高物流信息系统实施的成功率,从而减少实施风险。包括下列人员。

①信息主管。信息主管是企业高层负责企业信息管理的决策者,全面负责企业的信息管理工作。

②项目经理。负责物流信息系统项目的项目经理不仅应该具备管理和技术能力,还要有很强的沟通和组织能力。

③业务骨干。信息系统的运行过程实质上是业务流程的计算机化过程,信息系统执行效率的高低取决于业务流程的正确性和高效化,所以信息系统开发需要精通业务的骨干参与。

④系统分析员。系统分析员主持着整个系统的开发,是实际系统开发的业务领导者与组织者,在系统开发中起着举足轻重的作用。

系统分析员不仅应具备计算机软、硬件知识,了解现代管理方法及运筹学在企业管理中的应用,还要善于处理人际关系,能与各类人员合作。

⑤系统设计员。系统设计员负责系统的设计工作,参与系统开发的总体设计、模块设计及各种具体的物理设计工作,并具有熟练的计算机专业知识,熟悉系统实施与转换的一般技术方法。

⑥程序设计员。程序设计员具有较强的逻辑思维能力,掌握数据库及程序设计语言。程序设计员的主要任务是按照程序设计说明书编制程序、调试程序、修改程序,直到新系统投入运行。

⑦数据库管理员。随着企业信息系统应用的需要,数据库容量越来越大,结构越来越复杂,考虑到数据的安全性,企业设立专门的数据库管理员十分必要。

⑧系统维护人员。系统维护人员的主要工作是完成对系统的维护,以保证系统的正常运行。因此,系统维护人员应该具有信息技术的一般知识,以及维护系统的逻辑模型、物理模型和计算机模型的知识。

⑨终端用户。终端用户是指企业物流信息系统的直接操作人员,也是系统需求、验收的主要角色。

2. 项目可行性研究

可行性分析是指通过对系统的主要性能和配套条件进行描述和分析，如设备机型、资源供应、环境影响、盈利能力等，从技术可行性、操作可行性和经济可行性三个方面出发，对所要开发的系统进行调查研究和分析比较，并预测系统开发后能够带来的经济效益、社会影响等，从而确定系统是否值得开发。[3]可行性分析所要达到的目标是用最少的时间和最低的成本确定问题是否能够被解决。可行性分析的结果应保证科学、公正、可靠，并带有一定的预测性。

1）技术可行性

技术方面的可行性就是指根据现有的技术条件提出的要求能否达到，如计算机的速度、容量等是否达到要求，主要包括如下六个方面。

（1）人员和技术力量的可行性，即有多少科技人员，其技术力量和开发能力如何，有没有系统开发的人才，如果单位没有这方面的人力，有没有同其他单位合作开发的可能性。

（2）基础管理技术的可行性，即现有的管理基础、管理技术、统计手段等能否满足新系统开发的要求。

（3）组织系统开发方案的可行性，即合理地组织人、财、物和技术力量实施的技术可行性。

（4）计算机硬件可行性，包括各种外围设备、通信设备、计算机设备等的性能能否满足系统开发的要求，以及这些设备的使用、维护及其充分发挥效益的可行性。

（5）计算机软件的可行性，包括各种软件的功能能否满足系统开发的要求，软件系统是否安全可靠，本单位对使用、掌握这些软件技术的可行性。暂不能被本单位开发人员掌握的技术，一般应视为不成熟或是没有可行性的技术。

（6）环境条件及运行技术方面的可行性。

2）操作可行性

物流信息系统的界面简单直观，可以满足操作人员的工作和习惯，使操作步骤简单方便。物流信息系统的操作方式应采取人们通用的方式，对于物流操作人员来说，物流信息系统应具有录入数据快捷规范、出错率低、数字计算准确、制表灵活，具有可扩充性和很强的适应性[4]。

3）经济可行性

企业经营的目的是盈利。首先一个符合企业利益的物流信息系统必须是便于操作的，这样既可以方便操作人员的使用，也可以提高企业的工作效率；其次，不同的部门和不同级别的操作人员需要的信息类型不尽相同。因此，一个好的物流管理信息系统必须划分结构分明的层次；再次，系统界面要保证能向操作人员提供所有相关的信息，且信息应具有合理的结构和顺序，使操作人员不需要进行复杂的操作就可以找到想要的信息；最后，在物流管理信息系统投入使用后，该系统的维护费用不应过高，以避免企业负担过多不必要的开支。通过以上行为，实现企业内部的信息共享，优化业务流程，减少操作人员的工作，向客户提供高质量的服务，并且耗费的成本很低，因而可以实现企业的经营目标，提高企业的经济效益，具有经济可行性[5]。

3. 开发的原则与策略

物流信息系统是一类涉及多学科领域的复杂系统，它的建设是一项工程性的项目。随企业或组织的具体情况不同，其规模及呈现形式也有不同。

1）开发的原则

（1）领导参加的原则。信息系统的开发是一项庞大的系统工程，它涉及新的管理模式的推行，要求对现行管理体制及管理制度进行变革，要求对生产过程中某些业务流程进行重组。它需要一定规模的资金投入并具有一定的风险，是一个较为长期的工程，需要经常协调各部门之间在建设过程中出现的问题。而所有这一切，没有领导决策层的决心及具体领导指挥与实施是难以实现的。

（2）优化与创新的原则。信息系统的开发不能模拟旧的模式和处理过程，它必须根据实际情况和科学管理的要求加以优化与创新。

（3）充分利用信息资源的原则。数据尽可能共享，减少系统的输入输出，对已有的数据、信息做进一步的分析处理，以便充分发挥深层次加工信息的作用。

（4）实用和实效的原则。要求从制定系统开发方案到最终信息系统都必须是实用的、及时的和有效的。

（5）规范化原则。要求按照标准化、工程化的方法和技术来开发系统。

（6）发展变化的原则。充分考虑到组织管理模式可能发生的变化，使系统具有一定的适应环境变化的能力。

2）开发的策略

在进行了上述工作之后，下一步将要考虑的则是系统开发策略的选择问题。系统开发策略目前主要有四种。

（1）接收式的开发策略。经过调查分析，认为用户对信息需求是正确的、完全的和固定的，现有的信息处理过程和方式也是科学的，这时可采用接收式的开发策略，即根据用户需求和现有状况直接设计编程，并过渡到新系统。这种策略主要适用于系统规模不大，信息和处理过程结构化程度高，用户和开发者又都很有经验的场合。

（2）直接式的开发策略。该策略是指经调查分析后，即可确定用户需求和处理过程，且以后不会有大的变化，则系统的开发工作就可以按照某一种开发方法的工作流程（如结构化系统开发方法中系统开发生命周期的流程等），按部就班地走下去，直至最后完成开发任务。这种策略对开发者和用户要求都很高，要求在系统开发之前就完全调查清楚实际问题的所有状况和需求。

（3）迭代式的开发策略。该策略是指当问题具有一定的复杂性和难度，一时不能完全确定时，就需要进行反复分析、反复设计，随时反馈信息，发现问题，修正开发过程的方法。这种策略一般花费较大，耗时较长，但对用户和开发者的要求较低。

（4）实验式的开发策略。该策略是指当需求的不确定性很高，一时无法制订具体的开发计划时，则只能用反复试验的方法做。原形方法就是这种开发策略的典型代表，这种策略一般需要较高级的软件支撑环境，且在使用上对大型项目有一定的局限性。

3）开发的步骤

物流信息系统的开发是一项较为复杂的系统工程，它涉及计算机处理技术、系统理论、组织结构、管理功能、管理认识、认识规律及工程化方法等方面的问题。尽管系统开发方法有很多种，但至今尚未形成一套完整的、能为所有系统开发人员所接受的理论以及由这种理论所支持的工具和方法。

用结构化系统开发方法开发一个系统时，要将整个开发过程分为五个首尾相连的阶段。

（1）系统规划阶段。系统规划阶段的工作是根据用户的系统开发请求，初步调查，明确问题，然后进行可行性研究。如果不满足，则要反馈并修正这一过程；如果不可行，则取消项目；如果可行并满意，则进入下一阶段工作。

（2）系统分析阶段。系统分析阶段的任务是：分析业务流程；分析数据与数据流程；分析功能与数据之间的关系；最后提出新系统逻辑方案。若方案不可行，则停止项目；若方案不满意，则修改这个过程；若可行并满意，则进入下一阶段的工作。

（3）系统设计阶段。系统设计阶段的任务是：总体结构设计；代码设计；数据库/文件设计；输入/输出设计；模块结构与功能设计。与此同时，根据总体设计的要求购置与安装设备，最终给出设计方案。如可行，则进入下一阶段工作。

（4）系统实施阶段。系统实施阶段的任务是：同时进行编程（由程序员执行）、人员培训（由系统分析设计人员培训业务人员和操作人员）及数据准备（由业务人员完成），然后投入试运行。如果有问题，则修改程序；如果满意，则进入下一阶段。

（5）系统运行阶段。系统运行阶段的任务是：同时进行系统的日常运行管理、评价、监理审计三部分工作，然后分析运行结果。如果运行结果良好，则送管理部门，指导生产经营活动；如发现问题，则要对系统进行修改、维护或者是局部调整；如果出现了不可调和的大问题（这种情况一般是在系统运行若干年之后，系统运行的环境已经发生了根本的变化时才可能出现），则用户将会进一步提出开发新系统的要求，这标志着老系统生命的结束、新系统的诞生，这个全过程就是系统开发生命周期。

8.1.2 系统分析

系统分析是系统开发的第一阶段，也是系统生命周期的最初阶段，其任务是彻底搞清用户要求，对选定对象进行调查和分析，明确系统目标，提出初步模型和完成系统分析报告。

1. 业务流程调查

一般来说，一个新的管理系统的开发，总是建立在现行基础上的。因此，为了开发新系统，应对现行系统进行详细的业务流程调查。这一过程要全面、深入、细致地调查和掌握现行系统的运行情况，为下一步数据流程分析提供依据。调查的重点应该围绕人力、物力、财力和设备等资源的管理过程中所涉及的各种信息以及信息的流动情况等。具体内容包括以下四点。

（1）用户结构调查，即要弄清楚与完成系统任务有关的部门、个人及相互层次关系，画出用户结构图。

（2）业务流程调查，即对各职能单位的业务管理和业务处理流程的调查。

（3）信息流程调查，即调查物流信息载体（传票、单据、报表、账册等）的种类、格式、用途及流程；弄清楚各个环节需要的信息、信息来源、流经去向、处理方法、计算方法、提供信息的时间和信息形态（报告、报单、屏幕显示等）。

（4）系统中的资源及其利用情况的调查等。

2. 数据流程分析

为了在物流管理信息系统中应用电子计算机，还要通过调查和分析进一步舍去物资流，抽象出信息流，绘制出数据流程图，并对各种数据的属性和各项处理功能进行详细的分析。数据流程图是分析阶段所提供的重要技术之一，它反映了系统内部的数据传递关系，是对系统的一种抽象和概念化，只表示数据、功能之间的关系，不涉及如何实现的问题。

3. 构建新系统模型

在对原系统的数据流程、数据特性和功能关系等方面有了深入了解的基础上，就可以着手建立新系统模型。这一阶段的任务是：

（1）确定新系统的目标和范围。

（2）进行功能分析，划分子系统和功能模块。

（3）明确新系统的数据处理方式。

（4）进行可行性分析和经济效果评价。

8.1.3 系统设计

系统设计是信息系统开发过程中第二个重要阶段。在这一阶段中我们将要根据前一阶段系统分析的结果，在已经获准的系统分析报告的基础上，进行新系统设计。

系统设计的指导思想是结构化的设计思想，就是用一组标准的准则和图表工具，确定系统有哪些模块，用什么方式联系在一起，从而构成最优的系统结构。在这个基础上再进行各种输入、输出、处理和数据存储等的详细设计。

1. 总体设计

系统的总体设计，又称概要设计，根据系统分析报告确定的系统目标、功能和逻辑模型，为系统设计一个基本结构，从总体上解决如何在计算机系统上实现新系统的问题。总体设计不涉及物理设计细节，而是把着眼点放在系统结构和业务流程上。总体设计包括：

（1）确定系统的输出内容、输出方式及介质等。

（2）根据系统输出内容，确定系统的数据的发生、采集、介质和输入形式。

（3）根据系统的规模、数据量、性能要求和技术条件等，确定数据组织和存储形式、存储介质。

（4）运用结构化的设计方法，对新系统进行划分，即按功能划分子系统，明确子系统的子目标和子功能，按层次结构划分功能模块，画出系统结构图。

（5）根据系统的要求和资源条件，为信息选择计算机系统的硬件和软件。

（6）制订新系统的引进计划，用以确保系统详细设计和系统实施能按计划有条不紊地进行。

2. 详细设计

详细设计，就是在系统总体设计的基础上，对系统的各个组成部分进行详细的、具体的物理设计，使系统总体设计阶段设计的蓝图逐步具体化，以便付诸实施。详细设计包括的内容是：

（1）代码设计：对被处理的各种数据进行统一的分类编码，确定代码对象及编码方式，并为代码化对象设置具体代码，编制代码表及规定代码管理方法等。

（2）输入、输出详细设计：进一步研究和设计输入数据以什么样的形式记录在介质上，以及输入数据的校验，输出信息的输出方式、内容和输出格式的设计。另外，还有人机对话的设计等。

（3）数据存储详细设计：数据存储的设计，就是对文件（或数据库）的设计。对文件的设计，就是文件记录的格式、文件容量计算、物理空间的分配、文件的生成、维护及管理等的设计。

（4）处理过程设计：对系统中各功能模块进行具体的物理设计。它包括处理过程的描述，绘制处理流程图，与处理流程图相对应的输入、输出、文件的设计。

（5）编制程序设计说明书：程序设计说明书是程序员编写程序的依据，应当简明扼要、准确、规范化地表达处理过程的内容和要求。

程序设计说明书的内容包括以下三点。

（1）程序说明：程序名称、所属系统名称、子系统名称、计算机硬件和软件配置、使用计算机语言、程序的功能、处理过程、处理方法等。

（2）输入、输出数据和文件的定义：文件名称、数据项目规定、文件介质、输入输出设备、输入输出项目名称及条件和要求、模块间的接口关系等。

（3）处理概要：绘制概要流程图、编号处理的概要说明等。

8.1.4 系统实施

物流管理信息系统的系统实施包括程序调试、系统转换、系统维护和系统评价等内容。程序调试主要包括程序的语法检查和程序的逻辑检查。常规调试方法有以下几种。

（1）用正常数据调试，主要目的是检查系统能否完成用户要求的各种功能。

（2）用异常数据调试，方法是选择系统输入数据属于极端的情况，用此来检验功能是否全面。

（3）用错误的数据调试，用以检查系统能否检查出错误，并给出错误信息，主要是指系统能对输入的错误信息做出反应。

（4）功能调试，即将一个功能模块内所有程序按次序串联起来调试，主要是为了保证模块内部控制关系正确和数据内容正确，同时测试模块的运行效率。

系统转换就是用新系统代替旧系统。系统转换通常有直接转换、平行转换和逐步转换三种方式。

（1）直接转换：就是用新系统直接取代旧系统，中间没有过渡阶段。

（2）平行转换：就是新、旧系统同时并行工作一段时间，先以旧系统为作业系统，新系统的处理用以进行校核；过一定时间后，再以新系统作为作业系统，而以旧系统的处理做校核；最后用新系统取代旧系统。

（3）逐步转换：就是分阶段，一部分一部分地以新系统取代旧系统。

三种转换方式各有利弊，在实际的转换工作中往往是配合使用，以便系统的顺利转换。

系统维护是在开发的新系统交付使用后和运行过程中，保持系统能正常工作并达到预期的目标而采取的一切活动，包括系统功能的改进，以及解决系统运行期间所发生的一切问题和错误。其主要内容包括以下四点。

（1）程序的维护：修改程序，以适应新的要求。

（2）数据的维护：对数据文件、数据库的修改、删除、更新等。

（3）代码的维护：包括制定新的和修改旧的代码体系。

（4）硬件的维护：包括硬件设备的日常管理、维护和检修等。

系统维护工作是延长管理信息系统生命周期、尽量使之保持最佳运行状态的重要因素。据统计，世界上有90%的软件人员是在维护现存系统。因此，管理信息系统是在不断维护活动中得以生存的。在系统投入运行之后，为了弄清楚系统是否能达到预期目的，需要对实际达到的性能和取得的经济效益进行认定，以便对整个系统的性能做出评价。评价工作应主要从以下四个方面考虑。

（1）达到目标的情况，从小到大诸项检查目标的满足情况，并检查目标分解的合理性，从而为修改目标或系统做好准备。

（2）系统运用的适应性，主要检查系统是否稳定、可靠，使用、维护是否合理，用户和管理人员是否满意等。

（3）系统的可拓展性，系统具有拓展能力，以保证在业务扩大时，能方便地拓展系统的功能。

（4）系统的经济效益、开发费用和运行费用，包括系统投资回收期的估计，系统经济效益（直接的经济效益和间接的经济效益）的评价。

8.2　物流信息技术

信息技术是指获取、传递、处理、再生和利用信息的技术。物流信息技术是指现代信息技术在物流各个环节中的应用，是物流现代化的重要标志。

物流信息技术主要由通信、软件、面向行业的业务管理系统三大部分组成，包括基于各种通信方式的移动通信手段、全球定位系统、地理信息系统、计算机网络技术、自动仓库管理技术、智能标签技术、条形码、射频技术、信息交换技术等现代尖端科技。在这些尖端技术的支撑下，形成以移动通信、资源管理、监控调度管理、自动化仓储管理、客户服务管理、财务处理等多种信息技术集成的一体化现代物流管理体系。例如，运用地理、卫星定位技术，用户可以随时看到自己货物的状态，包括运输货物所在位置（如某座城市的某条道路）、货物名称、数量、重量等，大大提高了监控的透明度。如果需要临时变更线路，也可以随时指挥调动，大大降低货物的空载率，做到资源的最佳配置。

物流信息技术通过切入物流企业的业务流程实现对物流企业各生产要素进行合理组合与高效利用，降低经营成本，直接产生明显的经营效益。它有效地把各种零散数据变为商业智慧，赋予了物流企业新型的生产要素—信息，大大提高了物流企业的业务预测和管理能力。通过"点、线、面"的立体式综合管理，实现了物流企业内部一体化和外部供应的统一管理；有效地帮助物流企业提高服务素质，提升物流企业的整体效益；有效地为物流企业解决了单点管理和网络化业务之间的矛盾，成本和客户服务质量之间的矛盾，有限的静态资源和动态市场之间的矛盾，现在和未来预测之间的矛盾。

8.2.1 数据库技术

实现物流信息化管理，开发物流管理信息系统，必须以数据库技术作为主要支撑技术。数据库系统的功能和技术水平往往决定整个信息系统的功能和效率。

数据库技术是一个总称，它包括数据库（data base，DB）、数据库管理系统（data base management system，DBMS）、数据库系统（data base system，DBS）三个部分。

1. 数据库

数据库是长期存储在计算机内的有组织、可共享的数据集合。数据库中的数据按一定的数据模型组织、描述、存储，具有较小的冗余度、较高的数据独立性和易扩展性，并可为各种用户共享。

数据库中的数据不仅存储用户的数据，还存储有关数据的结构描述信息（称为元数据和数据字典），包括元数据记录表的名称、列的名称、列的类型、列的宽度、小数位数，以及数据的所属权限等其他相关的定义。

2. 数据库管理系统

数据库管理系统是位于用户与操作系统之间的一层数据管理软件，是数据库系统的一个重要组成部分。它的主要功能包括以下四个方面。

（1）数据定义功能。用户通过 DBMS 提供的数据定义语言（data definition language，DDL）可以方便地对数据库中的数据对象进行定义。

（2）数据操作功能。用户通过 DBMS 提供的数据操作语言（data manipulation language，DML）可以方便地实现对数据库的基本操作，如查询、插入、删除和修改等。

（3）数据库的运行管理。数据库在建立、运用和维护时由数据库管理系统统一管理、统一控制，以保证数据的安全性、完整性，保证多用户对数据的并发使用及发生故障后的系统恢复。

（4）数据库的建立和维护功能，包括数据库初始数据的输入、转换功能，数据库的转储、恢复功能，数据库的重组织功能和性能监视、分析功能等。这些功能通常是由一些实用程序完成的。

目前数据库管理系统的产品主要有：Oracle，Sybase，DB2，SQL Server，Access，FoxPro 等。

3. 数据库系统

数据库系统是指在计算机系统中引入数据库后的系统，一般由数据库、数据库管理系统（及其开发工具）、应用系统、数据库管理员和用户构成。应当指出的是，数据库的建立、使用和维护只靠一个 DBMS 是远远不够的，还要有专门的人员来完成各项工作，这些人被称为数据库管理员（data base administrator，DBA）。

8.2.2 条形码技术（barcode）

现在，无论是在超级市场还是在杂货店，当我们把选购的商品送到收款台时，收款员将每件商品上的条形码用收款机上的扫描器扫过之后，收款机即刻就可打印出账单，免除了收款员烦琐的计算和顾客等待的烦恼，每一个去过商场的人都体验到了这小小的条形码给我们带来的方便。

条形码技术是在计算机应用和实践中产生并发展起来的广泛应用于商业、邮政、图书管理、仓储、工业生产过程控制、交通等领域的一种自动识别技术，具有输入速度快、准确度高、成本低、可靠性强等优点，在当今的自动识别技术中占有重要的地位。

条形码是将宽度不等的多个黑条和空白，按照一定的编码规则排序，用以表达一组信息的条形标识符。常见的条形码是由反射率相差很大的黑条（简称条）和白条（简称空）排成的平行线图案。"条"是指对光线反射率较低的部分，"空"是指对光线反射率较高的部分，这些条和空组成的数据表达一定的信息，并能够用特定的设备识读，转换成与计算机兼容的二进制和十进制信息。

1. 条形码种类

条形码根据其识别目的、码制等不同，分为通用商品条形码和物流条形码两种。

（1）通用商品条形码。通用商品条形码用于零售业现代化的管理，在零售业的 POS 系统中，通用商品条形码印在单个商品上，可以实现商品的自动识别、自动寻址、自动结账，使零售业管理实现高度自动化和信息化。通用商品条形码是最终消费单元的唯一标识，它常常是单个商品的条形码。消费单元是指通过零售渠道，直接销售给最终用户的商品包装单元。

通用商品条形码依赖于销售点实时管理系统，即 POS 系统来展示其优越性。它具有直接、及时入账的实时处理能力，在销售时，商品的各种信息数据处理是在交易的瞬间完成的，该系统是一种全新的商业销售管理系统。

（2）物流条形码。物流条形码是货运单元唯一标识。货运单元是由若干消费单元组成的稳定、标准的产品集合，是收发货、运输、装卸、仓储等物资业务所必需的一种物流包装单元，是多个或多种商品的集合，应用于现代化的物流管理中。

物流条形码的码制是指条形码符号的类型，国际上公认的物流条形码只有三种，即

EAN-13 码、交叉二五条形码和 EAN/UCC-128 条形码。EAN-13 码常用于单个大件商品的包装箱上。交叉二五条形码常用于定量储运单元的包装箱上。EAN/UCC-128 条形码是物流条形码实施的关键，它能够更多地标识贸易单元的信息，如产品批号、数量、规格、生产日期、有效期、交货地等，使物流条形码成为贸易中的重要工具。

随着现代高新技术的发展，迫切要求条形码能在有限的几何空间内表示更多的信息，在一维条形码的基础上设计出了二维条形码，目前技术比较成熟、应用比较广泛的是 PDF417 二维条形码，二维条形码属于高密度条形码，其本身就是一个完整的数据文件。

2. 条形码技术的特点

条形码技术具有如下四个方面的优点。

（1）输入速度快。与键盘输入相比，条形码输入的速度是键盘输入的 5 倍，并且能实现即时数据输入。

（2）可靠性高。键盘输入数据出错率为 1/300，利用光学字符识别技术出错率为万分之一，而采用条形码技术误码率低于百万分之一。

（3）采集信息量大。利用传统的一维条形码一次可采集几十位字符的信息，二维条码更可以携带数千个字符的信息，并有一定的自动纠错能力。

（4）灵活灵用。条形码标识既可以作为一种识别手段单独使用，也可以与有关识别设备组成一个系统实现自动化识别，还可以和其他控制设备连接起来实现自动化管理。

另外，条形码标签易于制作，对设备和材料没有特殊要求，识别设备操作容易，不需要特殊培训，且设备也相对便宜。

3. 条形码的应用

条形码技术在物流中有较为广泛的应用，主要表现在以下三个方面。

（1）销售信息系统（POS 系统）。在商品上贴上条形码就能快速、准确地利用计算机进行销售和配送管理。其过程为：当对销售商品进行结算时，通过光电扫描读取并将信息输入计算机，然后输入收款机，收款后开出收据，同时，通过计算机处理，掌握进、销、存的数据。

（2）库存系统。在库存物资上应用条形码技术，尤其是规格包装、集装、托盘货物，入库时自动扫描并输入计算机，由计算机处理后形成库存的信息，并输出入库区位、货架、货位的指令，出库程序则和 POS 系统条形码应用一样。

（3）分货拣选系统。在配送方式和仓库出货时，采用分货、拣选方式，需要快速处理大量的货物，利用条形码技术便可自动进行分货拣，并实现有关的管理。其过程如下：一个配送中心接到若干个配送订货要求，将若干订货汇总，每一品种汇总成批后，按批发出所在条形码的拣货标签，拣货人员到库中将标签贴于每件商品上并取出用自动分拣机分货，分拣机始端的扫描器对分拣机上处于运动状态的货物扫描，一方面确认所拣出货物是否正确，另一方面识读货物条形码上的用户标记，指令商品在确定的分支分流，到达各用户的配送货位，完成分货拣选作业。

总之，条形码技术的应用解决了数据录入和数据采集的瓶颈问题，为供应链管理提供了有力的技术支持。

8.2.3 射频识别技术

射频识别技术简称 RFID，是一项利用射频信号通过空间耦合（交变磁场或电磁场）实现无接触信息传递并通过所传递的信息达到识别目的的技术。根据无线射频识别技术应用的环境和使用的目的不同，其系统组成也不完全相同，通常来讲，受其系统工作原理影响，RFID 一般由四部分组成，即信号发射机（大多为标签的形式）、信号接收机、天线和编程器。目前，RFID 应用非常广泛，特别适用于非接触式数据采集、物料跟踪、自动化管理等场合。RFID 与条码技术相似，都能够准确、快速地识别和跟踪物品，但两者在信息写入、内存更新能力等方面存在显著差异。第一，条码的内存一旦确定便不能更改，而射频标签却可根据实际情况被多次的修改、删除或写入内存，方便信息的更新；第二，条码是接触式识别，条码和条码扫描仪之间不能有障碍物阻隔，而射频标签的作用不局限于视野之内，能够穿透非金属材质的物体，如纸张、木材等，实现无接触识别；第三，条码通常被印刷在纸制品或塑料制品上，容易受到水、油等物品的污染，而射频标签的数据信息储存在芯片当中，具有较好的耐久性和抗污染能力。第四，当有多个商品信息需要采集时，条码扫描仪一次仅能采集一个商品信息，而无线射频识别系统的信号接收机能够同时完成多个 RFID 标签的识读，实现快速采集多个商品信息的功能，显著地提高了数据识别速度；第五，无线射频识别技术的安全性要好于条码技术，RFID 标签内能够设置密码保护，因此标签的数据信息不容易被伪造。基于以上优势，目前 RFID 已在美国、日本、德国等发达国家日常商品的物流管理中得到广泛应用。早在 2004 年，全球著名的邮递和物流集团 DHL 就已在其物流中心淘汰条码扫描技术，转而推广使用 RFID；美国快递公司 UPS 借助 RFID 完成包裹分拣和定位，大大提高了作业效率和企业管理水平。在我国物流相对发达的地区，RFID 在高速公路上的收费系统、停车智能化管理、邮政包裹管理系统及集装箱识别系统等多个方面的应用也日益增多。

RFID 的优点和缺点如下所述。

（1）优点：RFID 的主要优点有以下六项。

①RFID 芯片与 RFID 读卡器对水、油和化学药品等物质具有很强的抵抗性。

②信息的读取上并不受芯片尺寸大小与形状限制，不需为了读取精确度而配合纸张的固定尺寸和印刷品质，而且 RFID 芯片正向小型化与多样化发展，以应用于不同产品。

③RFID 识别相比传统智能芯片更精确，识别的距离更灵活，可以做到穿透性和无屏障阅读。

④RFID 芯片可以重复地新增、修改、删除内部储存的数据，方便信息的更新。

⑤内部数据内容经由密码保护，其内容不易被伪造及变造。

⑥RFID 芯片数据容量很大，而且随着技术发展，容量还有增大的趋势。

（2）缺点：RFID 的主要缺点为以下四项。

①RFID 出现时间较短，在技术上还不是非常成熟，由于超高频 RFID 电子标签具有反向反射性特点，使得其在金属、液体等商品中应用比较困难。

②RFID 电子标签相对于普通条形码标签价格较高，为普通条形码标签的几十倍，如

果使用量大的话，就会造成成本太高的问题，在很大程度上降低了市场使用 RFID 的积极性。

③RFID 面临着安全性不够强的问题，主要表现为 RFID 电子标签信息易被非法读取和恶意篡改。

④RFID 目前还没有形成统一的标准，而且市场上多种标准并存，致使不同企业产品的 RFID 标签互不兼容，进而在一定程度上造成 RFID 的应用混乱。

8.2.4　电子数据交换

电子数据交换（EDI）是指按照统一规定的一套通用标准格式，将标准的经济信息通过通信网络的传输，在贸易伙伴的电子计算机系统之间进行数据交换和自动处理，俗称"无纸贸易"。以往全世界每年花在制作文件上的费用达 3 000 亿美元，所以"无纸贸易"被誉为一场"结构性的商业革命"。

1. EDI 工作流程

一个典型的 EDI 工作过程及文件流程如图 8-1 所示。

图 8-1　EDI 工作过程及文件流程

（1）文件的结构化和标准化处理，就是用户将原始的纸面商业或行政文件，经计算机处理，形成具有标准格式的 EDI 数据文件。

（2）传输和交换，将标准的报文数据，经过 EDI 数据通信和交换网传送到对方用户的计算机系统。

（3）文件接收和自动处理，用户计算机接收到报文数据后，立即按特定的程序自动处理，还原出订单文件。

完整的 EDI 系统功能模型如图 8-2 所示。

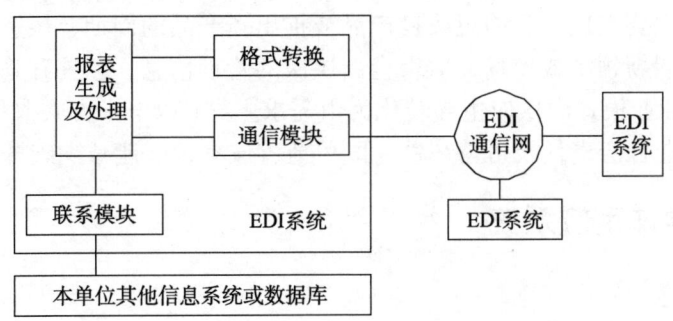

图 8-2　EDI 系统功能模型

2. EDI 电子交换技术的效用

在流通过程的各个环节应用电子数据交换技术,都可以达到提高工作效率、降低成本、提高企业竞争力的目的。物流公司通过电子数据交换技术,可以低成本引入出货单的接收系统,改善数据传输,通过依次引入各单证,并与企业内部信息系统集成,逐步改善接单、配送、催款的作业流程。对物流公司来说,出货单是客户发出的出货指示,物流公司引入电子数据交换,出货单后可与自己的拣货系统集成,生成拣货单,这样就可以加快内部作业速度,缩短配货时间;在出货完成后,可将出货结果通过电子数据交换通知客户,使客户及时知道出货情况,也可尽快处理缺货情况。物流公司可引入电子数据交换催款对账单,同时开发对账系统,并与出货配送系统集成来生成对账单,从而减轻财务部门每月的对账工作量,降低对账的错误率,并减少业务部门的催款人力。制造商与其交易伙伴间的商业行为大致可分为接单、出货、催款及收款作业,其间往来的单据包括采购进货单、出货单、催款对账单及付款凭证等。

EDI 的主要优点如下所述。

1)提高速度及准确度

通过纸张文件模式要花 5 天时间的交易,通过 EDI 则只需不足 1 h,研究显示,通过纸张文件模式处理发票,数据出错率可高达 5%,因此提高数据准确度,可相应提高整个供应链的效率。有分析估计,EDI 可将交付时间加快 30%。

2)提升营商效率

将纸张文件工作自动化,可让员工有更多时间处理更有价值的工作,并提升他们的生产力。研究显示,使用 EDI 可节省多达 50%的人力资源。

(1)能快速、准确地处理商业文档,可减少重做订单、缺货及订单取消等问题的发生。

(2)买家可享有更优惠的付款安排及折扣。

(3)买家可增加现金流及缩短"订货—资金回笼"周期。

(4)缩短订单处理及交付时间,有助于企业减少库存量。研究数据显示,采用 EDI 可使库存量平均减少约 10%,若库存成本占产品成本的 90%,那么所节省的成本将会非常显著。

3)提升营商的策略性优势

策略性优势主要表现为:缩短改良产品或推出新产品的周期;快速导入全球各地的业务伙伴,以拓展新领域或市场;取得全新层次的管理信息,以提升管理供应链及业务伙伴的表现;把商业模式由供应主导转化为由需求主导;以电子方式取代纸张文件流程,从而加强实践企业社会责任及可持续性,既可节省成本,又能减少碳排放。

8.2.5　GPS 全球定位系统

1. GPS 概述

GPS 起始于 1958 年美国军方的一个项目,1964 年投入使用。20 世纪 70 年代,美国陆海空三军联合研制了新一代卫星定位系统 GPS,其主要目的是为陆海空三大领域提供实时、全天候和全球性的导航服务，并用于情报搜集、核爆监测和应急通信等一些军事目的。经过20余年的研究实验，耗资300亿美元，到1994年，全球覆盖率高达98%的24颗GPS卫星星座已部署完成。在机械领域，GPS则有另外两种含义：产品几何技术规范（geometrical product specifications，GPS），以及GB/s（GB per second，每秒最大的数据传送速率）。在网络信息领域，GPS的含义为处理器分享（generalized processor sharing），它是网络服务质量控制中的专用术语。

2. GPS的功能与组成

GPS的首要功能是三维导航，飞机、船舶、地面车辆及步行者都可利用GPS导航接收器进行导航。汽车导航系统是在GPS的基础上发展起来的一门新技术。它由GPS导航、自律导航、微处理器、车速传感器、陀螺传感器、CD-ROM驱动器、LCD显示器组成。

GPS导航由GPS接收机接收GPS卫星信号（三颗卫星以上），得到该点的经纬度坐标、速度、时间等信息。当汽车行驶到地下隧道、高层楼群、高速公路等遮掩物中而捕捉不到GPS卫星信号时，系统可自动导入自律导航系统，此时由车速传感器检测出汽车的行进速度，通过微处理单元的数据处理，从速度和时间中直接算出前进的距离；由陀螺传感器直接检测出前进的方向，陀螺仪还能自动存储各种数据，即使在更换轮胎暂时停车时，系统也可以重新设定。而且通过地图匹配技术，可以得到汽车在电子地图上的正确位置，并指示出正确行驶路线。CD-ROM驱动器用于存储道路数据等信息，LCD显示器用于显示导航的相关信息。

3. GPS的应用

GPS导航系统与电子地图、无线电通信网络及计算机车辆管理信息系统相结合，可以将车辆跟踪和管理等许多功能应用于物流运输中。例如，在车辆跟踪系统中，可以利用GPS和电子地图实时显示出车辆的实际位置，并随目标移动，使目标始终保持在屏幕上；也可打开多个窗口，对多车辆实现多屏幕同时跟踪；还可提供出行路线的规划和导航，规划路线可自动规划，也可实现人工设计。在信息查询系统中，用户能够在电子地图上根据需要进行查询。在话务指挥系统中，指挥中心可以监测区域内车辆的运行状况，对被监控车辆进行合理调度；指挥中心也可随时与被跟踪目标通话，实行管理。在紧急援助系统中，可以通过GPS定位和监控管理系统对遇有险情或发生事故的车辆进行紧急援助；监控台的电子地图可显示求助信息和报警目标，规划出最优援助方案，并以报警声、光信号提醒值班人员进行应急处理。

GPS是近年来开发的具有开创意义的高新技术之一，必然会在诸多领域中得到越来越广泛的应用。随着我国经济的发展，以及高等级公路的快速修建和GPS技术应用研究的逐步深入，其在道路工程和交通运输中的应用也会更加广泛和深入，并发挥出更大的作用。

8.2.6 地理信息系统GIS

1. GIS概述

地理信息系统是用于获取、处理、分析、访问、表示和在不同用户、不同系统和不同地点之间传输数字化空间信息的系统。地理信息系统是以计算机为运行平台，空间数据参与运算，为各类应用目的服务，融合了其他各种与空间位置有关的信息的集成框架。地理信息系统主要由计算机硬件环境、软件环境、地理空间数据、系统维护和使用人员组成。

2. GIS 在物流分析中的应用

地理信息系统应用于物流分析，主要是利用地理信息系统强大的地理数据功能来完善物流分析技术。目前，完整的地理信息系统物流分析软件集成了车辆路线模型、最短路径模型、网络物流模型、分配集合模型和设施定位模型。地理信息系统物流分析软件构成如表 8-1 所示。

表 8-1 地理信息系统物流分析软件构成

模型类别	主要内容
车辆路线模型	用于解决在一个起始点、多个终点的货物运输中，使用多少车辆，每辆车的行驶路线，如何降低物流作业费用，并保证服务质量的问题
最短路径模型	用于解决寻找最短的运输路径问题
网络物流模型	用于解决寻求最有效的分配货物路径问题，也就是物流网点布局问题
分配集合模型	可以根据各个要素的相似点把同一层上的所有或部分要素分为几个组，用于解决服务范围和销售市场范围的问题
设施定位模型	用于研究一个或多个设施的位置。在物流系统中，仓库和运输线共同组成了物流网络，仓库处于网络的节点上，节点决定着路线。对于如何根据供求的实际需要并结合经济效益等原则，设施定位模型在既定区域内设立多少个仓库、每个仓库的位置、每个仓库的规模、仓库之间的物流关系等问题，运用此模型均能很容易地得到解决

3. GIS 在营销渠道中的应用

营销渠道地理信息系统就是根据移动运营商对渠道服务整合的需求，结合地理信息系统技术，以可视化的数字地图为背景，帮助移动运营商解决传统的业务管理和空间属性脱钩的现象，直观地反映现实世界中营销渠道的业务发展、市场经营与客户服务情况，掌握变化的各类经营数据与地理属性间的关系，更好地进行营销渠道的管理与监控、分析与规划，巩固移动运营商在整个市场价值链中的主体地位，真正做到方便客户，增强客户的满意度和忠诚度，从而在全新的市场竞争中占尽先机。

课后习题

1. 名词解释：DBMS，RFID，EDI。
2. 请简述物流信息系统开发过程需要经历的阶段。
3. 可行性分析应从哪几个方面出发？
4. 请列举几个常见的物流信息技术。
5. 请简述条形码技术的优点。

参考文献

[1] 周文明. 鹰潭市物流信息化建设问题研究[D]. 北京: 北京邮电大学, 2008.
[2] 赵晶. 物流信息技术在天津邮政速递物流企业中的应用研究[D]. 天津: 天津工业大学, 2017.
[3] 朱立元. S 企业物流管理信息系统的设计与实现[D]. 长春: 吉林大学, 2017.
[4] 周蓓蓓. 基于.NET 旧机动车价格评估系统设计与实现[D]. 成都: 电子科技大学, 2011.
[5] 黄大喜. 东湖物流中心信息管理系统的设计与实现[D]. 长沙: 中南大学, 2010.

第 9 章

供应链管理

9.1 供应链管理概述

9.1.1 供应链管理提出的背景

供应链管理思想、方法兴起的原因很多,主要原因在于企业面临的市场环境所发生的巨大转变:从过去供应商主导的、静态的、简单的市场环境变成了现在顾客主导的、动态的、复杂的市场环境。长期以来市场供不应求,企业所面对的市场相对稳定,所以供应链各组织、各部门之间的协调问题相对比较容易解决,企业绩效也主要取决于本组织与部门的绩效。

20 世纪 80 年代以来,市场中供需双方的关系发生了转变,顾客在买卖关系中占据了主导地位。所以,企业的生存与发展不再仅仅取决于供应链中各组织、各部门本身,更重要的是取决于用户,企业应将让顾客满意放在首位。然而,传统的企业管理很难做到这一点,因为在传统的企业管理思想下,职能部门是相互独立地进行管理的。供应链中各职能部门及各组织通常只追求本部门的利益,而且各部门、各组织之间缺乏有效的信息沟通与集成,其后果是通常会出现一种现象,即"微小的市场波动会造成制造商在执行生产计划时遇到巨大的不确定性"。许多实证研究与企业调查发现,这种现象存在于包括汽车制造、计算机制造、日用品制造等行业在内的供应链。管理学家将这种现象称为"牛鞭效应"(bullwhip effect),即向供应商订货量的波动程度(方差)会大于向顾客销售量的波动程度(方差),并且这种波动程度沿着供应链向上游不断扩大,这种现象将会给企业造成严重的后果:产品库存积压严重、服务水平不高、产品成本过高及质量低劣等问题,必然会使企业在市场竞争中处于不利的地位。关于牛鞭效应产生的原因和缓解方法,在下文会有详细阐述。

另外,当今企业与企业之间的竞争不再仅仅是比价格、质量,供货时间已经成为当前激烈的市场竞争中的一个重要的竞争要素。然而,随着先进制造技术在 20 世纪七八十年代的迅速发展,以及对传统制造系统的不断改进,制造周期已经大大缩短,因而非制造时间在总供货时间中所占比例显著增加。要进一步缩短供货时间,就必须考虑对供应链进行改进。

另外一个推动供应链管理的关键因素是近 20 年来科学技术尤其是信息技术的飞速发展。科学技术的发展使得各国之间的地理和文化上的差距大大缩短，各国的工商组织能够在全球范围内获取资源并销售产品，加上产品生命周期在不断缩短，供应链管理的作用就更加突出，范围更加广泛的全球性供应链也迫切需要更加有效的管理理念和协调技术。EDI（电子数据交换）、PDI（产品数据交换）、Internet/Intranet 及各种信息系统应用的发展，极大地促进了现代供应链管理理念的实现及组织结构的转变。同时，20 世纪 80 年代中后期许多企业开展的业务流程再造（business process reengineering，BPR）也极大地促进了供应链管理的发展。业务流程再造强调的是对以采购、生产、销售为代表的职能部门进行横向集成，形成一个管理良好的业务流程，以创造更多的顾客的价值。许多企业认识到，仅仅进行内部业务流程再造的效果十分有限，所以还需要考虑促进供应链中其他成员业务流程的改进，并通过它们来增强竞争优势，如图 9-1 所示。从某种程度上来说，供应链管理实际上是将业务流程再造的思想在企业网络之间进行推广。其实，企业为最终顾客的服务，除本企业的各个不同的增值活动之外，还应包括相关的其他企业组织的各增值活动：原材料、零部件供应商、产品分销商等。业务流程再造通常强调的是企业内部各职能活动的协调与集成，供应链管理则强调在此基础上对组织与组织之间业务流程的重新设计与集成。

此外，近些年对供应链及其有效管理的研究空前发展，主要原因还在于人们对供应链管理在企业生存发展中的作用和地位有了新的认识。按照麻省理工学院斯隆管理学院的查尔斯·法恩教授的说法，"今天比拼竞争力的战场上，一家企业最根本、最核心的竞争力在于对供应链的设计"。总之，现代供应链管理理论与方法是在现代科学技术条件下产生的，是当今激烈的全球市场竞争中求得生存与发展的一个重要武器，是赢得市场竞争优势的一种最新手段。

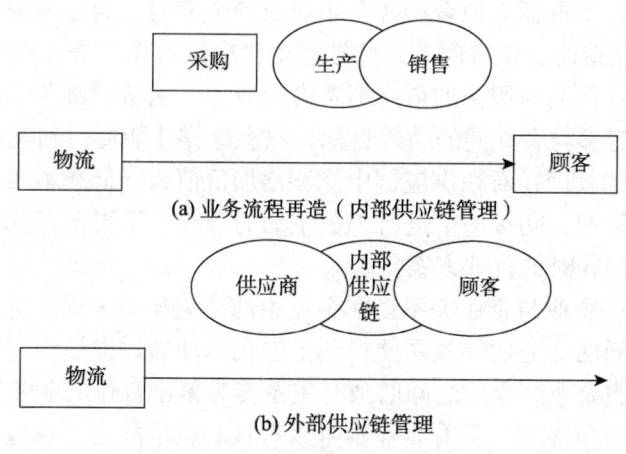

图 9-1　业务流程再造与供应链管理

9.1.2　供应链管理的基本思想

长期以来，在市场供不应求的环境下，企业出于管理和控制的目的，对与产品制造有关的活动和资源一直采取自行投资或兼并的"纵向一体化"（vertical integration）模式，即核心企业与其他为其提供原材料、半成品或零部件的企业是一种所有权关系。许多制造企业拥有铸造、零件加工、装配、包装、运输、销售等一整套设备、设施及组织机构。纵向一体化管理模式是通过规模效应降低成本，获得收益，适合小品种、大批量生产。但是这种模式适应品种变化的能力很差，一旦需求发生变化，原有的生产系统很难适应。另外，它是一种多级递阶控制的组织结构，管理的跨度小、层次多，管理层次的增加必然影响整个企业的响应速度。而且为了追求稳定和对资本的控制，纵向一体化模式通常采用集权式的管理制度。虽然这种模式可以加强企业对原料采购、制造、分销和销售全过程的控制，但是在全球竞争日趋激烈、顾客需求不断变化的环境下，纵向发展不仅不能实现上述目的，反而会增加企业的投资负担，迫使企业从事并不擅长的业务活动。在此背景下，基于横向管理思维的供应链管理（supply chain management），应运而生。供应链管理就是把供应链最优化，以最低的成本，让供应链从采购开始，到满足最终顾客的所有过程，包括工作流（work flow）、实物流（physical flow）、资金流（funds flow）和信息流（information flow），均能有效地操作，把合适的产品、以合理的价格，及时送到消费者手上。

供应链管理的基本思想是"横向一体化"（horizontal integration），即把原来由企业自己生产的零部件外包出去，充分利用外部资源，通过与一些相互关联的企业协同合作来共同制定战略定位，提高运作效率。对供应链中的各个企业来说，供应链关系反映了企业的战略选择。供应链策略建立在相互依存、相互关联的管理理念基础之上，它要求相关企业建立跨部门的管理流程，并使这个流程突破企业组织的界限，与上下游的贸易伙伴和客户相互连接起来。

与传统的企业管理对比，现代供应链管理体现了以下五个基本思想。

（1）系统观念：不再孤立地看待各个企业及各个部门，而是考虑所有相关的内外联系体——供应商、制造商、销售商等，并把整个供应链看作一个有机联系的整体。

（2）共同目标：产品与服务的最终消费者对成本、质量、服务等方面的要求，应该成为供应链中的所有参与者共同的绩效目标，只有这样才能使得利润最大化。

（3）主动积极的管理：对在供应链中能够增加价值或降低成本相关的所有活动（内部的、外部的、直接的、间接的）进行积极主动的管理；不再把存货看作供应链中出现供应与需求不平衡问题时的首选方案。

（4）实施新型的企业与企业关系：在企业主动地关注整个供应链及其管理的同时，供应链中各成员之间的业务伙伴关系便得到了强化，即通过谨慎地选择业务伙伴，减少供应商数目，将过去企业与企业之间的敌对关系变为紧密合作的业务伙伴关系。

（5）开发核心竞争能力：只有企业本身具有核心竞争能力，供应链业务伙伴关系才会持久。所以，供应链业务伙伴关系的形成不能以丧失企业的核心竞争能力为代价，应做到能够借助其他企业的(核心)竞争能力来形成、维持甚至强化自己的核心竞争能力。

供应链管理思想与方法目前已在许多企业中得到了应用，并且取得了很大的成就，在 Pittigho Rabin Todd & McGrath 的资助下，一组研究人员对供应链管理的应用效果进行了为期两年的研究，调查了 90 家离散型制造企业和 75 家流程型制造企业，得出如下结论：供应链管理的应用使总成本下降了 10%；供应链系统中企业的按时交货率提高了 15 个百分点以上；订货-生产的周期缩短了 25%~35%；供应链中企业的生产率提高了 10 个百分点以上；主导企业的资产增长率为 15%~20%。

以上数据说明，供应链中的组织都在不同程度上取得了发展，其中以"订货-生产的周期缩短"最为明显。能取得这样的成果，完全得益于供应链中组织、部门之间的相互合作、相互利用对方资源的经营策略。因此，供应链管理模式得到了越来越多企业的重视。

9.1.3 供应链管理的运行机制

1. 合作机制

供应链合作机制体现了战略伙伴关系和企业内外资源的集成与优化利用。基于这种企业环境的产品制造过程，从产品的研究开发到投放市场，周期大大缩短，而且顾客化程度更高，模块化、简单化产品、标准化组件使企业在多变的市场中柔性和敏捷性显著增强，虚拟制造与动态联盟提高了业务外包策略的利用程度。企业集成的范围扩展了，从原来的中低层次的内部业务流程再造上升到企业间的协作，这是一种更高级别的企业集成模式。

2. 决策机制

由于供应链企业决策信息来源不再仅限于一个企业内部，而是在开放的信息网络环境下，不断进行信息交换和共享，达到供应链企业同步化、集成化计划与控制的目的，而且随着 EDI、Internet/Intranet 发展成为新的企业决策支持信息基础平台，企业的决策模式将会发生很大的变化，因此处于供应链中的任何企业的决策模式都应该是基于 EDI、Internet/Intranet 的开放性信息环境下的群体决策模式。

3. 激励机制

归根到底，供应链管理和任何其他的管理思想一样，都是要使企业在 21 世纪的竞争中在"TQCSF"上有上佳表现（T 为时间，是指反应快，如提前期短、交货迅速等；Q 为质量，是指产品、工作及服务质量高；C 为成本，是指企业要以更低的成本获取更多的产出；S 为服务，是指企业要不断提高用户服务水平，提高用户满意度；F 为柔性，是指企业要有较强的应变能力）。缺乏均衡一致的供应链管理业绩评价指标和评价方法是目前供应链管理研究的弱点，也是导致供应链管理实践效率不高的一个主要问题。为了掌握供应链管理的技术，必须建立、健全业绩评价和激励机制，使我们知道供应链管理思想在哪些方面、多大程度上给企业带来改进和提高，以推动企业管理工作的不断完善和提高，也使得供应链管理能够朝着正确的轨道与方向发展，真正成为企业管理者乐于接受和实践的新的管理模式。

4. 自律机制

自律机制要求供应链企业向行业的领头企业或最具竞争力的竞争对手看齐，不断对产品、服务和供应链业绩进行评价，不断改进，以使企业能保持自己的竞争力和持续发展。自律机制的内容主要包括企业内部的自律、对比竞争对手的自律、对比同行企业的自律和比较领头企业的自律。企业通过推行自律机制，可以降低成本，增加利润和销售量，更好地了解竞争对手，减少用户的抱怨，从而提高客户满意度，增加信誉。企业内部部门之间的业绩差距也可以得到缩小，增强企业的整体竞争力。

5. 风险机制

供应链企业之间的合作会因为信息不对称、信息扭曲、市场不确定性、政治经济法律等因素的存在而面临各种风险。为了使供应链企业对合作满意，必须采取一定的措施规避风险，如信息共享、合同优化、监督控制机制等。尤其是必须在企业合作的各个阶段通过激励机制的运行，实施各种激励手段，以使供应链企业之间的合作更加有效。

6. 信任机制

信任机制是供应链管理中企业之间合作的基础和关键。信任在供应链管理中具有重要作用。供应链管理的目的就在于加强节点企业的核心竞争能力，对市场需求做出快速反应，最终提高整个供应链的市场竞争能力。要达到此目的，加强供应链节点企业之间的合作是供应链管理的核心，而在供应链企业的相互合作中，信任是基础。没有信任，任何合作、伙伴关系、利益共享等都只能成为一种良好的愿望。因此，建立供应链企业间的信任机制至关重要。供应链企业之间的信任机制理论可以简单地以图 9-2 表示。

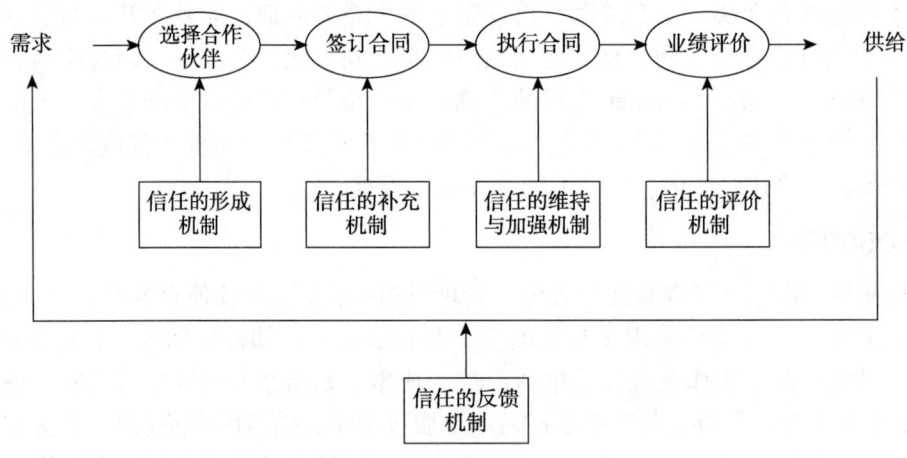

图 9-2 供应链企业之间的信任机制

9.1.4 供应链管理的体系结构

1. 供应链的基本模式

一般人们所指的供应链系统，是站在一个核心企业的角度来看的，图 9-3 显示了这种供应链的典型结构。实际的供应链系统在形式上可能千差万别，但其主要特征是共同的，即在这个网状的"链"上有一个核心企业，以核心企业为中心，上、下游各有若干节点企业。核心企业可以是制造企业，也可以是零售型企业。

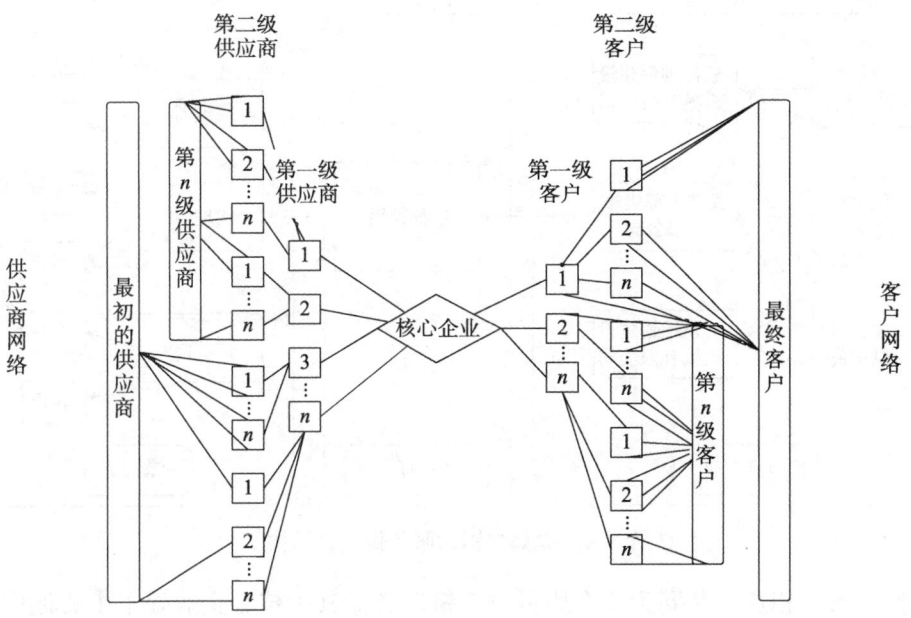

图 9-3　供应链的典型结构

供应链的构成不是一成不变的，但是在实际经营中，不能随意改变供应链上的节点企业。作为供应链管理的一项重要环节，无论是理论研究人员还是企业实际管理人员，都必须重视供应链的构建问题。一个设计精良的供应链在实际运行中并不一定能像预想的那么完美，因为环境因素对供应链的运行起着重要的作用。构建和设计一个供应链，一方面要考虑供应链的运行环境（地区、政治、文化、经济等因素），另一方面还应考虑未来环境的变化对实施供应链的影响。要力求设计一个有较高柔性的供应链，以提高供应链对环境的适应能力。

成都神钢成立于 2003 年，主要负责成都神钢建设机械有限公司（主要生产液压挖掘机）、成都工程机械有限公司（主要生产轮式装载机）和杭州神钢建设机械有限公司（主要生产液压挖掘机）的产品销售和服务。作为一家主业为产品销售和售后服务的企业，成都神钢是一家典型的服务企业。它的上游产品供应商是前面提到的这 3 家企业，下游的客户是 58 家代理商。公司负责向下游的 58 家代理商销售上述 3 家企业生产的 20 多种机器，以及与这些机器配套的 4 000 多种零部件。目前公司有 4 个仓库（分别位于北京、上海、成都、广州，其中成都仓库较大、功能较齐全）。2009 年整机库存为 1 500 台，2010 年已达到 3 000 台，2009 年总销售额约为 85 亿元，2010 年总销售额已突破 150 亿元，市场综合占有率达到 13%。成都神钢的服务供应链结构主要由上游的原材料供应商、产品供应商、服务集成商成都神钢，以及下游的代理商、顾客等组成，这些组成部分又分为核心企业和节点企业。成都神钢的服务供应链结构如图 9-4 所示。

在该服务供应链中，作为核心企业的成都神钢是整条供应链的管理者，它需要建立服务供应链管理标准和协作方案，直接或委托合作企业为用户提供服务。节点企业是指构成服务供应链的所有合作企业（不包括核心企业和顾客），主要包括原材料供应商、产品供应商、代理商、物流车队、服务培训机构。在服务供应链中，核心企业和节点企业

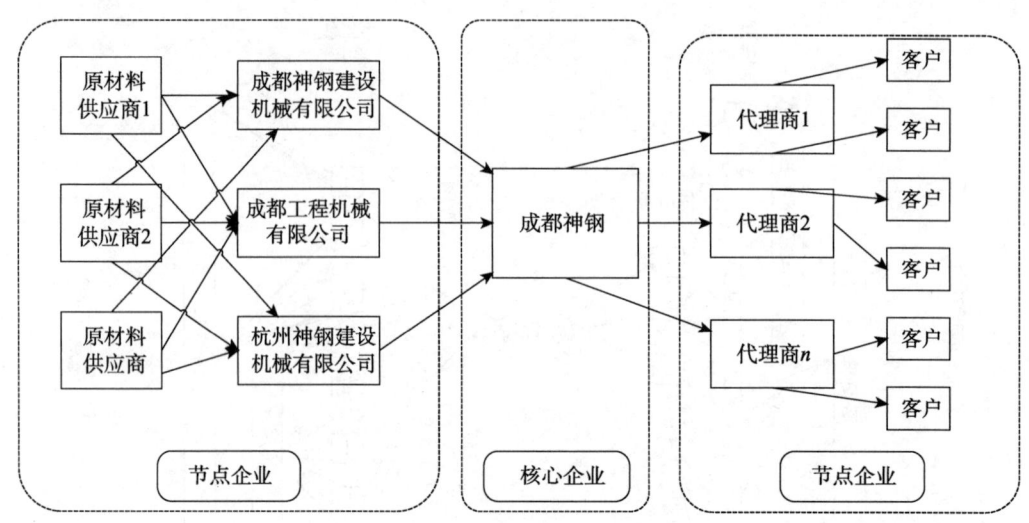

图 9-4 成都神钢的服务供应链结构

分工协作、紧密相连，共同为整个服务供应链服务。其中核心企业处于主要地位，顾客对服务供应链中的某方面不满意大多是由于对核心企业的不满意，因此，核心企业作为提供服务的组织者，要对各节点企业加强管理和合作，同时也要时时监控服务供应链各环节的服务质量，以保障整个服务供应链有较高的顾客满意度和竞争力。

2. 供应链系统的构建

为了提高供应链管理的绩效，除了必须有一个高效的运行机制外，建立一个高效精简的供应链也是极为重要的一环。不论是理论研究人员还是企业实际管理人员，都必须重视供应链的构建与优化问题。

在供应链设计过程中，应遵循以下基本原则，以保证供应链的设计和重建能使供应链管理思想得以实施和贯彻。

1）自顶向下和自底向上相结合的设计原则

在系统建模设计方法中，存在两种设计方法，即自顶向下和自底向上的方法。自顶向下是系统分解的工程，自底向上则是一种集成的过程。在设计一个供应链系统时，往往是先由主管高层做出战略规划与决策，规划与决策的依据来自市场需求和企业发展规划，然后由下层部门实施决策过程，因此供应链的设计是自顶向下和自底向上的结合。

2）简洁性原则

简洁性是供应链的一个重要原则。为了使供应链具有灵活快速响应市场的能力，供应链的每个节点都应是精简的、具有活力的、能实现业务流程的快速组合。比如，供应商的选择就应按照少而精的原则，与少数的供应商建立战略伙伴关系，有利于减少采购的成本，有利于实施 JIT 采购法和准时生产。生产系统的设计更应以精益思想为指导，努力达成从精益的制造模式到精益的供应链的目标。

3）集优原则（互补性原则）

供应链各个节点的选择应遵循强强联合的原则，达到实现资源外用的目的，每个企业只集中精力致力于自己核心的业务过程，就像一个独立的制造单元，这种单元化企业具有自我组织、自我优化、面向目标、动态运行和充满活力的特点，能够实现供应链业务的快速重组。

4）协调性原则

供应链业绩好坏取决于供应链合作伙伴关系是否和谐，因此建立战略伙伴关系的合作企业关系模式是实现供应链最佳效能的保证。

5）动态性原则

不确定性在供应链中随处可见。由于不确定性的存在，导致需求信息的扭曲，因此要预见各种不确定因素对供应链运作的影响，减少信息传递过程中的信息延迟和失真，增加透明度，减少不必要的中间环节，提高预测的精度和时效性对降低不确定性的影响都是极为重要的。

6）创新性原则

创新设计是系统设计的重要原则。进行创新设计要注意以下四点：一是创新必须在企业总体目标和战略的指导下进行，并与战略目标保持一致；二是要从市场需求的角度出发，综合运用企业的能力和优势；三是发挥企业各类人员的创造性，集思广益，并与其他企业共同协作，发挥供应链的整体优势；四是建立科学的供应链、项目评价体系和组织管理系统，进行技术经济分析和可行性论证。

7）战略性原则

供应链的建模应有战略性观点，通过战略的观点考虑减少不确定性的影响。从供应链的战略管理的角度考虑，注重供应链发展的长远规划和预见性，使供应系统的结构与企业战略规划保持一致，并在企业战略的指导下进行。

供应链系统的设计应注意以下六个方面。

（1）根据不同群体的需求划分顾客，以使供应链适应市场需求，按市场进行物流网络的顾客化改造，满足不同顾客群的需求，并确保供应链上的企业能够盈利。

（2）根据市场动态使整个供应链需求计划成为一体，保证资源的最优配置。上、下游企业的计划应该根据市场需求动态协同编制，保证供给在时间、品种、数量上满足需求。一方面保证生产能力的有效利用，另一方面减少由于不协调而产生的库存量。

（3）通过产品差异化尽量靠近用户，并通过供应链实现快速响应。

（4）对供应资源实施战略管理，降低物流与服务的成本。

（5）实施整个供应链系统的技术开发战略，以支持多层决策，清楚掌握供应链的产品流、服务流、信息流。

（6）采取供应链绩效测量方法，度量满足最终用户需求的效率与效益。

供应链的基本模式体现了企业与其分销网络和供应商网络的一体化整合，整合的目标在于将传统的、相互独立的、彼此从事买卖交易的运作格局变成一个运用科学管理实现协同合作的整体，从而提高市场能力，提高整体效率，实现持续改进，增强企业竞争力。供应链的价值也主要来自供应链的一体化整合。通常，许多公司都同时参与若干相互竞争的供应链。由于供应链成了竞争中的基本单位，这就决定了参与其中的公司可能会面临信息泄露或潜在的与利益冲突相关的忠诚度的问题。

9.2 供应链物流管理原理

9.2.1 供应链物流管理的概念

供应链管理的核心是供应链的物流管理,资金流是为物流服务的,为保障物流顺利进行创造条件。

供应链物流管理,是指以供应链核心产品或者核心业务为中心的物流管理体系。前者主要是指以核心产品的制造、分销和原材料供应为体系而组织起来的供应链的物流管理。例如,汽车制造、分销和原材料的供应链的物流管理,就是以汽车产品为中心的物流管理体系。后者主要是指以核心物流业务为体系而组织起来的供应链的物流管理,如第三方物流、配送、仓储,或者运输供应链的物流管理。这两类供应链的物流管理既有相同点,又有区别。

9.2.2 供应链物流管理研究现状

随着信息革命的爆发,我们已经跨入了知识经济时代,市场风云瞬息万变,要想在激烈的市场竞争中获得一席之地,就必须运用先进的管理思想、信息技术、网络技术及制造技术,与上下游的企业结成联盟,快速满足客户对产品和服务的需求。供应链管理模式是顺应了企业的这种需求而产生的,也是企业适应市场变化能力的体现。由于采用供应链管理可以使企业在多变的市场环境下获得良好的收益,并赢得竞争优势,所以企业越来越重视对它的研究。现代物流泛指原材料、产成品从起始点至终点及相关信息有效流动的全过程。

它将运输、仓储、装卸、加工、整理、配送、信息等方面有机结合,形成完整的供应链,为用户提供多功能、一体化的综合性物流服务。现代物流区别于传统物流的两大基本特征是信息化和网络化。目前,日本、美国及西欧的一些国家不但在宏观上建立了比较完善的物流网络体系,而且在企业运作过程中也都能提供网络化服务,各环节相互衔接,实现全过程的"门到门"的服务。

在国内,由于供应链管理引入的时间较晚,真正具有实际意义的有关供应链管理的研究工作近几年才刚刚起步,但发展却很快。国内高等院校和科学院所相继展开了研究供应链的热潮,进行了技术攻关,在理论研究和技术实施上均取得了重大进展和突破,取得了可喜的研究成果。在供应链的设计方面,有学者提出了基于产品的供应链的设计,另外还有学者提出了基于多代理的供应链的设计、基于 Web 的供应链的设计、基于电子商务的供应链的设计等;结合敏捷制造等理论,国内学者提出了敏捷供应链管理结合协调控制理论,还有协调合作供应链管理等。另外,有关供应商选择、评价、整体绩效评估、运输路线规划、供应链质量管理及库存决策等也是供应链管理研究的热点。

在国外,随着供应链管理的广泛实施,支持供应链管理的理论和模型也非常的多,如 Tomas 等提出的协调供应链管理结构、Bhatnagar 等建立的多工厂协作模型、Fox 等设计的供应链管理功能结构的三个层次等。国外对供应链管理的早期研究主要集中在供应链的组成、供应链的财务等方面，主要解决供应链的操作效率问题。近年来的研究主要把供应链管理看作是一种战略性的管理体系，研究扩展到了所有加盟企业的长期合作关系，特别是集中在合作制造和建立战略伙伴关系方面，更偏重于长期计划的研究。人们已认识到，作为与能流、信息流并列的物流业，是继劳动力、资源之后的第三利润源泉。国外物流目前的发展现状主要有：电子物流的兴起；物流规模和活动范围进一步扩大，物流企业将向集约化与协同化发展；第三方物流的快速发展；第四方物流的出现；不断采用新的科学技术改造物流装备和提高管理水平。

9.2.3 供应链物流管理的原理

供应链物流管理的原理，就是要结合供应链的特点，综合采用各种物流手段，实现物资实体的有效移动，既保障供应链正常运行所需的物资需要，又保障整个供应链的总物流费用最省、整体效益最高。

供应链物流管理，也是一种物流管理，它和通常的物流管理没有本质的区别。它同样包括运输、储存、包装、装卸、加工和信息处理等活动的策划设计和组织等工作，同样要运用系统的观点和系统工程的方法。供应链物流管理的特点，就是在组织物流活动时，要充分考虑供应链的特点。供应链最大的特点，就是协调配合。例如，在库存点设置、运输批量、运输环节、供需关系等方面，都要统筹考虑集约化、协同化，既保障供应链企业的运行的需要，又降低供应链企业之间的总物流费用，以提高供应链整体的运行效益。

注意，这里提到的效益是着眼于供应链整体的效益，费用是着眼于供应链的总费用。这就是说不排除有的效益会降低、有的费用会增长的情况。因为既然供应链是一个系统，在以系统的观点处理问题时，这样的结果是正常合理的。

这里所谓供应链整体的效益，其最主要的代表是核心企业的效益。应该说整个供应链的使命，就是为核心企业提高效益服务的。所以供应链物流管理实际上是要站在核心企业的立场上，沟通整个供应链的物流渠道，将它们合理策划、设计和优化，提高运行效率，降低运行成本，为核心企业的高效率运作提供有力的支持。

站在核心企业的立场来组织物流，并不是意味着完全不顾非核心企业的利益。相反，要取得非核心企业的合作，就必须兼顾着它们的利益。一方面，核心企业的利益最大化，本身就会带来非核心企业的利益最大化。例如，汽车装配厂生产的汽车所占的市场份额扩大，就意味着部件厂的部件需要量更多，分销企业的销售收入也就更多。这样给上游企业和下游企业带来的利益自然也最大化。另一方面，若在组织供应链物流方案时碰到具体问题，站在核心企业立场上的同时，在不影响大局的情况下，应尽可能满足非核心企业的利益，这样做出的方案才是可行的。

结合供应链的特点来组织物流，既是供应链物流管理的优点，又是供应链物流管理的约束条件。之所以是优点，是因为它可以使物流在更大的范围内实行优化处理，在更大的范围内优化资源配置，从而可以实现更大的节约，更大地提高效益；之所以是约束条件，是因为它在进行物流活动组织时，需要综合考虑更多的因素，需要更多的信息支持和优化运算，其物流设计策划的工作量更大，难度也更大。前面我们说到，供应链主要应当由核心企业来组织管理，所以，供应链物流管理当然也应当由核心企业来组织管理。因为只有核心企业才真正知道它的供应链物流管理应当怎样做，才能够真正代表它的利益，才最有效益。但是由核心企业组织管理，并不一定要核心企业亲自来组织管理。相反，由于物流管理比较烦琐，供应链物流管理更加复杂，任何一个生产企业，在把主要精力管好生产的同时还要把物流管理起来，都是很困难的。所以，一般按现在通行的做法，供应链物流管理可以由核心企业委托，或外包给第三方物流公司来承担。自己作为合同的甲方，只提出管理目标和任务，只监督第三方物流公司的执行效果。而第三方物流公司作为合同的乙方，根据甲方的目标任务，提出物流方案，具体组织实施。由于第三方物流公司具有专业化的物流管理经验和能力，由它们根据核心企业的要求组织管理供应链物流，可能收到比核心企业亲自组织管理更好的效果。

9.2.4 供应链物流管理的特点

供应链管理体系下的物流管理，应该具有如下五个特点。

1. 整体性

传统模式下的物流管理，信息的传递通常是纵向式的，若传递的信息一旦出现偏差，偏差的信息会沿着纵向式的传播而不断扩大，管理者可能会基于错误的信息而做出错误的判断。同时传统模式下的物流管理，管理者只考虑自己企业的库存和物流现状，相关企业间较少沟通和交流，可能会出现某一时间段内某个企业库存过高或过低的情况，造成企业经营成本的不必要浪费或错失市场良机。在供应链管理体系下的物流管理，供应链上的企业是同盟间的关系，企业与企业间是战略合作伙伴关系，管理者在进行物流规划时，会从供应链管理体系的整体出发，思维具有宏观性、大局性、整体性。同时供应链上信息的传递是横向式传递，信息传递时间快、信息覆盖面广、信息共享效率高，避免了信息纵向式传递的失真，为供应链管理者的决策提供了可靠的信息资源。

2. 提高了物流系统的快速反应能力

供应链上企业间是同盟的关系，具有利益一致性，货物在物流的过程中，一旦出现了问题，供应链系统能够迅速反应，起到降低物流成本、提高物流效率的作用，为物流的及时性与顺畅性提供了保障。

3. 增进了物流系统的无缝连接

由于供应链物流系统的横向式管理，物流信息的共享性得到了极大的提高，货物在流动的过程中实现了无缝连接，消除了货物超期未到、消费者需求得不到满足等情况。

4. 物流服务方式的多样化

随着供应链管理的不断发展，物流服务方式表现出了灵活和多样化的特点。由于中国企业国际化进程的不断加快，跨国的物流服务不断涌现，同时市场上专门的第三方物流公司服务越来越精湛。

5. 提高了客户的满意度

在供应链管理体系下，企业能够在期望的时间拿到规定数量的货物，同时也能避免盲目的采购，库存的积压，释放了企业的资金活力。供应链上的企业能够更快速，更经济地将货品交到客户的手中，提高了客户满意度。

供应链物流管理区别于一般物流管理的特点有：

（1）供应链物流是一种系统物流，而且是一种大系统物流。这个系统涉及供应链这个大系统的各个企业，而且这些企业是不同类型、不同层次的企业，有上游的原材料供应企业，下游的分销企业和核心企业，有供、产、销等不同类型。这些企业既互相区别，又互相联系，共同构成一个供应链系统。这个大系统物流包括企业之间的物流，也包括企业内部的物流，直接和企业生产系统相联。

（2）供应链物流是以核心企业为核心的物流，是要站在核心企业的立场上，以为核心企业服务的观点统一组织整个供应链的物流活动，其他各企业要更紧密地配合核心企业运作，满足核心企业的需要。

（3）供应链物流管理应当在更广泛的范围内进行资源配置，包括充分利用供应链各个企业的各种资源，这样可以实现供应链物流更加优化。

（4）企业间关系：供应链的企业之间的关系区别于一般企业之间的关系，在于供应链企业之间是一种相互信任、相互支持、共生共荣、利益相关的紧密伙伴关系。可以在组织物流活动时充分利用这种有利条件，组织更有效的物流活动。

（5）信息共享：供应链本身具有信息共享的特点，供应链企业之间通常都通过建立计算机信息网络，相互之间进行信息传输，实现销售信息、库存信息等的共享。组织物流活动时可以充分利用这个有利条件，发挥其在物流信息化、效率化上较强的支持作用。

9.3　供应链物流管理方法

供应链物流管理的方法，也要用到一般物流管理的方法。这些方法有很多，我们在其他各章都做了说明，这里不再讨论。这里主要是讨论结合供应链的特点所采用的一些特色方法。

9.3.1　联合库存管理

供应链物流管理一个最重要的方面，就是联合库存管理。所谓联合库存管理，就是建立起整个供应链以核心企业为核心的库存系统。具体来说，一是要建立起一个合理分布的库存点体系，二是要建立起一个联合库存控制系统。

这里强调以核心企业为核心，是因为在供应链中很容易形成多中心。如果搞多中心，必然分散精力，分散资源，还可能互相干扰，则必然影响供应链的正常有效运行。所以一个供应链系统必须只有一个中心，所有其他的企业都必须服从这个中心，自觉为这个中心服务。供应链库存系统也必须按照这种思想去组织。

合理分布的库存点体系，指的是库存点的空间分布。这里所谓的合理分布，是指对于核心企业来说，是最方便有效并且成本最低的。

传统的库存设置是每个企业都自设仓库，自发库存，不考虑共享的问题，所以物资从一个生产过程产出以后，必须经过几个仓库的入出库和储存的处理过程才能够到达另一个生产过程的需求点（图9-5）。

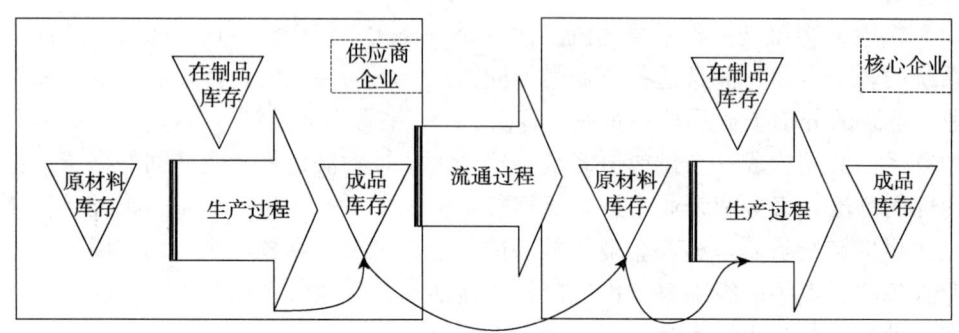

图9-5 传统库存分布和物资从产出点到需求点的途径

而联合库存分布一般是供应商企业取消自己的成品库存，将自己的成品的库存直接设置到核心企业的原材料仓库中，或者直接送上核心企业的生产线（图9-6）。图9-6中实际给出了两种模式。

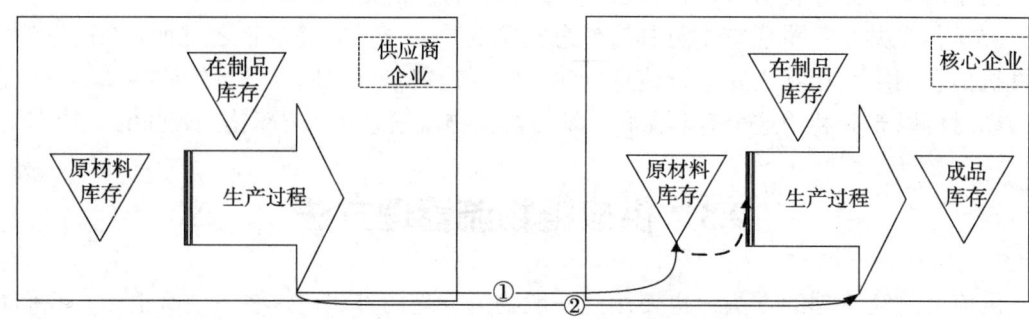

图9-6 联合库存分布和物资从产出点到需求点的途径

第一种模式是集中库存模式，即是变各个供应商的分散库存为核心企业的集中库存。各个供应商的货物都直接存入核心企业的原材料库（图9-6中的①）。这样做有很多好处。

（1）减少了库存点，省去了一些仓库设立的费用和相应的仓储作业费用，减少了物流环节，降低了系统总的库存费用。

（2）减少了物流环节，在降低物流成本的同时，还提高了工作效率。

（3）供应商的库存直接存放在核心企业的仓库中，不但可以保障核心企业的物资供应、取用方便，而且使核心企业可以统一调度、统一使用管理、统一进行库存控制，为核心企业方便高效地生产运作提供了保障条件。

（4）这种方式也为科学的供应链物流管理，如供应商掌握库存（VMI）、连续补充货物（CRP）、快速响应（QR）、配送、准时化供货（JIT）等创造了条件。

实际上，在这种模式下，供应商的运作方式是：按核心企业的订单或者订货看板，组织生产所需要的数量，产成品一下线，一般就是用配送方式实行小批量多频次的送货，用汽车直接装运到核心企业的仓库中补充库存，或者直接装运到核心企业的生产线上的需求点直接投入生产。

第二种模式是无库存模式，核心企业也不设原材料库存，实行无库存生产。这个时候供应商的成品库和核心企业的原材料库都取消（图 9-6 中的②，即最下面一个虚线弧状箭头所示），则这时供应商与核心企业实行同步生产、同步供货，直接将供应商的产成品送上核心企业的生产线。这就是准时化供货模式。这种准时化供货模式，由于完全取消了库存，所以效率最高、成本最低。但是对供应商和核心企业的运作标准化、配合程度、协作精神要求越高，操作过程也要求越严格，一般二者的距离不能太远。

这两种联合库存模式，不但适用于各个供应商和核心企业，原理上也适用于核心企业与分销企业。在运用于核心企业与分销商的情况下，核心企业要站在供应商的立场上，对各个分销企业实行分布库存，将货物直接存于各个分销仓库，并且直接掌握各个分销库存，采用配送等方式实行小批量、多频次送货。

联合库存体系除了要建立起如上的联合库存分布之外，还要建立起统一的库存控制系统。如果建立好了联合库存分布体系，则建立联合库存控制系统的问题也就很好地解决了。

库存控制也有两种模式：第一种是合理库存量控制模式；第二种是无库存控制模式。合理库存量控制模式主要适用于核心企业设有原材料库存的情况，无库存控制模式主要适用于核心企业实行无库存生产的情况。

合理库存量控制，就是要根据企业生产的需要，对仓库的库存量进行控制，控制的目的，就是要保持仓库的合理库存量，既能满足需要，又使总成本最小。由于供应商的库存都已经存于核心企业的原材料仓库，所以供应链系统的库存控制问题实际上就转化成普通企业的库存量控制的问题，而对核心企业的库存量的控制，实际上也就是对供应链的库存量进行控制。由于各个供应商的产品都在自己的仓库中，我们可以统一调度、统筹规划、统一进行库存控制，因此也非常方便。另外，通过对各个供应商的产品库存量的控制，实际上也就控制了各个供应商的生产和配送运作，达到整个供应链优化运作的目的。

合理库存量的控制，主要运用的库存控制方法，一种是定量订货法，另一种就是定期订货法。都是要解决三个问题：一是什么时候订货，二是订多少，三是如何实施。

无库存控制模式，就是要取消原材料库存，让供应商直接向核心企业的生产线上的需求点进行连续的小批量、多频次的补充货物，实现"在需要的时候，把所需要的品种，所需要的数量，送到所需要的地点"的操作模式。这样保证在生产线开动、需要货物时，有适量的货物连续不断地进行供应，生产线暂停、不需要货物的时候，现场没有多余的货物，实现零库存。

9.3.2　供应商掌握库存

供应商掌握库存（vendor managed inventory，VMI），是供应链管理理论出现以后提出的一种新的库存管理方式。它是供应商掌握核心企业库存的一种库存管理模式，是对传统的由核心企业自己从供应商购进物资、自己管理、自己消耗、自负盈亏的模式的一种革命性变动。

传统的库存都是企业自己的库存自己设立、自己掌握。这样做，有以下的问题：①自己要花费一笔库存资金，而且在库存没有消耗以前，就一直占用着，不但给企业造成资金紧张，而且要花费一笔资金使用费用（银行利息）；②不但占用仓库、增加保管费用，还增加了采购、进货、入库、保管、出库、检验等许多工作环节和工作量，分散了企业的资金和人力、物力，降低了核心竞争能力；③存在库存风险：自己设立的库存的数量是靠自己对市场未来需求量的预测而确定的，但是预测难免不准确，再加之市场是随时变化的，因此常常出现库存过量或过时滞销的情况，造成库存积压和死库存，给企业造成经济损失。

由供应商管理库存有很大的优势：①供应商是商品的生产者，它掌握核心企业的库存，具有很大的主动性和灵活机动性。它可以根据市场需求量的变化，及时调整生产计划和采购计划，库存消耗速率大，就主动地多生产一些，库存消耗速率小了，就少生产一些，所以既不会造成超量库存积压，又可以灵活响应市场的变化。既不存在占用资金的问题，又不会存在增加费用、造成浪费的问题。②供应商掌握库存，就可以把核心企业从库存陷阱中解放出来。企业不需要占用库存资金，不需要增加采购、进货、检验、入库、出库、保管等一系列的工作，使它们能够集中更多的资金、人力、物力用于提高它们的核心竞争力，更好地搞它们自身的工作，大大提高效益，扩大市场，提高了整个供应链的活力，从而给整个供应链，包括供应商企业创造一个更加有利的局面。③供应商掌握库存，就是掌握市场。核心企业的库存消耗就是市场需求的组成部分，它直接反映了客户的消费水平和消费倾向，这对于供应商改进产品结构和设计、开发销售对路的新产品，对于企业的生产决策和经营决策起着有力的信息支持作用，使它们也能够获得一个更好的发展局面。

可见，实施 VMI，由供应商掌握库存，可以实现核心企业和供应商企业的"双赢"，不但对核心企业，而且对供应商企业自身都是有好处的。

实施 VMI 管理，需要有三个前提条件。

第一，供应商要详细掌握核心企业的销售信息和库存消耗信息，也就是核心企业的销售信息和库存消耗信息要对供应商透明。具体来说，供应商应该掌握核心企业的销售时点信息，或库存消耗时点信息（POS），因为只有掌握这样的时点信息，供应商才能够掌握库存消耗的规律，才能够根据这个规律来调整生产计划和采购计划，供应商掌握库存才有意义。否则，又要供应商掌握库存，而市场销售变化规律又对它保密，使它"两眼一抹黑"，不能根据市场变化规律及时调整生产计划和采购计划，就会彻底地坑害供应商，VMI 也就不可能实现。

第二，为了使供应商能够及时详细地掌握核心企业的销售信息和库存消耗信息，就要建立起通畅的信息传输网络，建立供应链系统的管理信息系统，实现信息的及时传输和处理。

第三，建立起供应链系统的协商机制和互惠互利机制，要加强沟通，及时协商处理出现的各种问题，要本着责任共担、利益共享的精神，建立起企业之间的友好协作关系。可以建立起某种组织的或规章制度的保证系统，订立合作框架协议。

9.3.3 供应链运输管理

除库存管理之外，供应链物流管理的另一个重要方面是运输管理。但是运输管理相对来说，没有像库存管理那样要求严格、关系重大。因为现在运力资源丰富，市场很大。只要规划好了运输任务，很容易通过找到运输承包商完成它。因此，运输管理的任务，重点就是三个，一是设计规划运输任务，二是找合适的运输承包商，三是运输组织和控制。

设计规划运输任务，就是要站在供应链的整体高度，统一规划有关的运输任务，确定运输方式、运输路线，联合运输方案，设计运输蓝图，达到既能够满足各点的运输需要，又使总运输费用最省的目的。因为供应链运输问题，是一个多点系统的运输问题，涉及供应商到核心企业、核心企业到分销商，以及供应商之间、分销商之间等多个企业、多个品种、多种运输方式、多条运输路线的组织规划等问题。要根据供应链正常运行的节拍，确定各点之间的正常运量，然后统一组织联合运输、配送和准时化供货。这个通常要建立模型，仔细地优化计算得出运输方案、建立运输蓝图。具体的做法可以运用运输规划法、配送计划法等方法完成。这种做法比较完美，但是工作量比较大，需要运用计算机进行计算和规划。在实际生活中，人们常常习惯于采用实用主义的做法，就是各个运输任务自发产生、单独处理，不进行统筹考虑。这样做，虽然简单方便，但是常常造成运输资源不能够充分利用、空车率高、浪费大。

运输任务方案确定下来后，就需要找运输承包商。现在运输资源很丰富，容易找，但是一般应当找正规的运输企业或者物流企业，建立稳定的合作关系，甚至可以把它们拉入供应链系统。不要轻易找那些没有资格、没有能力的运输承包者，以避免运输风险。

运输的方式有长途输送运输、短途配送运输和准时化供货等形式。长途输送运输，是长距离大批量的快速运输；短途配送运输是短距离、多用户、多品种的循环送货；准时化供货是更短距离的供应点对需求点的连续的多频次、小批量补充货物。运输组织和控制，就是按照给定的运输方案、运输蓝图对运输承包商的运输活动过程和运输效果进行组织、管理和控制。

1. 连续补充货物（CRP）

连续补充货物（continuous replenishment process，CRP），就是供应点连续的多频次、小批量地向需求点补充货物。它基本上是与生产节拍相适应的运输蓝图模式，主要包括配送和准时化供货方式。配送供货一般用汽车将供应商下了线的产品按核心企业所需要的批量(日需要量，或者半天需要量)进行频次批量送货（一天一次、二次）。准时化供货，一般用汽车、叉车，或传输线进行更短距离、更高频次的小批量、多频次供货（按生产线的节拍，一个小时一次、二次），或者用传输线进行连续同步供应。

2. 分销资源计划（DRP）

分销资源计划主要是指供应商对分销网点或客户的有计划地组织供应送货。

3. 准时化技术（JIT）

准时化技术，包括准时化生产、准时化运输、准时化采购、准时化供货等一整套JIT技术。这些在供应链中基本上可以全部用上。它们的思想原理都一样，就是四个"R"：在合适的时间，将合适的货物，按合适的数量，送到合适的地点。它们的管理控制系统一般采用看板系统。基本模式都是多频次、小批量连续送货。

4. 快速、有效的响应系统

快速响应系统（QR）是20世纪80年代由美国塞尔蒙（Salmon）公司提出的，并流行于市场的一种供应链管理系统，主要的思想是依靠供应链系统，而不是只依靠企业自身来提高市场响应速度和效率。一个有效率的供应链系统通过加强企业间沟通和信息共享、供应商掌握库存、连续补充货物等多种手段进行运作能够达到更高效率，能够以更高速度灵敏地响应市场需求的变动。

有效率的客户响应系统（ECR）也是美国塞尔蒙公司于20世纪90年代提出来的一个供应链管理系统。主要思想是组织由生产厂家、批发商和零售商等构成的供应链系统，在店铺空间安排、商品补充、促销活动和新商品开发与市场投入四个方面相互协调和合作，更好、更快并以更低的成本来满足消费者需要。

5. 电子化、信息化

强调企业间信息沟通、信息共享，建立EDI/Internet系统，进行信息及商务票据及时传输和处理。这是供应链系统有效率运作的前提条件。

6. 第三方物流公司

第三方物流公司是指统一承包包括供应商、需求商在内的各种企业的各种物流业务进行专业化运作的物流公司。第三方物流公司由于具有专业的物流能力和强大的物流基础设施设备，实行统筹化、规模化运作，因此在降低物流成本、提高物流操作质量和效率方面具有优势，因此，生产企业都愿意把它们的物流业务承包给第三方物流公司去操作。

供应链物流管理和第三方物流，并没有特别的必然联系。供应链物流管理并不是一定要用第三方物流模式，第三方物流也不是一定要操作供应链物流业务。不过两者之间应当相互联系起来，利用各自的优势，共同协调配合进行运作。供应链物流管理业务最好能够承包给第三方物流公司去运作，以提高效率、降低成本、提高质量。第三方物流公司如果承包了供应链物流管理的业务，就应当根据供应链的特点，按照供应链的管理目标去运作，切实达到供应链物流管理的目标。

课后习题

1. 供应链管理的运行机制包括哪些？
2. 在供应链设计过程中，应遵循哪些基本原则，以保证供应链的设计和重建能使供应链管理思想得以实施和贯彻？
3. 什么是供应链物流管理，与供应链管理的区别在哪里？
4. 供应链管理体系下的物流管理具有哪些特点？
5. 什么是供应商掌握库存？

参考文献

[1] 林勇，马士华. 基于产品的供应链设计[J]. 中国机械工程，1998(10): 30-32.
[2] 孙军，陈启祥，彭招生. 基于电子商务的供应链管理系统(eSCM)的设计[J]. 现代计算机(专业版). 2002(7): 59-61, 76.
[3] 汪良主，张申生，戚克涛. 基于Agent面向软件重用的敏捷供应链模型[J]. 计算机研究与发展，2002(2): 153-158.
[4] 袁小雯，冯志勇，周玉清. 基于Web的供应链设计[J]. 工业工程，2003(2): 15-19.
[5] 施萌. 浅析企业敏捷供应链管理[J]. 北方经贸，2004(12): 82-83.
[6] 李书娟. 供应链管理绩效评价研究[J]. 价值工程，2005(12): 48-50.
[7] 李伟，林辉. 供应链中联合库存管理及利益分配模型的研究[J]. 物流技术，2004(8): 42-43.
[8] 刘微，王耀球. 供应链环境下的质量链管理[J]. 铁道物资科学管理，2005(4): 33-35.
[9] 王成恩. 供应链中物流及信息流管理[J]. 中国管理科学，2000(4): 17-24.
[10] 孙晓晨. K公司原油供应链物流管理改进策略研究[D]. 大连：大连海事大学，2020.
[11] 王海军. 运营管理[M]. 北京：中国人民大学出版社，2013.
[12] 王愧林，刘明菲. 物流管理学[M]. 武汉：武汉大学出版社，2010.

第 3 篇

现代物流技术展望

第3編

現代物流と不況型

第 10 章 新技术影响下的物流

10.1 冷链物流

近年来,随着我国社会经济的快速发展,人们生活水平不断提高,生活节奏不断加快,人们花在厨房的时间越来越少,再加上微波炉等现代厨房用具的普及,人们对冷冻冷藏食品的认知度也越来越高,迅速拉动了冷冻冷藏食品的消费。冷冻冷藏食品每年增产约 10%,其中市场份额最大、发展最迅速的是预制食品。冷冻肉制品和鱼类的销售额也在强劲增长,在我国收入较高的发达城市,冷冻肉已占到人均年消费肉量的 10%~15%。冷藏蔬菜的发展也很快,尽管目前冷藏蔬菜的消费总量仍较小,但是随着保鲜技术水平和产品质量的提高,会有越来越多的消费者接受这种产品。其他冷冻冷藏食品,如冷饮、乳品和速冻食品的消费量也在逐年递增。

随着人们生活水平的提高、人们越来越关注食品安全问题。据统计,我国每年食物中毒报告例数约为 24 万人次,专家估计这个数字尚不到实际发生数的 1/10。尽管我国政府采取了一系列措施加强食品流通环节的安全管理工作,但我国食品流通系统仍存在较大的安全隐患,不时威胁人民群众的生命安全。从总体来看,中国食品质量安全形势依然严峻,尤其是在流通环节存在严重问题,在食品供应链的各个环节上问题频频发生,令人担忧。

在我国食品流通企业中,中小型企业占有相当大的比例,普遍存在着食品安全控制技术水平落后、设施老化、检测能力低等问题,且尚未具有完善的食品安全危害因素分析与控制管理体系,无法开展基于风险分析的食品安全控制、检测与管理活动。据统计,目前我国食品流通领域 80% 以上的生鲜食品采用常温保存、流通和加工,根本不能控制整个流通环节的安全与卫生。因此,食品安全管理对以保鲜、冷藏、冷冻为主要功能的冷链物流技术提出了更高的要求。

10.1.1 冷链物流的概念

冷链起源于 19 世纪上半叶冷冻剂的发明,到了电冰箱的出现,各种保鲜和冷冻食品开始进入市场和消费者家庭。到20世纪30年代，欧洲和美国的食品冷链体系已经初步建立。20世纪40年代，欧洲的冷链体系在二战中被摧毁，但战后又很快重建。现在欧美发达国家已经形成了完整的食品冷链体系。1955—1965年，日本经济的高速增长促进了流通革命，在冷链中的体现主要是在果蔬的分级、挑选、清洗、加工、包装、预冷、冷藏、运输和销售中采用冷链保鲜技术。1975年，为了进一步提高与冷链相关问题的研究水平（这些问题包括生鲜食品的温度与品质的关系、适宜的温度管理方法、适宜的低温流通设施及冷链机械的开发等），日本农林水产省成立了食品低温流通推进协议会，研究整理出《低温管理食品的品质管理方法及低温流通设施完善方向》，制定了食品低温流通温度带，即食品的流通温度为–4℃～5℃，并发行了《低温链指南》，使生鲜食品冷链保鲜技术进入了基本完善的阶段。

冷链是指为了保持药品、食品等产品的品质，从生产到消费过程中，始终使其处于恒定低温状态的一系列整体冷藏解决方案、专门的物流网络和供应链体系。国家标准《物流术语》（GB/T18354-2006）中对冷链的解释称：根据物品特性，为保持物品的品质而采用的从生产到消费的过程中始终处于低温状态的物流网络。冷链物流运作的目的是保质并最大可能延长物品的关键质量属性。保鲜可通过低温实现，也可通过恒常温实现，还可通过其他物理与化学方法实现，特别是在部分初级农（副）产品物流作业上，由于其物流作业均与冷链物流作业类似，故在冷链物流实际运作过程中，对于不通过低温形式进行保鲜或延长保质期的做法也在冷链物流运作研究的范畴。

从保障作业对象质量和延长其保质期的角度，冷链物流主要指需要冷藏冷冻的物品或保鲜品（一般是低温或恒温），在生产加工、储藏保管、运输与配送，直至最终用户消费的各个环节中，始终处于规定的温度和保鲜技术保障下，以期更长时间地保持物品的关键属性和质量安全，并减少损耗的专项物流。冷链物流一般需要低温装置，要对其运送过程、温度变动、作业时间、运输形态、物流成本等进行精确掌控。国家标准《冷链物流分类与基本要求》（GB/T28577-2012）对冷链物流的定义为：以冷冻工艺为基础、制冷技术或蓄冷技术为手段，使冷链物品从生产、流通、销售到消费者的各个环节中始终处于规定的低温环境下，以保证冷链物品质量，减少冷链物品损耗的物流活动。

食品冷链是以保证易腐食品品质为目的，以保持低温环境为核心要求的供应链系统，所以它比一般常温物流系统的要求更高、更复杂，建设投资也要大很多，是一个庞大的系统工程。易腐食品的时效性要求冷链各环节具有更高的组织协调性，所以，食品冷链的运作始终是和能耗成本相关联的，有效控制运作成本与食品冷链的发展密切相关。

食品冷链是指易腐食品从产品收购或捕捞之后，经过产品加工、贮藏、运输、分销、零售，转入消费者手中，产品在各个环节始终处于其所必需的低温环境下，以保证食品质量安全、减少损耗、防止污染的特殊供应链系统。

目前冷链使用的食品范围包括：初级农产品，如蔬菜、水果，禽、肉、水产等包装熟食，冰激凌和奶制品，快餐原料和特殊商品（如药品）。冷链物流的概念模型如图10-1所示。

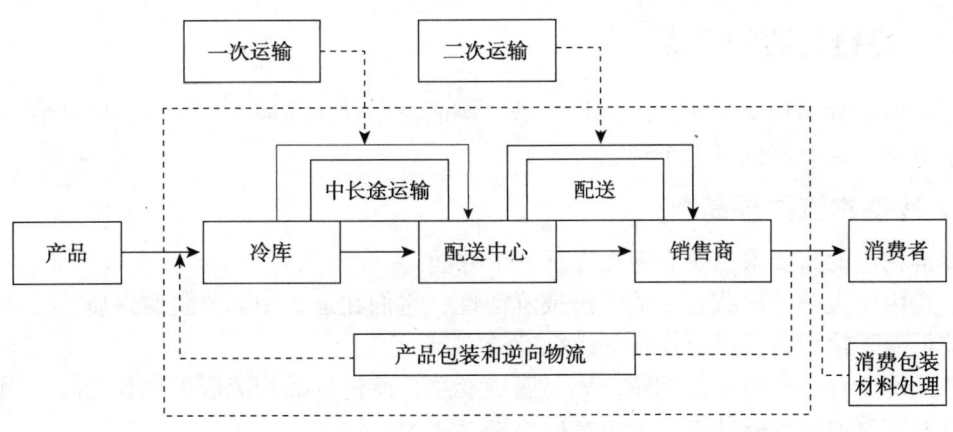

图 10-1　冷链物流的概念模型

10.1.2　冷链物流的构成

冷链物流由冷冻加工、冷冻贮藏、冷藏运输、冷冻销售四个方面构成。

1. 冷冻加工

冷冻加工包括肉禽类、鱼类和蛋类的冷却与冻结，例如，在低温状态下的加工作业过程，也包括果蔬的预冷、各种速冻食品和奶制品的低温加工等。这个环节主要涉及的冷链装备是冷却/冻结装置和速冻装置。

2. 冷冻贮藏

冷冻贮藏包括食品的冷却贮藏和冻结贮藏，如水果蔬菜等食品的气调贮藏（气调贮藏是指通过调整和控制食品储藏环境的气体成分和比例，以及环境的温度与湿度来延长食品的储藏寿命和货架期的一种技术）、活鱼冷冻复活技术等。它保证食品在贮藏和加工过程中的低温保鲜环境。此环节主要涉及各类冷藏库/加工间、冷藏柜、冻结柜及家用冰箱等。

3. 冷藏运输

冷藏运输包括食品的中长途运输及短途配送等物流环节的低温状态。它主要涉及铁路冷藏车、冷藏汽车、冷藏船、冷藏集装箱等低温运输工具。在冷藏运输过程中，温度波动是引起食品品质下降的主要原因之一。所以，运输工具应具有良好的性能，在保持规定低温的同时，更要保持稳定的温度，这在长途运输中尤其重要。

4. 冷冻销售

冷冻销售包括各种冷链食品进入批发零售环节的冷冻贮藏和销售，它由生产厂家、批发商和零售商共同完成。随着大中城市各类连锁超市的快速发展，各种连锁超市正在成为冷链食品的主要销售渠道。这些零售终端大量使用了冷藏/冷冻陈列柜和贮藏库。它成为完整的食品冷链中不可或缺的重要环节。

10.1.3 冷链物流的特点

与一般的食品物流相比，冷链物流是以保证易腐食品品质为目的的，因此它对物流的要求更高，主要有以下七个特点。

1. 冷链物流要求高

冷链物流的高要求主要表现在以下三个方面。

一是由于大部分冷藏食品的生鲜或鲜活性，它们在运输中需要防腐保质，需要采用特定的低温运输设备或保鲜设备等组织冷链物流。

二是冷链食品一般保鲜期短，容易腐烂变质，冷链食品物流服务半径受限，因此对运输效率和流通保鲜条件提出了更高的要求。

三是易腐食品的特性决定冷链的各个环节（冷藏、冷冻、产地的冷藏及控温运输）必须具有连贯性。

2. 冷链物流效率低、成本高

有数据表明，仅仅由于冷链食品在运输过程中的损耗，整个物流费用占到易腐食品成本的 70%，而按照国际标准，易腐食品物流成本最高不超过其总成本的 50%。这是因为目前我国冷链食品生产企业普遍规模较小、较分散，而农贸市场、超市、专卖店、餐饮企业、大型企事业单位等需求也有同样的特点。这使得冷链食品在流通过程中不可避免地要进行一次或多次集散，增加了冷链食品的流通环节，而多环节的流通链条，不仅降低了流通效率，造成了相当一部分冷链食品的损失，而且进一步增加了流通成本。

冷链物流投资大，运营维护成本高。冷库建设和冷藏冷冻车的购置需要的投资比较大，是一般库房和普通车辆的 3～5 倍。冷链所包括的制冷技术、低温技术、产品质量变化和温度控制及监测等技术都需要专门配置相关设备。

3. 冷链物流信息传递效率低

冷链物流的各个环节信息传递不畅，使库存、装卸、运输等缺乏透明度，造成冷藏产品在配送、运输途中发生无谓耽搁，导致风险及成本增加。目前的冷链信息系统功能还不够完善，不能及时对市场需求进行有效预测，不能发挥有效的信息导向作用，导致信息延滞，从而造成冷链食品流向的盲目性。

4. 温度控制要求不同

根据国家标准《冷链物流分类与基本要求》，冷链物流适用于温度范围一般要求为 0℃～10℃；冰温物流适用温度范围一般要求为 -2℃～2℃；冷冻物流适用温度范围一般要求为 -18℃以下；超低温物流适用温度范围一般要求为 -50℃以下。

5. 冷链物流时效性和作业环境要求高

冷链的目的是保鲜、延长产品的保质期等，因此其时间管理尤其重要。时效性是冷链物流运作成功的关键要素之一。

冷链物流仓储与运输环节作业更具体。由于大部分物品要求保持其鲜活性或低温状态，仓储管理与库存控制要求更加精确，对物品保质期更加敏感，可采用关键因素分析

（critical factor analysis，CVA）等方法。

6. 质量要求高

对食品类质量安全要求高，一般要进行溯源管理。品质保证是冷链运作的基本要求之一，而冷链物流本身强调的就是食品安全和品质保证。冷链物流完全可以通过加强运作组织与管理，提高过程监控能力，最大限度地保障食品安全。

7. 冷链物流装卸设备要求特殊，专用化程度高

如对于鲜花、鲜活水产品、鲜奶等的采收(捕获等)、分拣、装卸、运输都有特殊要求，物流设备的选择要充分考虑冷链物流作业对象的特殊性。例如，在冷库内就不能选用内燃机叉车，而要选用电动叉车。

10.1.4 冷链物流的关键技术支撑要素

1. 冷藏、保温汽车

随着社会经济的飞速发展和人民生活水平的不断提高，人们对冷藏食品的需求不断增多，冷藏、保温车主要用于生鲜农副产品和食品饮料的储运。由于其具有冷藏、保温的特殊功能，能满足生鲜食品冷藏运输中的保鲜和冷冻要求，其在冷链物流中扮演着重要角色，成为冷链物流的宠儿。

冷藏、保温汽车是重要的公路冷藏运输工具，用以运输易腐烂货物和对温度有特定要求的货物，如鱼、肉、新鲜蔬菜、水果和其他食品等。冷藏、保温汽车与普通载货汽车的区别在于其具有封闭的、绝热的车厢和独立的产生冷气的制冷机组。用保温汽车运输易腐货物时，车厢的隔热层起着阻滞车厢内外热交换的作用。在运输过程中，外界传入的热量和食物放出的热量会导致车厢内温度的升高。所以，保温汽车只适用于短距离运输和运输适温范围较宽的易腐货物。

冷藏汽车按制冷方式分为机械冷藏汽车、液氮冷藏汽车、冷板冷藏汽车和干冰冷藏汽车。冷藏、保温汽车按照所选用底盘的吨位分为微型、轻型、中型和重型冷藏、保温汽车，如表 10-1 所示。

表 10-1 冷藏、保温汽车分类　　　　　　　　　　　　　　　　单位：吨

底盘吨级	总质量	同类底盘汽车装载质量	冷藏汽车装载质量	保温汽车装载质量
微型	<2.4	<1	<0.5	<0.75
轻型	2.4~6.2不含6.2	1~3不含3	0.5~2不含2	0.75~2.5不含2.5
中型	6.2~15不含15	3~8不含8	2~6不含6	2.5~6.5不含6.5
重型	≥15	≥8	≥6	≥6.5

2. 冷库

冷库作为专业化的仓库，具有较为特殊的布局和结构，用具、货物也较为特殊，对管理技术、专业水平要求较高。冷库存放的多是食品，管理不善不仅会造成货损事故，还会发生食品不安全事故，影响人们的身体健康。

冷库按照用途不同，分为冷冻库和冷藏库。冷冻库温度较低，用于快速冷却食品；冷藏库温较高，用于长时间冷藏食品。所以，必须按照货物的类别和保管温度的不同分类使用库房，不得为了最大限度地利用库房面积，把各种控制温度不同的货物混杂在一起存放，致使食品间串味，微生物交叉污染，存活品质下降，甚至影响使用者健康。应杜绝食品混藏的现象，做好食品的系统分类。

冷藏库要保持清洁、干燥，经常清洁、清除残留物和结冰，库内不能出现积水。食品每冷加工一次就要做机械除霜，冷加工三四次就要用氨蒸汽热融除霜，而且应随着冷却器上的霜层增加经常进行。同时还需要经常通风换气，保持库内含氧量和湿度。

对于出入库等冷货作业，为了减少能耗，出入库作业应选择在气温较低的时段进行，集中作业力量，尽可能缩短作业时间。对于冷冻库来讲，冷冻库作业多采用搁架排管冻结，这种方法虽然速度很快，但是却加大了上架、下架的操作难度，直接影响出入库的时间，对工人的劳动强度要求也比较高。为了解决这个问题，冷库应在货物冻结前的预处理的细节、标准化，以及如何降低上下架难度，增加机械化程度，提高效率等方面下功夫。对于冷藏库，问题主要在货物的堆垛上，要求既不能胡乱摆放也不能为追求堆垛密度而影响换气和冷风流动，应严格按照规章进行，堆垛间距要合适，货堆要稳定，不能太高，存期长的应存放在库里端，存期短的应存放在库门附近。

长期在冷库低温封闭的环境下工作，对劳动人员的伤害比较大。同时库房中氨气的挥发也会对工人的呼吸系统造成慢性伤害。低温环境还会造成设备材料强度、性能降低，这都需要引起足够重视。对于进入库房的人员，必须要求保温防护，穿戴手套、工作鞋，尽量减少在库房内的停留时间。进入库房前，尤其是长期封闭的库房，须进行通风，防止由于植物和微生物的呼吸作用使二氧化碳浓度增加，造成人员氧气不足而窒息。库房和机房内应时时监控制冷剂浓度，以及各处管道、容器压力，防止制冷剂中毒和爆炸的发生。

3. 现代信息技术

对于电子数据交换（EDI）系统的使用，除了能够提高冷链物流企业内部的生产效率，降低运作成本，改善渠道关系，提高对客户的响应，缩短食物处理周期，减少订货周期及不确定性，提高企业的国际竞争力之外，利用 EDI 系统相关数据，并借助于某些 ERP 软件，还能够对未来一段时期内的销售进行预测，从而控制库存水平、缩短订单周期、提高顾客满意度。

据 Texas Instruments 公司的报告，EDI 系统已经将其装运差错减少 95%，实地询问减少 60%，数据登录的资源需求减少 70%，以及全球采购的循环时间减少 57%。EDC 公司通过将 EDI 和 MRP 进行结合，使 MRP 实现电子化，公司库存因此减少 80%，交货时间减少 50%。

目前我国大多数连锁零售企业已经建立了 POS 系统，有的甚至已经采用无线 POS 系统，因此零售商能够获得动态的销售信息。如果能将信息再通过 EDI 系统及时地传至制造商，实现信息数据共享，那么制造商就能根据市场需求的变化相应地调整生产，避免过高的库存水平，零售商也能及时地得到批发商（或制造商）的补货，以免产生缺货的现象，这样整条冷链上的成员都能从中获得收益。

众所周知，对于冷链管理来说，信息的准确性和及时性是其中的关键因素，射频识别技术（RFID）能够对此提供充分的保证，其技术特点也使其非常适合于在该领域中应用。RFID 系统能够使其冷藏供应链的透明度得到提高，物品能在冷链的任何地方被实时地跟踪，同时消除了以往整个冷链体系中各环节上的人工错误。安装在工厂、配送中心、仓库及商场货架上的阅读器能够自动记录物品在整个冷链的流动——从生产线到最终的消费者。

10.1.5 冷链物流的分类

冷链物流分类的依据不同，分类的结果会略有差异。一般根据作业对象产品的温度要求，冷链物流分为冷藏与冷冻两大类。由国家标准《冷链物流分类与基本要求》，根据用服务的物品对象不同，可以将冷链物流细分为以下 8 类。

1. 肉类冷链物流

主要为畜类、禽类等初级产品及其加工制品提供冷链物流服务的一种物流形态。

2. 水产品冷链物流

主要为鱼类、甲壳类、贝壳类、海藻类等鲜品及其加工制品提供冷链物流服务的一种物流形态。

3. 冷冻饮品和乳品冷链物流

主要为雪糕、食用冰块和液态奶及其乳品等物品提供冷链物流服务的一种物流形态。

4. 果蔬花卉冷链物流

主要为水果和蔬菜等鲜品及其加工制品提供冷链物流服务的一种物流形态。这类物品主要是植物，运作组织上不仅要求冷藏保鲜，且运作过程中对货品完好率要求较高。

5. 谷物冷链物流

主要为谷物、农作物种子、饲料等提供冷链物流服务的形态。

6. 速冻食品冷链物流

主要为米、面类等食品提供冷链物流服务的一种物流形态。此类还包括：水饺、汤圆、馒头、冷冻肉、冷冻鱼虾等速冻食品。

7. 药品冷链物流

主要为中药材、中药饮片、中成药、化学原料药及其制剂、抗生素、生化药品、放射性药品、血清、疫苗、血液制品和诊断药品等物品提供冷链物流服务的一种物流形态。

8. 其他特殊物品冷链物流

主要为胶卷、定影液、化妆品、化学危险品、生化试剂、医疗器械等提供冷链物流服务的一种物流形态。

10.2 智慧物流

物联网的概念最初是在 1999 年被提出的，最初物联网的定义是通过射频识别技术（RFID）、红外感应器等智能信息传感设备，按照既定的协议规程，把世间万物与互联网连接起来，进行信息的交互和通信，从而实现智能化定位、智能识别、智能追踪、监控及管理的一种网络。简而言之，物联网的本质是"物—物相连的互联网"，进而实现物体及其网络的智能化。在此基础上形成的智慧城市、智慧家园等概念均对物流系统的协调配合提出了更高的要求，从而带来了对智慧物流技术的研究与开发。

10.2.1 智慧物流的基本功能

感知功能。运用各种先进技术能够获取运输、仓储、包装、装卸搬运、流通加工、配送、信息服务等各个环节的大量信息，实现实时数据收集，使各方能准确掌握货物、车辆和仓库等信息，初步实现感知智慧。

规整功能。继感知之后把采集的信息通过网络传输到数据中心，用于数据归档，建立强大的数据库并一一分门别类后加入新数据，使各类数据按要求规整，实现数据的联系性、开放性及动态性。并通过对数据和流程的标准化，推进跨网络的系统整合，实现规整智慧。

智能分析功能。运用智能的模拟器模型等手段分析物流问题，根据问题提出假设，并在实践过程中不断验证问题，发现新问题，做到理论与实践相结合。在运行过程中系统会自行调用原有经验数据，随时发现物流作业活动中的漏洞或者薄弱环节，从而实现发现智慧。

优化决策功能。结合特定需要，根据不同的情况评估成本、时间、质量、服务、碳排放和其他标准，评估基于概率的风险，进行预测分析，协同制定决策，提出最合理有效的解决方案，使做出的决策更加准确、科学，从而实现创新智慧。

系统支持功能。系统智慧集中表现于智慧物流并不是各个环节各自独立、毫不相关的物流系统，而是每个环节都能相互联系、互通有无、共享数据、优化资源配置的系统，从而为物流各个环节提供最强大的系统支持，使得各环节协作、协调、协同。

自动修正功能。在前面各个功能的基础上，按照最有效的解决方案，系统自动遵循最快捷有效的路线运行，并在发现问题后自动修正，并且记录在案，方便日后查询。

及时反馈功能。智慧物流系统是一个实时更新的系统，反馈是实现系统修正、系统完善必不可少的环节。反馈贯穿于智慧物流系统的每个环节，为物流相关作业者了解物流运行情况，及时解决系统问题提供强大的保障。

10.2.2 智慧物流的体系结构

按照服务对象和服务范围划分，智慧物流体系可以分为企业智慧物流、行业智慧物流、国家智慧物流三个层次。

1. 企业智慧物流层面

推广信息技术在物流企业的应用，集中表现在应用新的传感技术实现智慧仓储、智慧运输、智慧装卸、搬运、包装，智慧配送、智慧供应链等各个环节，从而培育一批信息化水平高、示范带动作用强的智慧物流示范企业。

2. 行业智慧物流层面

行业智慧物流的建设主要包括智慧区域物流中心、智慧区域物流行业及预警和协调机制三个方面。

1）智慧区域物流中心

建立智慧区域物流中心的关键是要搭建区域物流信息平台，这是区域物流活动的神经中枢，连接着物流系统的各个层次、各个方面，将原本分离的商流、物流、信息流和采购、运输、仓储、代理、配送等环节紧密联系起来，形成了一条完整的供应链。另外，要建设若干智慧物流园区。智慧物流园区是指加入了信息平台的先进性、供应链管理的完整性、电子商务的安全性的物流园区，其基本特征是商流、信息流、资金流的快速安全运转，满足企业信息系统对相关信息的需求，通过共享信息支撑政府部门监督行业管理与市场规范化管理方面协同工作机制的建立，确保物流信息正确、及时、高效、通畅。智慧技术的运用使得运输合理化、仓储自动化、包装标准化、装卸机械化、加工配送一体化、信息管理网络化。

2）智慧区域物流行业（以快递行业为例）

在快递行业中加强先进技术的应用，重视新技术的开发与利用，利用自动报单、自动分拣、自动跟踪等系统，加强信息主干网的建设，台式电脑和手提电脑、无线通信和移动数据交换系统的建设等。这些投资不仅使运件的实时跟踪变得轻而易举，而且还大大降低了服务的成本。

3）预警和协调机制

最后深入研究、加强监测，对一些基础数据进行开拓和挖掘。做好数据和相关信息的统计收集等工作，及时反馈相关问题，建立相应的预警和协调机制。

3. 国家智慧物流层面

国家智慧物流旨在打造一体化的交通同制、规划同网、铁路同轨、乘车同卡的现代物流支持平台，以制度协调、资源互补和需求放大效应为目标，以物流一体化推动整个经济的快速增长。与此同时，着眼于实现功能互补、错位发展，着力构建运输服务网络，基本建成以国际物流网、区域物流网和城市配送网为主体的快速公路货运网络，"水陆配套、多式联运"的港口集疏运网络，"客货并举、以货为主"的航空运输网，"干支直达、通江达海"的内河货运网络。同时打造若干物流节点，智慧物流网络中的物流节点，对优化整个物流网络起着重要作用，从发展的角度看，它不仅执行一般的物流职能，而且越来越多地执行指挥调度、信息服务等神经中枢的职能。

10.2.3 智慧物流的实施基础

（1）信息网络是智慧物流系统的基础。

智慧物流系统的信息收集、交换共享、指令下达都要依靠一个发达的信息网络。没有准确的、实时的需求信息、供应信息、控制信息做基础，智慧物流系统就无法对信息进行筛选、规整、分析，也就无法发现物流作业中有待优化的问题，更无法创造性地做出优化决策，整个智慧系统也就无法实现。

（2）网络数据挖掘和商业智能技术则是实现智慧物流系统的关键。

对海量信息进行筛选规整、分析处理，提取其中的有价值信息，实现规整智慧、发现智慧，从而为系统的智慧决策提供支持，必须依靠网络数据挖掘和商业智能技术。并在此基础上，自动生成解决方案，供决策者参考，实现技术智慧与人的智慧相结合。

（3）良好的物流运作和管理水平是实现智慧物流系统的保障。

智慧物流的实现需要配套的物流运作和管理水平。实践证明，如果没有良好的物流运作和管理水平，盲目发展信息系统，不仅不能改善业绩，反而会适得其反。智慧物流系统的实现离不开良好的物流运作和管理水平，只有二者结合，才能实现智慧物流的系统智慧和发挥协作、协调、协同效应。

（4）需要专业的 IT 人才与熟知物流活动规律的经营人才的共同努力。

物流业是一个专业密集型和技术密集型的行业。没有人才，大量信息的筛选、分析，乃至应用将无从入手，智慧技术的应用与技术之间的结合也就无法进行。

（5）智慧物流的建成必须实现从传统物流业向现代物流业的转换。

智慧物流所要实现的产品的智能可追溯网络系统、物流过程的可视化智能管理网络体系，智能化企业物流配送中心和企业智慧供应链都必须建立在"综合物流"之上。如果传统物流业不向现代物流业转换，那么智慧物流只是局部智能而不是系统智慧。

物流系统只有在物流技术、智慧技术与相关技术有机结合的支持下才能得以实现，两者相辅相成。只有应用这些技术，才能实现智慧物流的感知智慧、规整智慧、发现智慧、创新智慧、系统智慧。这些技术主要包括新的传感技术、EDI、GPS、RFID、视频监控技术、移动计算技术、无线网络传输技术、基础通信网络技术和互联网技术等。

10.2.4 智慧物流的实施模式

1. 第三方物流企业运营模式

第三方智慧物流不同于传统的第三方物流系统，顾客可以在网上直接下单，然后系统将对订单进行标准化规整，并通过 EDI 系统传给第三方物流企业。第三方物流企业利用传感器、RFID 和智能设备自动处理货物信息，实现实时数据收集和透明化，准确掌握货物、天气、车辆和仓库等信息，利用智能的模拟器模型等手段，评估成本、时间、碳排放和其他标准，将商品安全、及时、准确无误地送达客户。

2. 物流园区模式

在智慧物流园区的建设中要考虑信息平台的先进性、供应链管理的完整性、电子商务的安全性，以确保物流园区商流、信息流、资金流的快速安全运转。智慧物流园区要有良好的通信基础设施、共用信息平台系统，提供行业管理的信息支撑手段来提高行业管理水平。建立智慧配送中心使用户订货适时、准确，尽可能不使用户所需的订货断档，保证订货、出货、配送信息畅通无阻。

3. 大型制造企业模式

大型制造企业模式要求制造企业里的每个物件都能够提供关于自身或者与其相关联的对象的数据，并且能够将这些数据进行通信。这样一来每个物件都具备了数据获取、数据处理及数据通信能力，从而构建由大量的智慧物件组成的网络，在智慧物件网络的基础上，所有的物品信息均可联通，组成物联网。这样企业就有了"感知智慧"，能够及时、准确、详细地获取关于库存、生产、市场等所有相关信息，然后通过"规整智慧""发现智慧"找出其中的问题、机会和风险，再由"创新智慧"及时地做出正确的决策，尽快生产出满足市场需求的产品，从而实现企业的最大效益。

4. 智慧物流的实施步骤

第一步，完善基础功能。提高既有资源的整合和设施的综合利用水平，加强物流基础设施在规划上的宏观协调和功能整合，使物流基础设施的空间布局更合理、功能更完善。逐步提高各种运输服务方式对物流基础设施的支持能力、经营与网络化服务能力及信息化水平。

第二步，开发智慧物流模块。智慧物流系统设计可以采取模块设计方法，即先将系统分解成多个部分，逐一设计，最后再根据最优化原则将其组合成为一个满意的系统。在智慧物流感知记忆功能方面，智慧物流模块包括基本信息维护模块、订单接收模块、运输跟踪模块、库存管理模块。在智慧物流的规整发现功能方面，主要是调度模块，这是业务流程的核心模块。通过向用户提供订单按照关键项排序、归类和汇总，详细的运输工具状态查询等智能支持，帮助完成订单的分理和调度单的制作。智慧物流的创新智慧主要表现在分析决策模块，系统提供了强大的报表分析功能，各级决策者可以看到他们各自关心的分析结果。系统智慧体现在技术工具层次上的集成、物流管理层次上的集成、供应链管理层次上的集成、物流系统同其他系统的集成，共同构成供应链一级的管理信息平台。

第三步，目标和方案的确立。智慧物流的建设目标包括构建多层次智慧物流网络体系，建设若干个智慧物流示范园区、示范工程、产业基地，引进一批智慧企业。智慧物流系统的建设步骤为：搭建物流基础设施平台，加强物流基础功能建设，开发一些主要的物流信息管理软件，完成服务共享的管理功能和辅助决策的增值服务功能，进一步完善物流信息平台的网上交易功能。

第四步，发现智慧、规整智慧的实施创新和系统的实现。在利用传感器、RFID和智能设备自动处理货物信息，实现实时数据收集和透明化，各方能准确掌握货物、车辆和仓库等信息的基础上，通过数据挖掘和商业智能技术对信息进行筛选，提取信息的价值，找出其中的问题、机会和风险，从而实现系统的规整智慧和发现智慧。然后利用智能模拟器模型等手段，评估成本、时间、质量、服务、碳排放和其他标准，评估基于概率的风险，进行预测分析，并实现具有优化预测及决策支持的网络化规划、执行，从而实现系统的创新智慧和系统智慧。

10.2.5 智慧物流实施的瓶颈制约

1. 基础信息缺乏的制约

物流信息是物流系统的整体中枢神经，是物流系统变革的决定力量。在智慧物流系统中，必须对海量、多样、更新快速的信息进行收集、加工、处理，它们才能成为系统决策的依据。如果物流基础信息缺乏，智慧物流系统也就无从谈起。

2. 对智慧物流功能需求、市场需求不明确的制约

一个系统能否运行成功，就要看它所提供的功能是否能被系统参与使用者接受。因此，进行智慧物流系统的功能需求分析，就成为构建智慧物流系统的首要任务。

3. 传统物流企业发展现状层次较低的制约

首先，传统物流发展整体规划不足，基础平台相对薄弱，难以发挥物流资源的整合效应。其次，物流企业专业化、信息化程度较低，缺乏参与国际竞争的物流企业。最后，第三方物流功能较为单一，物流服务专业化程度不高。

4. 专门人才短缺的制约

物流是一个人才和技术密集型行业，智慧物流的实现更是需要专业的 IT 人才与熟知物流活动规律的经营人才的共同努力，物流人才的缺乏、从业人员素质不高势必会阻碍智慧物流的发展。

10.2.6 发展智慧物流的作用

智慧是对事物能迅速、灵活、正确地理解和解决的能力。由智慧的定义可以引申，智慧物流就是能迅速、灵活、正确地理解物流，运用科学的思路、方法和先进技术解决物流问题，创造更好的社会效益和经济效益，具体作用表现如下。

（1）降低物流成本，提高企业利润。

智慧物流能大大降低制造业、物流业等各行业的成本，实打实地提高企业的利润，生产商、批发商、零售商三方通过智慧物流相互协作、信息共享，物流企业便能更节省成本。其关键技术诸如物体标识及标识追踪、无线定位等新型信息技术的应用，能够有效实现物流的智能调度管理，整合物流核心业务流程，加强物流管理的合理化，降低物流消耗，从而降低物流成本、减少流通费用、增加利润，进而改善备受诟病的物流成本居高不下的现状，并且能够提升物流业的规模、内涵和功能，促进物流行业的转型升级。

（2）加速物流产业的发展，成为物流业的信息技术支撑。

智慧物流的建设，将加速当地物流产业的发展，集仓储、运输、配送、信息服务等多功能于一体，打破行业限制，协调部门利益，实现集约化高效经营，优化社会物流资源配置。同时，将物流企业整合在一起，将过去分散于多处的物流资源进行集中管理，发挥整体优势和规模优势，实现传统物流企业的现代化、专业化。此外，这些企业还可以共享基础设施、配套服务和信息，降低运营成本和费用支出，获得规模效益。

智慧物流概念的提出对现实中局部的、零散的物流智能网络技术的应用有了一种系统的提升，契合了现代物流的智能化、自动化、网络化、可视化、实时化的发展趋势，对物流业的影响将是全方位的，因为现代物流业最需要现代信息技术的支撑。

（3）为企业生产、采购和销售系统的智能融合打下基础。

RFID与传感器网络的普及、物与物的互联互通，将给企业的物流系统、生产系统、采购系统与销售系统的智能融合打下基础。网络的融合必将促进智慧生产与智慧供应链的融合，企业物流完全智慧地融入企业经营之中，打破工序、流程界限，打造智慧企业。

（4）使消费者节约成本，轻松、放心购物。

智慧物流通过提供货物源头自助查询和跟踪等多种服务，尤其是对食品类货物的源头查询，能够让消费者买得放心、吃得放心。在增加消费者的购买信心的同时促进消费，最终对整体市场产生良性影响。

（5）提高政府部门工作效率，有助于政治体制改革。

智慧物流可全方位、全过程监管食品的生产、运输、销售，在大大减轻相关政府部门的工作压力的同时，使监管更彻底、更透明。通过计算机和网络技术的应用，政府部门的工作效率将大大提高，这有助于我国政治体制的改革，精简政府机构，裁汰冗员，从而削减政府开支。

（6）促进当地经济进一步发展，提升综合竞争力。

智慧物流集多种服务功能于一体，体现了现代经济运作特点的需求，即强调信息流与物质流快速、高效、通畅地运转，从而降低社会成本，提高生产效率，整合社会资源。

智慧物流的建设，在物资辐射及集散能力上同邻近地区的现代化物流配送体系相衔接，全方位打开企业的对外通道，以产业升级带动城市经济发展，推动当地经济的发展。物流中心的建设，将增加城市整体服务功能，提升城市服务水平，增强竞争力，从而有利于商流、人流、资金流向物流中心所属地集中，形成良性互动，对当地社会经济的发展有较大的促进作用。

课后习题

1. 冷链起源于19世纪上半叶_____的发明。
2. 冷链物流是由冷冻加工、冷冻贮藏、_____、冷冻销售四个方面构成的。
3. 冷冻销售包括各种冷链食品进入批发零售环节的冷冻贮藏和销售，它由生产厂家、批发商和_____共同完成。
4. 与一般的食品物流相比，冷链物流效率_____，成本_____。
5. 冷链物流的关键技术支撑要素包括哪些？
6. 运用智能的模拟器模型等手段分析物流问题，根据问题提出假设，并在实践过程中不断验证问题，发现新问题，做到理论与实践相结合，是智慧物流基本功能中的_____功能。

7. 按照服务对象和服务范围划分,智慧物流体系可以分为企业智慧物流、_____、国家智慧物流三个层次。

8. _____是区域物流活动的神经中枢。

9. _____是智慧物流系统的基础。

10. 智慧物流的实施模式主要有第三方物流企业运营模式、_____、大型制造企业模式。

11. 智慧物流实施的瓶颈制约有哪些?

参考文献

[1] 董千里,等. 物流运作管理[M]. 2版. 北京:北京大学出版社,2015.

第 11 章

新需求影响下的物流

11.1 电子商务

11.1.1 电子商务的概念及其基本运作程序

1. 电子商务的概念

1997 年 11 月在法国举行的国际商会世界电子商务会议给出了电子商务（electronic commerce，EC）最有权威的概念阐述：电子商务是指整个贸易活动实现电子化。其内容包含两个方面：一是电子方式，二是商贸活动。电子商务指的是利用简单、快捷、低成本的电子通信方式，买卖双方不见面即可进行各种商贸活动。

2. 电子商务的基本运作程序

电子商务就是指借助互联网，如利用电子邮件（E-mail）、电子数据交换（EDI）、电子资金转账（electronic funds transfer，EFT）等，进行的各项商务活动。

电子商务的核心内容是商品交易，而商品交易涉及四个方面：商品所有权的转移、货币的支付、有关信息的获取与应用、商品实体本身的转交，即商流、资金流、信息流、物流。其中，商流是指商品在购、销之间进行交易和商品所有权转移的运动过程，具体是指商品交易的一系列活动；资金流主要是指资金的转移过程，包括付款、转账等过程；信息流既包括商品信息的提供、促销行销、技术支持、售后服务等内容，也包括诸如询价单、报价单、付款通知单、转账通知单等商业贸易单据，还包括交易方的支付能力、支付信誉等。电子商务的基本运作流程可简要表述如下。

第一步，企业将商品信息通过网络展示给客户，客户通过浏览器访问网络，选择需要购买的商品，并填写订单。

第二步，厂方通过订单确认客户，告知收费方法，同时通知应用系统组织货源程序。

第三步，客户通过电子结算与金融部门相互执行资金转移。

第四步，金融部门通过电子邮件（或其他方式）通知买卖双方资金转移的结果。

第五步，厂方组织货物，并送到客户手中。

在上述电子商务的实际流程中，电子商务集信息流、商流、资金流、物流于一体，是整个贸易的交易过程。

11.1.2 电子商务与物流的关系

近年来，人们越来越认识到物流在电子商务活动中的重要地位，认识到现代化的物流是电子商务活动中不可缺少的部分。"成也物流、败也物流"就是用来形容电子商务与物流的关系的。可以说，电子商务是信息传播的保证，而物流是执行的保证，没有物流的电子商务只能是一张空头支票。有些网上商店由于解决不了物流问题，只好告诉购买者送货必须在一定的范围内，电子商务的跨地域优势就一点也没有了。

电子商务的概念最初是由美国IT厂商定义提出的，基本定位在"无线贸易"概念上，其中电子化对象主要是针对信息流、商流和资金流，并没有提到物流。这是因为美国在定义电子商务之初，就有强大的现代化物流作为支持，只需将电子商务与其进行对接即可，而并非电子商务过程不需要物流的电子化。

物流转型升级是电子商务理论融于物流服务过程的重要内容，缺少了互联网、网上支付、网下配送的一体化物流过程，电子商务过程就不完整。物流作为电子商务过程中的基本要素，需要网络和物理方式的联合操作，现代化技术和信息可对物流进行控制和完善。

在电子商务下，消费者上网完成了商品所有权的转移过程，但电子商务的活动并未结束，只有商品和服务真正转移到消费者手中，商务活动才告终结。对于少数商品和服务来说，可以直接通过网络传输的方式进行配送；而对于多数商品和服务来说，物流仍要经由物理方式传输。所以，在整个电子商务的交易过程中，物流实际上是以商流的后续者和服务者的姿态出现的。否则任何轻松的商流活动都仍会退化为一纸空文。

1. 电子商务物流的概念和特点

电子商务物流就是在电子商务的条件下，依靠计算机技术、互联网技术、电子商务技术及信息技术等所进行的物流活动。基于电商物流是为电子商务活动服务的特性，它在多个方面与传统的物流模式有所不同。

（1）服务理念不同。传统的物流业的主要服务对象是企业，更加关注物流成本的降低；而在电子商务活动中，电商物流可能是唯一与用户尤其是个人用户接触的一方，很大程度上影响着客户体验，所以，除了对物流成本的关注外，电商物流更需要以客户为中心，进一步提高服务水平。

（2）配送体系不同。传统物流业主要服务对象是企业，配送网络具有很强的地域性；而电商物流所面对的用户具有地理位置上的广布性，需要建立规模更加庞大的网状配送网络。

（3）技术支持不同。相比传统物流业，电商物流对信息技术的要求更高、信息化程度更高、更容易做出迅速反应。

2. 电子商务物流运营模式

电子商务企业为了完成电子商务环境下的物流活动，可以采用不同的电子商务物流运营模式，归纳起来主要包含以下四种。

1）轻公司轻资产模式（外包模式）

轻公司是指电子商务企业做自己最擅长的（如平台、数据），而把其他业务（如生产、物流）都外包给第三方的专业企业去做，最终是把公司做小，把客户群体做大。

电商物流中的轻公司轻资产模式，即电商企业着重在于管理好业务数据，管理好物流信息，而租赁物流中心的地盘，并把配送环节全部外包。这是传统电商企业的传统运作模式，也就是说，电商企业真正实现"归核化"和"服务外包"。典型的电商企业有当当网、国美电器。

2）垂直一体化模式

垂直一体化，也叫作纵向一体化，即从配送中心到运输队伍，全部由电商企业自己整体建设，这是完全相反于轻公司轻资产模式的物流模式。它将大量的资金用于物流队伍、运输车队、仓储体系建设。典型企业有京东商城、苏宁电器等。

垂直一体化模式，改变了传统电子商务企业过于注重平台运营而轻视物流配送的状况，将较多的资金和精力转投物流体系建设，希望以在物流方面的优势加大在电商业务上的竞争力。

3）半外包模式

相对于垂直一体化的过于复杂和庞大，半外包是比较经济而且相对可控的模式，它也被称为半一体化模式，即电商企业自建物流中心和掌控核心区域物流队伍，而将非核心区物流业务进行外包。典型有的有卓越亚马逊（2011年10月亚马逊正式宣布将"卓越亚马逊"改名为"亚马逊中国"，并启动短域名z.cn）和1号店。

卓越亚马逊是国内电子商务企业中最早注意到物流重要性的企业，并最早建立物流仓储中心。早前，卓越已在北京、苏州、广州、成都等地建立了物流仓储中心。对于核心地区——北京、上海、广州等地，卓越由自己的配送企业世纪卓越快递负责送货，二、三线城市的货物则外包给第三方。

4）云物流云仓储模式

借鉴云计算、云制造等概念，云物流模式，顾名思义，就是指充分利用分散、不均的物济资源，通过某种体系、标准和平台进行整合，为我所用、节约资源。相关的概念还有云快递、云仓储。典型的电商企业是阿里巴巴，包括旗下的淘宝商城，淘宝网。

3. 电子商务给物流业带来的变化

由于电子商务与物流间的密切关系，电子商务这场革命必然对物流产生极大影响。这个影响是全方位的，从物流业的地位到物流组织模式，再到物流各作业、功能环节，都将在电子商务的影响下发生巨大变化。

1）物流业的地位大大提高

电子商务是一次高科技和信息化的革命。它把商务、广告、订货、购买、支付、认证等实物和事务处理虚拟化、信息化，使它们变成脱离实体而能在计算机网络上处理的信息，又将信息处理电子化，强化了信息处理，弱化了实体处理。这必然导致产业大重组，原有的一些行业、企业将逐渐压缩乃至消亡，另一些行业、企业将扩大或产生。

物流企业的作用会越来越强化，因为在电子商务环境下物流企业必须承担更重要的任务，物流企业既是生产企业的仓库，又是用户的实物供应者。物流企业成为代表所有生产企业及供应商面对用户的唯一最集中、最广泛的实物供应者。物流业成为社会生产链条的领导者和协调者，为社会提供全方位的物流服务。可见电子商务把物流业提升到了前所未有的高度，为其提供了空前的发展机遇。

2）供应链的变化

实体分销渠道更加简洁。现代电子商务缩短了生产厂家与最终用户在供应链上的距离，改变了传统市场的结构。企业可以通过自己的网站绕过传统的经销商而与客户直接沟通。虽然目前很多非生产企业的商业网站继续充当着传统经销商的角色，但由于它们与生产企业和消费者都直接互联，只是一个虚拟的信息和组织中介，不需要设置多层实体分销网络（包括人员与店铺设施），也不需要存货，因此必然降低了流通成本，缩短了流通时间，使供应链的距离也大大缩短了。

供应链中货物流动方向由"推动式"变成"拉动式"。在电子商务环境下，供应链实现了一体化，供应商与零售商、消费者通过互联网连在了一起，供应商通过 POS、EOS 等手段，可以及时且准确地掌握产品销售信息和顾客信息。此时存货管理采用反应方法，按所获信息组织产品生产和对零售商供货，存货的流动变成"拉动式"，实现销售方面的零库存。

3）第三方物流成为物流业的主要组织形式

第三方物流是指由物流劳务的供方、需方之外的第三方完成物流服务的物流运作方式。鉴于目前第三方物流在实践中的成功发展，有人预言它将是电子商务时代物流业方面最大的变化。第三方物流将在电子商务环境下取得极大发展。

电子商务的跨时域性与跨区域性，要求其物流活动也具有跨区域或国际化特征。电子商务按其交易对象可分为 B2C 和 B2B。在 B2C 形式下，例如，A 国的消费者在 B 国的网上商店用国际通用的信用卡购买了商品，若要将商品送到消费者手里，对于小件商品（如图书），可以通过邮购，对于大件商品，则是由速递公司完成交货。目前这些流通费用一般均由消费者承担，对于零散用户而言，流通费用显然过高。如果在各国成立境外分公司和配送中心，利用第三方物流，由用户所在国的配送中心将货物送到用户手里，则可大大降低流通费用，提高流通速度。在 B2B 形式下，大宗物品的跨国运输是极为复杂的，如果有第三方物流公司能提供一票到底、"门到门"的服务，则可大大简化交易，减少货物周转环节，降低物流费用。并且，网上商店一般都是新建的企业，基本没有能力投资建设自己的全球配送网络，甚至全国配送网络都无法建成，所以它们对第三方物流的迫切需求是很容易理解的。

电子商务时代的物流重组需要第三方物流的发展。在电子商务时代，物流业的地位将大大提高，而未来物流企业的形式就是以现在的第三方物流公司作为雏形的，第三方物流将发展成为整个社会生产企业和消费者的第三方。

4. 电子商务对物流各功能环境的影响

1）对物流网络的影响

下面将从两个方面探讨电子商务对物流网络的影响：一方面是与信息直接相关的物

流网络；另一方面是实际的物流网络。

物流的网络信息化。物流的网络信息化是物流信息化的必然，是电子商务环境下物流活动的主要特征之一。当今世界互联网等全球网络资源的可用性及网络技术的普及为物流的网络信息化提供了良好的外部环境。

网络信息化主要指以下两种情况：一是物流配送系统的计算机通信网络，物流配送中心与供应商或制造商的联系要通过计算机通信网络，另外与下游顾客之间的联系也要通过计算机通信网络；二是组织的网络，即内联网。

实体物流网络的变化。物流网络可划分成线路和节点两部分，二者相互交织连接，就成了物流网络。电子商务会使物流网络产生哪些变化呢？

第一，库存数目将减少，库存集中化。配送与准时制生产方式（JIT）的运用已使某些企业实现了零库存生产，将来由于物流业会成为制造业的仓库与用户的实物供应者，工厂、商场等都会实现零库存，自然也不会再设仓库了。配送中心的库存将取代社会上千家万户的零散库存。

第二，将来物流节点的主要形式是配送中心。根据现在仓库的专业分工将其分为两种类型，一类是以长期储存为主要功能的"保管仓库"，另一类是以货物的流转为主要功能的"流通仓库"。在未来的电子商务环境下，物流管理以时间为基础，货物流转更快，制造业都实现零库存，仓库为第三方物流企业所经营，这些都决定了"保管仓库"的进一步减少，而"流通仓库"将发展为配送中心。

第三，综合物流中心将与大型配送中心合二为一。物流中心被认为是各种不同运输方式的货站、货场、仓库、转运站等演变和进化而成的一种物流节点，其主要功能是衔接不同的运输方式。综合物流中心一般设于大城市，数目极少，主要衔接铁路与公路运输。配送中心是集集货、分货、集散和流通加工等功能于一体的物流节点。结合运输考虑，物流中心与配送中心都处于运输的衔接点，都具有强大的货物集散功能，因此综合物流中心与大型配送中心很可能合二为一。

目前在实践中，城市综合物流中心的筹建已经开始，它是上述变化的一个具体体现。城市综合物流中心将铁路货运站、铁路编组站和公路货运站、配送、仓储、信息设施集约在一起，既可以减少必须经过大规模编组站进行编组的铁路运输方式，实现各城市综合物流中心之间的直达货物列车运行，又可以利用公路运输实现货物的集散，还可以实现配送中心的公用化、社会化，并使库存集中化。物流中心已成为城市功能的有机组成部分，一般来说，其选址应处于市区边缘和交通枢纽节点。

2）对运输的影响

在电子商务环境下传统运输的原理并没有改变，但运输组织形式受其影响，有可能发生较大变化。

第一，运输分为一次运输和二次运输。物流网络由物流节点和运输线路共同组成，节点决定着线路。在传统经济模式下，各个仓库位置分散，物流的集中程度比较低，这使得运输也很分散，像铁路这种运量较大、较集中的运输方式，为集中运量，不得不采取编组而非直达的方式（只有煤炭等几种大宗货物才可以采用直达方式）。

在电子商务环境下，库存集中起来，而库存集中必然导致运输集中，随着城市综合物流中心的建成，公路货站、铁路货站、铁路编组站被集约在一起，物流中心的物流量足够大，可以实现大规模的城市之间的铁路直达运输，运输也就被划分成一次运输与二次运输。一次运输是指综合物流中心之间的运输，二次运输是指综合物流中心辐射范围内的运输。一次运输主要运用铁路运输，因为运输费率低，直达方式又使速度大大提高。二次运输用来完成配送任务，它由当地的运输组织（即运输组织的人员、运输范围、服务对象都在当地区域范围内）完成。

第二，多式联运大发展。在电子商务环境下多式联运将得到大发展，这是由以下原因所导致的。

一是电子商务技术，尤其是外联网使企业联盟更加容易实现，而运输企业之间通过联盟，可扩大多式联运经营。

二是多式联运方式为托运人提供了"一票到底""门到门"的服务方式，因为电子商务的本质特征之一就是简化交易过程，提高交易效率。在未来电子商务环境下，多式联运与其说是一种运输方式，不如说是一种组织方式或服务方式，它很可能成为运输所提供的首选服务方式。

第三，物流信息的变化。物流信息在将来会变得十分重要，将成为物流管理的依据。

一是信息流由闭环变为开环。原来的信息管理以物流企业的运输、保管、装卸、包装等功能环节为对象，以自身企业的物流管理为中心，与外界信息交换很少，是一种闭环管理模式。现在和未来的物流企业注重供应链管理，以顾客服务为中心，通过加强企业间的合作，把产品生产、采购、库存、运输配送、产品销售等环节集成起来，将生产企业、配送中心（物流中心）、分销商（零售点）网络等经营过程的各方面纳入一个紧密的供应链。此时，信息就不只是在物流企业内闭环流动，信息的快速流动、交换和共享成为信息管理的新特征。

二是信息诸模块功能发生变化。在电子商务环境下现代物流技术的应用，使得传统物流管理信息系统的某些模块的功能发生变化。

采购模块方面，在电子商务环境下，采购的范围扩大到全世界，可以利用网上产品目录和供应商供货清单生成需求与购货需求文档。

运输模块方面，利用 GIS、GPS 和 RF 等技术，运输更加合理、路线更短、载货更多，而且运输由不可见变为可见。

仓库模块方面，条形码技术的使用使企业可以快速、准确、可靠地采集信息，这极大地提高了产品流通的效率，而且提高了库存管理的及时性和准确性。

发货模块方面，原先一个公司的各仓库管理系统互不联系，从而造成大量交叉运输、脱销及积压。在电子商务环境下，各个仓库管理系统实现了信息共享，发货由公司中央仓库统筹规划，可以消除上述缺点。发货的同时发送相关运输文件，收货人可以随时查询发货情况。

3）对采购的影响

传统的采购极其复杂，采购员要完成寻找合适的供应商、检验产品、下订单、接取发货通知单和货物发票等一系列复杂烦琐的工作，而在电子商务环境下，企业的采购过程会变得简单、顺畅。近年来，国际上一些大公司已在专用网络上使用 EDI，以降低采购过程中的劳务、印刷和邮寄等费用。通常，公司可由此节约5%～10%的采购成本。

互联网与之相比可进一步降低采购成本。与专用增值网相比，大公司都能从互联网的更低传输成本中获得更多收益。互联网也为中小型企业打开了一扇大门，通过互联网采购，它们可以接触到更大范围的供应厂商，因而也就产生了更为激烈的竞争，降低了采购成本。

4）对配送的影响

配送在其发展初期，主要是以促销手段的职能发挥作用。据有关学者研究，供大于求的买方市场格局才是推行和发展配送的适宜环境。这说明在电子商务产生之前，配送存在的根本原因是为了促销。配送建立在这样的层次上，地位并不高，发展也不快。

在电子商务时代，B2C的物流支持都要靠配送来提供，B2B的物流业务会逐渐外包给第三方物流，其供货方式也是配送。没有配送，电子商务物流就无法实现，电子商务也就无法实现，电子商务的命运与配送快递业连在一起。同时，电子商务使制造业与零售业实现零库存，实际上是把库存转移给了配送中心，因此配送中心成为整个社会的仓库。由此可见，配送快递业的地位大大提高了。

实际上，对于电子商务交易方式本身来说，买方通过轻松单击完成购买，卖方势必要把货物配送到家，否则买方选择这种交易方式就没有意义。所以，从某种程度上说，电子商务时代的物流方式就是配送方式。

物流、商流和信息流是"三流分立"的，而信息化、社会化和现代化的物流配送中心把三者有机地结合在一起。从事配送业务离不开"三流"，其中信息流最为重要。实际上，商流和物流都是在信息流的指令下运作的。畅通、准确、及时的信息才能从根本上保证商流和物流的高质量与高效率。

11.2 供应链金融

11.2.1 物流金融概述

现代物流发展离不开金融服务的支持，我国经济的高速发展及政策的逐步开放，使物流金融逐渐成为我国经济发展的必要成分。银行作为金融业的重要组成部分，从物流角度支持企业，对于支持企业融资、控制银行风险，以及推动经济增长都具有非常积极的意义。但与物流业的发展速度相比，目前我国金融服务体系明显滞后。由于传统银行体制的原因，金融业对物流业发展的需求重视不足；管理者对物流业的资金监督不够；金融手段落后，不能跟上物流发展的需要。尽管当前国内金融服务发展较慢，在一定程度上影响了现代物流的发展，但回首物流业近几年的发展，成绩斐然，其中一个重要原因是物流业与金融业之间建立起了一种能为双方理解并便于沟通的较为融洽的关系和运作体制。随着物流业的发展和金融体制改革的不断创新，双方还需要在更高层次上以一种更新的理念构建更加顺畅的合作关系和更高效的运行机制以取得良好的互动效果。

1. 物流金融服务产生的背景

1）第三方物流服务的革命

现代物流服务正在发生巨大的变革，物流管理从物的管理提升到物的附加值方案的管理，更加强调对资源的整合作用。物流金融不但能提高第三方物流企业的服务能力、经营利润，而且可以协助企业拓展融资渠道，降低融资成本，提高资本的使用效率。物流金融服务将开国内物流业界之先河，是第三方物流服务的一次革命。

2）中小企业融资困境

在国内由于中小企业存在信用体系不健全的问题，所以其融资渠道贫乏，生产营运的发展资金压力大。物流金融服务的提出，可以有效支持中小企业的融资活动。

3）供应链管理的发展

现代企业为了应对快速变化的市场，提高自身的竞争力，开始走向"横向一体化"的供应链管理模式，企业的竞争模式也从传统的单个企业竞争向供应链的竞争迈进。供应链管理强调附加值的提升和"共赢"的目标。物流金融可以使各参与方共同获利，提高企业一体化服务水平、企业的竞争能力、企业的业务规模，增加高附加值的服务能力，扩大企业的经营利润。

4）金融机构创新意识增强

当前，金融机构面临的市场竞争越来越激烈，为在竞争中获取优势，金融机构不断进行业务创新，这也促使了物流金融的诞生。金融机构可以帮助银行吸引和稳定客户，扩大银行的经营规模，增强银行的竞争能力；可以协助银行解决在质押贷款业务中面临的物流瓶颈——质押物仓储与监管；可以协助银行解决在质押贷款业务中银行面临的质押物评估、资产处理等服务。

2. 物流金融服务的含义

1）物流金融服务的定义

物流金融服务是指物流企业与金融机构联合为企业的物流和供应链的运作提供物流及金融的一体化服务，以及物流企业为金融机构提供服务和金融机构为物流企业提供服务（图11-1）。物流金融服务的职能包括物流与金融两大类。物流服务为采购、配送、加

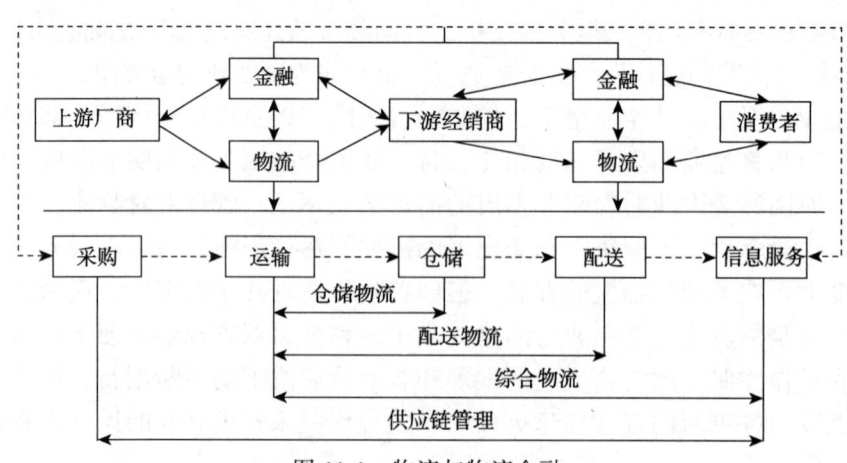

图11-1 物流与物流金融

工、运输、装卸、信息服务、监管和物流解决方案,金融服务为结算服务、融资服务、物流保险、供应链的风险管理服务及这些服务的配套服务。物流企业为金融机构提供的服务主要是在融资业务中对质押物的监管,有助于降低银行风险;金融机构为物流企业提供的服务主要为物流保险。金融服务贯穿于物流与供应链运作,所以物流企业与金融机构联合为企业提供物流和金融的繁荣一体化服务,有利于企业供应链的"三流"整合和风险管理。

物流金融服务的定义有广义与狭义之分。广义的物流金融服务就是面向物流业的运营过程,通过应用和开发各种金融产品,有效地组织和调剂物流领域中资金的运动。这些资金运动包括发生在物流过程中的各种存款、贷款、投资、信托、租赁、抵押、贴现、保险、有价证券发行与交易,以及金融机构所办理的各类涉及物流业的中间业务等。狭义的物流金融服务可以定义为:物流金融服务是指物流供应商基于专业化的物流服务和信息平台向客户提供的流动资产融资服务,这类服务往往需要金融机构的参与。

2)物流金融服务的原理

在企业生产、流通、消费的整个供应链过程中,从原材料生产、采购到产品生产加工、仓储运输、配送和批发、零售等一系列环节,都存在大量的库存活动,占用企业大量的流动资金。物流金融服务就是以在企业生产、流通和消费的整个供应链过程中产生的库存为质押物,向金融机构或物流企业融资,然后在其后续生产经营中或质押物销售中还贷。

利用企业流动资产作为质押物进行融资,放款人就需要了解企业的资信状况,还需要了解质押物的规格型号、质量、原价和净值、销售区域、承销商等情况,需要对质押物进行实时监管,这对传统的金融机构而言,将面临很高的交易成本,尤其对中小企业来说,不但贷款数量少、笔数多,而且金融机构没有其信用记录,更是增加了流动资产质押服务的成本,金融机构是不可能单独开展流动资产质押业务的。但是,第三方物流企业通过物流管理和配送管理可以掌握库存的变动情况,掌握充分的客户信息,对库存物品的规格型号、质量、原价和净值、销售区域、承销商等情况都非常了解,由物流供应商作为物流金融服务的直接提供者,进行流动资产质押业务是可行的。物流企业在提供物流金融服务时,往往与金融机构合作,由金融机构提供融通资金,由物流企业负责对质押物进行监管,这不仅可以减少客户交易成本,对金融机构而言也降低了信息不对称产生的风险,成为连接客户与金融机构的桥梁。

3. 物流金融服务的效用

第三方物流企业开展金融服务不但有利于中小企业融资和银行金融服务的创新,而且也提高了第三方物流企业的服务能力,推动其向更高层次发展。可以说,物流金融是一个"多赢"的合作。从整个社会流通的角度看,物流金融极大地提高了全社会生产流通的效率和规模。

1)有利于中小企业融资

传统的企业向银行贷款,一般是以厂房、机器设备、车辆等固定资产做抵押的,而物流金融能够拿流动资产做抵押。这些流动资产主要包括一些价值稳定、市场畅销的原材料、半成品、产成品等，如钢材、有色金属、棉纱、石油类、电器、陶瓷、家具等，只要是符合质押物标准的原材料或产品都可以抵押。对于缺乏固定资产抵押的中小企业来说，这无疑是对自身信用能力的整合和再造，原来达不到银行标准的中小企业，利用物流金融业务，将企业流动资产进行质押贷款，极大地提高自身的融资能力。物流金融是企业融资方式的变革，对于破解中小企业的融资瓶颈具有重要意义。

2）有利于企业盘活沉淀

物流可以帮助企业加速资金周转，提高经营能力和利润。利用物流金融融资，企业能够把动产都盘活起来。原来拿来购买原材料的钱，经生产产品并卖出去后才能变成现金；但现在，原材料买回来后通过融资在仓库中就立刻变成现金。如果把这笔现金再拿出去做其他的流动用途，便能增加现金的周转率，这对企业生产有很大的推动作用。

同时，在货物融资抵押方面，厂方发给经销商的货物，其运输过程整个都被质押，这样物流企业、厂方、银行、经销商这几方面都有效地结合起来，形成动态的质押方式，等于"流动银行"。举个例子，一家小型商贸 A 企业，在 21 天的销售周期内销售 75 万元的商品，采用物流金融融资模式后，用 60 万元作为保证金开出 20 万元的银行承兑汇票向厂商购买商品，厂商将商品发至银行指定的物流公司在 A 企业所在城市的仓库，并由物流公司负责质押监管。A 企业在银行存入 15 万元的补充保证金后，银行计算发货量，当天通知物流公司将商品发至 A 公司进行销售。如此，A 企业用 37 天便完成了按原销售模式约需 56 天才能达到的 20 万元销售规模，销售额增长了近 50%。

3）有利于第三方物流企业扩展新的利润增长点

目前，第三方物流企业数量众多，素质参差不齐，众多企业切分物流蛋糕，致使物流市场竞争异常激烈。据统计，传统的运输、仓储和其他物流服务平均利润下降到只有 2%左右，已没有进一步提高的可能性。因此，许多物流企业为了生存和发展，纷纷在物流活动中提供金融服务，扩展新的利润增长点，以提升竞争力。国际物流巨头美国联合包裹服务公司（UPS）将物流金融服务作为争取客户、增加企业利润的一项战略举措。UPS 中国董事总经理陈学淳先生说："未来的物流企业，谁能掌握金融服务，谁就能成为最终的胜利者。"中国城通集团下属的中储总公司从 1999 年起开展仓单质押业务，先后与中国工商银行、中国农业银行、中国建设银行、深圳发展银行等十几家金融机构合作，每年为客户提供数十亿元人民币的融资资源。

4）给银行带来新的业务和利润空间

当前我国的贷款资产质量不高，呆坏账比例居高不下。如何提高贷款质量、控制贷款风险、发展新的业务成为银行关注的首要问题。中小企业具有巨大的融资市场，但由于中小企业信用度不高，达不到银行的贷款标准，银行贷款不可能满足中小企业的融资需求。物流金融可将企业的流动资产进行抵押，又有第三方物流企业提供担保，可切实保证银行的资金安全，降低贷款的风险，物流金融融资业务将成为银行新的利润源泉。例如，2004 年 6 月，广东发展银行推出物流银行业务，半年时间运作金额就突破了 40 亿元，显示了强劲的发展势头。

11.2.2 物流金融运作模式

根据金融机构对物流金融业务的参与程度,把物流金融运作模式分为资产流通模式、资本流通模式和综合运作模式。资产流通模式是第三方物流企业利用自身综合实力独立为客户提供物流金融服务的模式,这种模式一般没有金融机构的参与;资本流通模式是第三方物流企业与金融机构(如银行)合作共同提供物流金融服务的模式;综合运作模式是资产流通模式和资本流通模式的结合,是第三方物流企业与金融机构高度配合,提供专业化物流服务的模式。

1. 资产流通模式

资产流通模式是指第三方物流企业利用自身的综合实力、良好的信誉,通过资产运营方式,间接为客户提供融资、物流、流通加工等集成服务。在这种模式中,一般没有金融机构的参与。这种模式对第三方物流企业的要求较高,第三方物流企业必须有较强的资本实力、人才队伍、信息支持系统和先进的现代管理技术。资产流通模式一般可以分为垫付货款和代收货款两种模式。

1)垫付货款模式

在垫付货款模式中,发货人、提货人和第三方物流供应商签订协议,第三方物流供应商在提供物流服务的同时,为提货人的采购活动垫付货款,同时发货人应无条件地承担回购义务。垫付货款模式的操作流程是:发货人委托第三方物流供应商送货,第三方物流供应商垫付扣除物流费用的部分或者全部货款,第三方物流供应商向提货人交货,根据发货人的委托同时向提货人收取发货人的应收账款,最后第三方物流供应商与发货人结清货款(图11-2)。这样一来既可以消除发货人资金积压的困扰,又可以让两头放心。对第三方物流供应商而言,其盈利点是将客户与自己的利害连在一起,"你中有我,我中有你",客户群的基础越来越稳固。

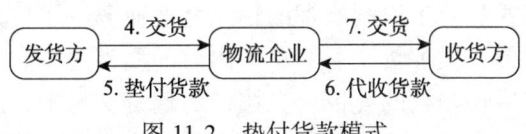

图11-2 垫付货款模式

垫付货款模式实质上是一种替代采购模式。在实际运作时,物流公司可以在向发货人垫付货款时获得货品所有权,然后根据提货人提供货款的比例释放货品。这种模式对于只有一家供应商面对众多中小型采购商的情形时优势更加明显,第三方物流供应商不仅起到为中小型企业提供间接融资的功能,还可以成为中小型采购商的采购中心,起到降低成本的效果。

2)代收货款模式

不同于垫付货款模式,代收货款模式是第三方物流供应商先向发货人提货,然后在向提货人送货时代替发货人收取货款,最后由物流企业和发货人结算(图11-3)。代收货款模式已经在发达地区的邮政系统和很多中小型第三方物流供应商中广泛开展。在代收货款模式中,发货人与第三方物流供应商签订协议,第三方物流供应商在每日向用户送货上门的同时根据合同代收货款，每周或每月第三方物流供应商与发货人结清货款。第三方物流供应商代收的资金在交付前有一个沉淀期。在资金的这个沉淀期内，第三方物流供应商相当于获得了一笔不用付息的资金，物流供应商可以将这笔资金进行资本运作，使其增值。在这里这笔资金不但充当了交换的支付功能，而且具有资本运动的含义，并且这种资本运动紧密服务于物流服务，这不但加快了客户的流动资金周转，有助于改善客户的财务状况，而且为客户节约了存货的持有成本。

图 11-3　代收货款模式

2. 资本流通模式

资本流通模式是指第三方物流企业利用自身与金融机构的良好合作关系，为客户与金融机构创造良好的合作平台，协助中小型企业向金融机构进行融资，提高企业运作效率。资本流通模式是最基本、最重要的业务模式，目前大多数研究和实践活动都是集中在这种模式上的。在这种模式中，第三方物流企业与银行合作搭建平台，消除信息不对称和企业信用体系不发达所造成的"融资"困境。资本流通模式主要有质押模式和信用担保模式两种。

1）质押模式

质押模式是借款企业以存放于物流企业仓库的货物，或者物流公司开出的代表货物所有权的仓单向银行提供质押物，银行根据质押物的价值向借款企业提供一定比例的贷款，物流企业为借贷双方提供货物监管、反担保、评估、资产处置等服务。根据质押物的不同，质押可以分为权利质押和流动货物质押两种模式。

第一，权利质押模式。基于权利质押的物流金融业务，主要是以代表物权的仓单或者类仓单（如质押入库单、质押货主通知单）出质的质押业务。仓单是由货物保管方向存货人开具的代表拥有货物物权的凭证。在统计的现货交易中，产品从产地到消费地，一般要经过收购、批发、中转、零售等环节。仓单的出现把货物流动转换成为单据的流动，不移动现货也能实现最终的销售目的，这就节省了大量的时间、人力、运杂费、装卸费、减少了商品损耗、迂回运输（二次运输）或重复运输等，大大节省了货物流通费用。由于标准仓单对待销售商品有严格的管理标准和质量要求，所以仓单流通也可以避免现货市场目前出现的上当受骗、质量纠纷、债务链深重和不合理运输等问题，使现货交易更为快捷、方便和安全，可大大提高现货交易的效率和大幅降低交易成本。另外，仓单流动是一种高层次的现货流通形式，由此也带动了资金的流通，通过等待卖出好价钱。厂商将产品交仓库制仓单后，如果觉得市场价格偏低，希望通过等待卖出好价钱，或者消费者购买仓单后，暂时还不想用于消费，则可以到银行办理仓单质押业务。国外认为这是现货抵押，间或出于投机而且有仓储企业的信誉担保，在抵押贷款期限内，如果有必要，银行有权凭仓单到仓库查验货物，仓单在贷款期限前必须赎回，否则到期后银行有权委托相关单位将仓单或货物进行拍卖。所以,仓单质押贷款不会形成银行的不良贷款资产业务,也就是说仓单具有良好的资金融通功能。

基于仓单质押的物流金融业务流程图如图11-4所示:有融资需求的企业提交申请,并同意遵守业务规则,由仓储企业协助银行对需要融资企业进行资质认证、审核,符合要求的企业与银行、仓储企业签订三方协议,协议规定服务内容、费用标准、各方的权利和义务等,签订协议后企业就可以开展质押业务;需要融资的企业将货物发运到仓库,由仓储企业对货物进行验收入库,并根据实际验收情况开具仓单;融资企业将仓单交给银行,银行根据市场价格并参考仓储企业的建议,确定质押市场价格,然后根据约定的比例(根据具体情况确定质押贷款的贷款比例)确定质押贷款额,并在约定时间内将资金打到融资企业在银行开立的账户;仓储企业根据协议要求对出质仓单所记载的仓储货物进行监管,在质押期间,仓储企业要定期检查质押物的状况,并与银行及时沟通,融资企业自主进行质押物的销售,销售的货款直接汇入银行看管的账户;融资企业全部或部分归还贷款,银行归还仓单或开具仓单分割提货单,融资企业凭仓单或仓单分割提货单提货。

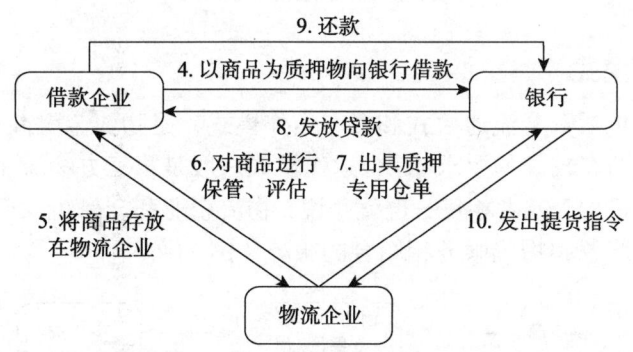

图 11-4 基于仓单质押的物流金融业务流程图

第二,流动货物质押模式。流动货物质押模式与仓单质押模式在性质上和操作方法、流程上是相同的,最大的不同是流动货物质押模式是以流动中心的货物为质押物的。从实际操作来看,基于流动货物质押模式的物质进入业务有两种类型。一种是对具体货物的实体进行的质押,类似于冻结。仓储企业替银行对相应货物进行特别监管(冻结),融资企业提货时应有银行的允许(解冻或部分解冻的指令)。另一种是在保持质押物的名称、质量、状况不变,同时数量不低于一定量的前提下,质押物可以相对动态流动,即在保持一定总量的前提下,货物可以正常出入库,相当于用相同的物品(相同名称、质量、状况、数量)替换标的物品。第一种质押业务对质押物的监管更为严格,保证了质押物的安全,但与此同时使得物资的流动性受到限制,对融资企业物资的销售过程不利;而第二种质押业务在对物资进行有效监控的同时,允许物资在总体平衡下保持动态流动状态,这样就有力地支持了融资企业的经营活动。然而,第二种质押业务需要仓储企业具有更高的管理水平和资信。

2）信用担保模式

信用担保模式不需要借款企业向银行提供相应的质押物，而是通过物流公司向银行进行信用担保再通过借款企业向物流公司反担保或质押物实现融资。信用担保模式（图 11-5）中最具有代表性和典型性的是统一授信模式，它是由物流公司按企业信用担保管理的有关规定和要求向金融机构提供信用担保，金融机构直接把贷款额度授权给物流公司，由物流公司根据借款企业的要求和条件进行质押贷款和最终结算。在此模式中，金融机构基本上不参与质押贷款项目的具体运作。物流公司在提供质押融资的同时还为借款企业寄存的货物提供仓储管理服务和监管服务。该模式有利于企业更加快捷地获得融资，减少原先贷款中的一些烦琐的环节；也有利于银行提高对质押贷款全过程的监控能力，更加灵活地开展质押贷款业务，优化质押贷款的业务流程和工作环节，节约监督和运营成本，降低贷款的风险。

图 11-5　信用担保模式

3. 综合运作模式

综合运作模式包括资金流通模式和资本运作模式，是物流金融高层次的运作模式，其对物流金融提供商有较高的要求。综合运作模式一般是第三方物流企业拥有自己全资、控股或参股的金融机构，或者相反，也就是说，物流企业和金融机构已经实现了一体化，专业化地提供金融服务和物流服务相结合的服务（图 11-6）。

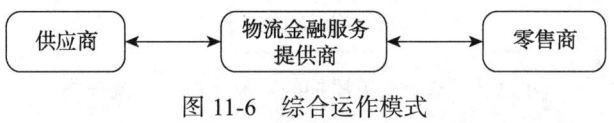

图 11-6　综合运作模式

例如，我们所熟悉的 UPS 公司，在 2001 年 5 月并购了美国第一国家银行（First National Bank），将其改造成 UPS 金融公司。UPS 金融公司推出包括开出信用证、兑付出口票据等在内国际型产品或服务。UPS 作为中间商在沃尔玛和东南亚数以万计的中小出口商之间斡旋，在两周内把货款打给出口商，其条件是揽下其出口清关、货运等业务和得到一笔可观的手续费，而拥有银行的 UPS 再和沃尔玛在美国进行一对一结算。

11.2.3　物流金融服务的运作

1. 物流金融服务的内容

1）物流融资与结算服务

物流融资服务是指企业将其所拥有的生产资料、存货商品等动产交给具有合法资格的物流企业保管，由银行、企业和专业物流公司三方或多方签订相关协议，银行依据动产或财产权利为借方企业提供所需短期贷款。该服务贯穿于企业物流中的采购、生产、加工、仓储、运输、装卸、配送和销售的整个过程。当企业物流中的某个环节出现资金缺口时，融资服务就可以解决融资问题。根据企业运营过程中的资金缺口周期以及融资质押物的不同，融资模式可以分为两大模式：第一，基于动产管理的融资模式，该模式具体的业务形式有仓单质押、动产抵押和质押和保税仓；第二，基于资金管理的融资模式，该模式的业务形式有应付账款管理。按照质押物所在供应链的环节，融资模式可分为保税仓融资、存货质押融资和应收账款质押融资。

物流结算服务是指物流企业在为客户服务的同时替客户付款或替客户收款，从而实现货物和资金的同步化。美国快递物流公司 UPS 是物流结算服务的典范。

2）保险服务

传统保险在物流领域中存在以下缺点：①各环节的投保相对独立，有悖于现代物流功能整合理念。②仅对部分环节进行承包，第三方物流保险存在真空。在传统保险体系下，保险公司并未提供包装、装卸搬运、流通加工、配送等诸多物流环节的保险服务，这就使得物流货物的保险出现真空。③制度设计与现代物流不配套，传统保险的高保费率和长期保险，与现代物流企业的准时制（JIT）和快速响应（QR）运行机制不相适应。

在物流业发达的欧美国家，物流综合保险已经被广泛接受。在我国，随着物流业的发展将形成物流综合责任险。保险公司应与物流公司进行合作，根据物流业的具体情况开发出适应现代物流的保险产品，实现物流公司经营风险的转移。

3）风险管理服务

可以从运营和财务的角度管理供应链风险。从财务角度，企业可以通过购买保险、修改供货合同条款和利用期货、期权、远期等衍生工具来降低风险。

（1）供应链部分的外生风险管理。外生风险是指由外部环境的不确定性对供应链系统产生的不利影响。外生风险一般不能通过供应链节点企业的努力加以消除，而只能利用警告系统进行预测和利用金融工具实现风险转移，属于不可控风险。衍生金融工具是在原生金融工具的基础上产生和发展起来的金融工具，风险规避是其最重要的功能。对于供应链中的利率、汇率和生产资料等外生风险，我们可以利用相应的衍生金融工具进行风险对冲来实现风险向供应链系统外部转移，从而控制这些风险在整个供应链中的蔓延。

（2）供应链部分的内生风险管理。内生风险是指由供应链系统本身原因产生的风险，可以通过供应链节点企业特别是核心企业的努力加以克服，或者在节点企业之间合理共担，以提高积极性，其属于可控风险。供应链内生风险主要来自供应链系统各个环节之间的关系，它由各环节之间潜在的互动博弈与合作造成。衍生工具是风险管理的一种有效工具，它是一种所有权契约，其价值依赖于另一个潜在变量。在供应链内生风险管理中，我们主要应用期权。期权赋予它的持有者以一个特定的价格、在特定的时间或之前买卖某种资产的权利，但没有义务。供应链合同条款的特征与期权有很多相似之处，回收条款、备份条款、弹性订货量等为类期权合同条款。

期权常应用于供应链节点中供应链双方的合作与交易。期权可以通过供给弹性、渠道协商、风险共享、信息共享等几个角度对供需双方的合作产生影响。研究表明，期权应用于供应链管理中可以促进企业之间的信息分享、风险分担、紧密合作和提高供应链应对环境变化的能力，从而降低供应链的内生风险。

2. 物流金融服务的风险

物流金融服务是一种新型的、具有多赢特性的物流和金融业务品种，但对于每一种业务模式而言，均是风险和收益并存的。只有充分认识、理解业务中的风险因素，才能在业务操作中有针对性地采取措施预防、控制风险，才能使业务健康有序地发展。

风险分析必须从风险产生的源头进行。从物流金融业务风险产生的来源来看，借款企业是物流金融业务的风险来源。虽然我们从银行参与物流金融服务的角度将物流金融业务分为资产流通模式、资本流通模式和综合运作模式，但是，从借款企业提供的质押物的角度看，物流金融业务的运作模式只有两种，即基于权利质押的物流金融业务模式和基于流动货物质押的物流金融业务模式。因此，本书为了方便分析，在分析物流金融业务的风险时，将物流金融业务从质押物的角度重新分为基于权利质押物的物流金融业务模式和基于流动货物质押物的物流金融业务模式两种。

从实际情况和现有业务模式看，物流金融业务的风险可分为两大类：共性风险和特性风险。共性风险是指每种业务模式都涉及的风险，分为欺诈类风险和业务操作类风险。欺诈风险主要包括客户资信（质押物合法性）风险、提单风险、内部欺诈风险；业务操作类风险包括质押物品种选取风险、市场变动风险、操作失误风险。特性风险主要是指权利质押中的仓单风险和控制存量模式中的存量（数量、质量）控制风险。

总体上说，以上各种风险都可以通过规范管理制度和采用新的管理工具（主要是指支持物流金融业务的管理信息系统）得以有效控制，使物流金融业务健康发展，使更多的企业从中得到帮助，促进企业的活跃与发展。下面就各种风险，以及预防、控制措施做出分析。

1）共性风险的预防及其控制措施

第一，客户资信（质押物合法性）风险。客户资信风险是贷款难的根源。在传统贷款业务中，由于中小型企业资信差，加上信息不对称和没有健全的信用评价体系，银行对于中小型企业出现"惜贷"现象，并且门槛很高、手续烦琐。对于物流金融业务而言，由于有实实在在的物品作为担保，所以对客户资信等级、偿债能力的考察相对简单一些，侧重考察企业的业务能力（市场销售能力、以往销售情况）即可，而对资信客户的考察重点是质押物的合法性，即融资企业应该具有相应的物权，避免有争议的、无法行使质权的或者通过走私等非法途径取得的物品成为质押物。

对客户资信的考察。由于物流企业对借款企业有着较长时间的业务合作关系，对企业的了解比较深入，对于客户资信就相对有了保障。尤其对于使用了信息管理系统的物流企业，它可以通过信息系统了解存货人的历史业务情况、信用情况，及时全面地掌握客户资信信息。

对于质押物合法性的检查。在对借款企业的资信进行考察的基础上，可以要求借款企业提供与质押物相关的单据（如购销合同、发票等），通过检查相关单据的真实性确认质押物的合法性。

第二，提单风险。提单风险是指物流企业开展业务时遇到的经常性风险。防止虚假提单造成损失是物流企业控制风险的重点，因此物流企业对控制此类风险积累了丰富的经验，形成了一套切实可行的办法。物流企业在办理各种出库业务时要根据预留的印鉴，进行验单、验证、验印，必要时还要与货主联系或者确认提货人身份。对于物流金融业务而言，除了进行上述一般的检验外，还应根据业务要求及时与银行联系，取得银行的确认与许可，同时物流企业还可以利用带密码的提单，在提货时进行密码确认，防止假提单的风险。

第三，内部欺诈风险。内部人员作案或者内外串通作案，会给企业带来很大的损失。防范此类风险除了管理制度、检查制度的完善和有效执行外，企业还应借助有效的管理监督手段。例如，采取计算机管理系统辅助业务操作，使业务操作流程化、透明化，保证业务活动可追溯，减少人为的随意性。

第四，质押物品种选取风险。质押物品种选取的恰当与否直接关系到物流金融业务的风险大小。为了控制风险，在确保特定物是动产的大前提下，质押物品种的选取主要以好卖、易放、投机性小为原则，即物品的市场需求量大而稳定，物品的市场流动性好、吞吐量大，物品的质量稳定，容易储存保管，物品的市场价格涨跌不大，相对稳定。

第五，市场变动风险。市场变动尤其是质押物的市场价格下跌，会造成质押物价值缩水。为控制此类风险，应在有关物流金融企业操作的协议中约定风险控制的办法。一般应在协议中约定当价格下跌至原价格评估值的一定比例（如30%）时，要求借款企业及时进行补货或还货，否则银行将对质押物进行处置（如拍卖）。

第六，操作失误风险。物流金融业务涉及物流企业和银行之间的相互协作配合，业务流程相对复杂，其中的操作风险包括物流企业或者银行内部操作失误的风险，以及物流企业与银行之间业务衔接操作失误的风险。要防止此类风险，就要求企业有健全的管理制度和先进的管理工具。例如，仓储企业根据各业务环节的功能重新设计业务流程，合理划分岗位，使得各岗位之间能够做到既相互衔接配合又相互监督检查，同时通过先进的计算机业务系统，不但保证了业务流程顺畅，还可以让各方及时、便捷地了解质押物进出库的情况和在库的状态。由此仓储企业就可凭借丰富的经验、完善的管理制度、优良的信誉及先进的信息系统减少不必要的失误、损失，控制风险。

2）特性风险的预防及其控制措施

第一，仓单风险。虽然仓单的应用已经拓展到现货交易、资金融通领域，但是由于仓单市场在中国刚刚兴起，其运作流通机制、对现货的期货市场及宏观经济的影响、仓单标准化及相关法律法规等方面都需要进一步研究和积累实践经验。所以由于惨淡的物流银行业务，仓单风险是最不确定和值得研究的问题。

仓单是保管人在与存货人签订的仓储合同的基础上，对存货人交付的仓储物进行验收入库而出具的收据。仓单不仅仅是仓储合同的证明和对货物出具的收据，它更是货物所有权的凭证。从此角度讲，仓单可与海运中的提单做类比。

提单的使用由来已久。早期的提单，无论是内容还是格式，都比较简单，而且其作用也较为单一，仅作为货物的交接凭证，只是表明货物已经装船的收据，随着国际贸易和海上货物运输的逐步发展，为了适应发展要求，提单的性质、作用和内容，特别是其中的背面条款都发生了巨大变化。为了促进提单的流转，明确承运人、托运人、收货人、银行、保险等各方面的权利与义务，国际上制定了统一的国际海上货物运输公约，有的国家虽未加入，但根据公约的这一基本精神，另行制定了相应的国内法，如我国的《中华人民共和国海商法》。提单的规范使用有效地促进了国际贸易的不断发展。

反过来看仓单，我国现行的法律对仓单内容、签发、分割、转让等没有明确的规定，可以参照的只有《中华人民共和国民法通则》和《中华人民共和国担保法》，而统一、合理的规则对仓单规范、安全、畅通的运作流通起着关键作用。因此，需要专门的法规对仓单的必要内容、签发、转让、分割、提货、效用、标准格式等进行明确、统一的要求，同时进一步明确保管人、货主各自对仓储物的权利和责任。

就像提单随着国际贸易和海上货物运输的逐步发展而不断完善一样，相信信息技术、互联网、电子商务的兴起和不断发展必将使仓单有更大的作用空间，促进有关仓单的法规进一步完善，有效地促进电子商务的发展。

从现阶段看，为了控制物流企业金融业务中的仓单风险，有的物流企业，特别是实力较强的企业根据本企业的自身情况和经验积累，制定出各自的仓单管理规范或者类仓单单据的管理规范，从企业着手控制风险，起到了一定效果。但不同的规范也给其他物流金融企业参与方尤其是银行带来了麻烦和一定程度的风险，影响了物资银行业务规模的进一步扩大。

第二，存量控制风险。流动货物质押业务中的控制存量下限的业务模式，需要按规定控制质押物的质量、数量。货物是流动的，有进库、有出库，因此要求物流企业不但要保证质押物的名称、规格型号、材质等属性，还要使质押物的库存数量保持在规定的额度内。否则，如果不能控制物品存量，或者物品出库时没有避免提好补坏、以次充好的现象发生，这将给整个业务带来很大的风险，影响物流金融业务的进行。

物流企业开展此类业务时要对仓储物的存量下限进行严格控制。当仓储物的存量达到规定限度时要有应对措施，如警告、冻结。随着物流金融业务的开展，业务量的不断增多，仅仅通过人工手段控制存量下限的难度越来越大，容易出现人为失误。因此，企业应通过具有存量下限控制功能的计算机业务管理信息系统辅助操作人员进行仓储物的管理，同时应保证业务系统的正常使用，保证业务数据的实时反馈。另外，物流企业还应通过业务流程优化、岗位职责规划、相关业务制度的完善，保证货物入库验收、出库检验等相关业务的可靠进行。

11.3 逆向物流与废弃物物流

11.3.1 逆向物流的概念

"逆向物流"这一专业术语最早由 Stock 在 1992 年给美国物流管理协会的一份研究报告中所提出："逆向物流是指在产品的循环利用、废物的处理、有毒原料的管理中的物流；广义的逆向物流包括所有在节省原料、循环利用、调换物品、原料再次利用和处理中的所有相关物流活动。"

Kopicky 认为，逆向物流是一个概括性的术语，涉及从包装到产品的物流管理及有毒/无毒废料的处理，包括逆向配送——这将导致产品、信息沿传统物流的反方向运动。

吉恩蒂尼（Giuntini）和安戴尔（Andel）将逆向物流简单地概括为：组织对于来源于客户手中的物资的管理。

欧洲逆向物流管理协会 Revlog 认为，逆向物流是概括性的词。从广义上来说，逆向物流代表了与产品和材料重新使用相关的所有活动，对于这些活动的管理可以称为产品回收管理。这些活动从某种程度上来说，与企业内部由于产品加工而导致的产品回收有几分相似。逆向物流是为了保证可持续的（环保的）产品回收而产生的所有物流活动，包括对已用品、部件或材料进行收集、拆卸、加工。

美国逆向物流执行委员会（the Reverse Logistics Executive Council）主任 Dale S. Rogers 博士和 Ronald Tibben-Lembke 博士于 1999 年出版了第一本逆向物流著作 Going Backwards: Reverse Logistics Trends and Practices。他们根据物流管理理事会对于传统正向物流的定义，将逆向物流定义为：以资源回收和合理处理废旧物品为宗旨，基于成本效益原则，有效地计划、实施和控制从顾客消费端到原始产出点的整个动态链上原材料、库存、产成品和相关信息的流通。美国物流管理协会在 1999 年采用了 Dale S.Rogers 和 Ronald Tibben-Lembke 对逆向物流的这一定义，因此该定义成为比较通用的一个定义。

我国于 2006 年 12 月 22 日颁布的《物流术语》则将逆向物流定义为：物品从供应链下游向上游的运动所引发的物流活动，分为以下两大类。

回收物流（returned logistics）：不合格物品的返修、退货以及周转使用的包装容器从需方返回到供方所形成的物品实体流动。

废弃物物流（waste material logistics）：将经济活动中失去原有使用价值的物品，根据实际需要进行收集、分类、加工、包装、搬运、储存，并分送到专门处理场所时所形成的物品实体流动。

11.3.2 逆向物流的内涵

逆向物流的内涵可以从逆向物流的流动对象、流动目的和活动构成等方面进行说明。

从流动对象看，逆向物流是产品、产品运输容器、包装材料及相关信息，从它们的最终目的地沿着供应链渠道的"反向"流动过程。

从流动目的看，逆向物流是为了重新获得废弃产品或有缺陷产品的使用价值，或者为了对最终废弃物进行正确处理的处置。

从活动构成看，为实现逆向物流的目的，逆向物流应该包括对产品或包装物的回收、重用、翻新、改制、再生循环和垃圾填埋等形式。

尽管逆向物流涉及的范围较广，但最主要的流动还是废、次产品及包装材料从顾客、零售店向分销商或生产制造商的逆向流动。企业必须设计一个逆向物流系统，以保证这些废、次产品的回收，并保证它们的使用价值得以恢复。

11.3.3　逆向物流形成的原因

1. 逆向物流形成的社会原因

1）经济的驱动

面对日益强大的消费者群体，在以服务营销为主导思想的全球化企业经营战略中，许多公司将逆向物流看成提升竞争力的重要法宝，来自顾客和供应商的退货行为与产品召回行为使企业必须考虑逆向物流的管理问题。逆向物流在经济上的动机有两个：一个是增加废弃物处理费用，通过回收再利用，减少废弃物数量节省费用。另一个是通过将再生配件和产品卖给其他消费者或利用于生产过程，以节省原材料的费用。新开发的再利用技术，利用更少的费用加强产品和原材料的再利用，成为更有利的动机。

随着社会的发展，逆向物流的经济价值也逐渐得到显现，国外许多知名企业把逆向物流战略作为强化其竞争优势、增加顾客价值、提高其供应链绩效的重要手段。其中Cohen通过实证研究发现，如果企业使用再制造方式的话，一年可以节省40%～60%的成本。

2）环境的压力

经济全球化让各国开始密切关注环境保护问题，逆向物流越来越受到实践运营领域和管理研究领域的共同重视。随着资源枯竭的威胁加剧，垃圾处理能力日渐衰退，在众多工业化国家中，废品控制已经成为一个众人瞩目的焦点问题。因为对使用过的产品及材料的再生回收，逐渐成为企业满足消费市场需求的关键力量。一些国家在环境保护法规中强调生产企业在产品整个生命周期内的责任，或开始运用税收政策控制容易造成环境污染的产品，促使企业以"循环使用"理念取代"一次使用"的观念。而在顾客价值导向的今天，"绿环制造"已经成为市场竞争的又一招牌，消费者日益高涨的呼声要求企业最大限度地降低产品在试用期间对环境的危害作用，而且承诺对产品及其零部件的回收责任。

3）法律的压力

当前，国际社会越来越严厉的环境保护法规和污染收费制度为企业的环境行为规定了一个新的约束性标准。政府的环境立法有效地推动了企业对他们所生产产品的整个生命周期负责，而消费者生活质量的提高和对环境污染的关注更加深了这种趋势。许多国家已经强制立法，责令生产企业对产品的整个生命周期负责，并要求他们回收处理所生产的产品或包装物品等。美国议会过去的几年中引入了超过2 000个固体废品的处理法案；在欧洲，这种信息更加强烈，为了对电子废弃物进行管理，欧洲议会和欧盟理事会颁布了《关于报废电子电气设备指令》，为了减少垃圾填埋法的废品处理方式制定了包装和包装废品的指导性意见，为了处理旧汽车德国颁布了《旧汽车法》。我国也越来越重视对废旧产品的处理问题。近几年来，国家新制定出约170项环境保护国家标准和行为标准，新颁布了500多项地方性法规。国家环保部门提出的《"九五"期间全国主要污染物排放总量控制计划》和《中国跨世纪绿色工程规划》正在实施，并已逐步取得成效。

2. 逆向物流形成的具体原因

经济全球化、网络经济和电子商务的迅速发展，使得企业生产能力不断增强，营销速度加快，单位时间产品输出量增大，但与此同时也会带来一系列的问题。

1）退货问题

退货问题包括产品过期造成的退货、客户无理由退货、产品不合格导致的退货、产品运输不合理形成的退货、订单处理疏忽造成产品的重复运输及错误运输所形成的退货、产品有危害导致客户不满意的退货等。

2）产品召回问题

产品创新是许多企业追求的目标，但创新产品生产体系及生产工艺的不成熟性，增加了产品缺陷的风险。世界上许多大型企业（如 IBM、英特尔、福特等），都有过产品召回的历史。随着产品召回制度的形成，产品召回的次数和数量呈增长趋势。产品召回的过程也是逆向物流形成的过程。

3）报废产品回收问题

在市场空间争夺日益困难、显性生产成本已经很难再下降的情况下，通过报废产品的回收来进一步促使原料成本的下降，已经成为许多企业提高竞争力的下一步战略。国外许多发达国家（如日本、美国）已经从 20 世纪末开始重视报废产品的回收。我国制造业对报废产品的回收也已经开始实施。可以肯定，报废产品的回收将会成为我国企业逆向物流的主流业务。

11.3.4　逆向物流的分类

为了日后对逆向物流成本收益进行细致而有效的分析，我们有必要对逆向物流进行分类分析。当然，不同的分析角度会出现不同的分类方法，本书从逆向物流形成原因和回流物品特征等角度将其进行不同的分类。

1. 按逆向物流形成原因分类

按成因、途径和处置方式的不同，逆向物流可以被区分为投诉退货、终端使用退回、商业退回、维修退回、生产报废和副品，以及包装物等六大类别。

1）投诉退货

此类逆向物流的形成可能是由于运输差错、质量等问题，它一般在产品出售短期内发生。在通常情况下，客户服务部门会首先进行受理，确定退回原因，做出检查，最终处理的方法包括退换货、补货等。电子消费品，如手机、家用电器等通常会由于这种原因进入回流渠道。

2）终端使用退回

终端使用退回主要是经过完全使用后需要处理的产品，通常发生在产品出售之后的较长时间。终端退回可以是出于经济的考虑，最大限度地进行资产恢复，如轮胎修复等可以再生产、再循环的产品，也可能是受制于法规条例的限制，对诸如超过产品生命周期的一些白色和黑色家电等产品仍具有法律责任。

3）商业退回

商业退回是指未使用商品退回返款。例如，零售商的积压库存，包括时装、化妆品等，这些商品通过再使用、再生产、再循环或者处理，尽可能进行价值的回收。

4）维修退回

维修退回是指有缺陷或损坏的产品在销售出去后，根据售后服务承诺条款的要求，退回至制造商，它通常发生在产品生命周期的中期。典型的例子包括有缺陷的家用电器、零部件和手机。一般是由制造商进行维修处理，再通过原来的销售渠道返还用户。

5）生产报废和副品

生产过程的废品和副品，一般来说是出于经济和法规条例的原因，发生周期较短，而且并不涉及其他组织。通过再循环、再生产，生产过程中的废品和副品可以重新进入制造环节，得到再利用。生产报废和副品在药品行业和钢铁行业中普遍存在。

6）包装物

包装物的回收在实践中已经存在很久了，逆向物流的对象主要是托盘、包装袋、条板箱、器皿等，考虑经济的原因，可以将重复使用的包装材料和产品载体通过检验清洗与修复等流程进行循环利用，降低制造商的制造费用。

2. 按回流物品特征分类

按照逆向物流回流的物品特征和回流流程，可以将逆向物流分成以下三类。

1）低价值产品的物料

这种逆向物流的显著特征是它的回收市场和再使用市场通常是分离的，也就是说，这种物料回收并不一定进入原来的生产环节，而是可以作为另外一种产品的原材料投入到另一个供应链环节。从整个逆向物流过程看，它是一个开环的结构。在此类逆向物流管理中，物料供应商通常扮演着重要角色，他们将负责对物料进行回收、采用特殊设备再加工，而除了管理上的要求外，特殊设备要求的一次性投资也比较庞大。这些要求决定了物料回收环节一般是集中在一个组织。较高的固定资产投入一般都会强调规模经济的重要性，在这里也不例外。此类逆向物流对供应源的数量的敏感性非常强，另外，所供应物料的质量（如纯度等）对成本的影响比较大，因此保证供应源的数量和质量将是物流管理的重心。

2）高价值产品的零部件

这些产品主要是电子电路板、手机等。出于降低成本和获取利润等经济因素的考虑，这些价值增加空间较大的物品回收通常由制造商发起。此类逆向物流与传统的正向物流结合得最为紧密，它可以利用原有的物流网络进行物品回收，并通过再加工过程，还将进入原来的产品制造环节。在严格意义上，这才是真正的逆向物流。但是，如果进入回收市场的壁垒较低，第三方物流组织也可以介入其中。

3）可以直接再利用的产品

最明显的例子便是包装材料的回收，包括玻璃瓶、塑料包装、托盘等，它们通过检测和清洗处理等环节便可以被重新利用。此类逆向物流由于包装材料的专用性而属于闭环结构，供应时间是造成供应源质量不确定的重要因素，因而管理的重点将会放在供应物品的时点控制。例如，制定合理的激励措施进行控制，通过标准化产品识别标志简化物品检测流程。不仅如此，我们还可以看到，由于在此类逆向物流的物品回收阶段产品对管理水平和设备的要求不高，因此可以形成多个回收商分散管理的格局，由原产品制造商对这些回收商统一管理。在这种情况下，我们也可以应用供应链伙伴关系理论对他们之间的合作机制进行研究。

11.3.5　逆向物流的特点

逆向物流形成的原因有多种，由此决定了它至少有以下四个特点。

一是逆返性。逆返性是指产品或报废产品通过逆向物流渠道从消费者流向经销商或生产商。

二是对于退货或召回产品，具有价值递减性。退货或召回产品的价值递减性是指产品从消费者流向经销商或生产商，其中产生的一系列运输、仓储、处理等费用都会冲减回流产品的价值。

三是对于已报废产品，具有价值递减性。已报废产品价值递减性是指报废产品对于消费者而言、没有什么价值，随着逆向回流，报废产品在生产商终端可以实现价值再造。

四是信息传递失真性递增。信息传递失真性递增是指产品从客户流向企业的过程中、退货原因的多级传递会造成信息扭曲失真，产生"中长鞭效应"。

11.4　应急物流

11.4.1　应急物流的概念

当今世界科技发展日新月异，对自然灾害的预报已发展到相当水平，但局部的、区域性的，甚至是国家或全球范围的自然灾害、公共卫生突发事件以及大规模恐怖袭击活动时有发生，这都给社会造成了重大打击，对人类的生存和社会的发展构成了重大威胁。从中国唐山大地震到美国"9·11事件"，从SARS、禽流感到日本福岛核泄漏，再到新冠病毒疫情，人们在突发事件面前表现出的被动局面均暴露出现有的应急机制、法律法规、物资准备等多方面的不足，给世界各国都带来了巨大的教训和惨痛的记忆。

突发性公共卫生事件造成如此巨大的人员伤亡和财产损失，必然需要大量的应急物资，以解决或处理死者安葬、伤者救助、卫生防疫、灾后重建、恢复生产、恢复秩序等，否则受灾面积、人员、损失将会扩大，灾害有可能演化为灾难。

对某些自然灾害可以预报它发生的区域、强度及季节或时间（如洪水、台风等），但更多的突发性自然灾害、公共卫生事件及恐怖袭击活动（如地震、火山爆发、山洪、泥石流、大面积食物中毒、矿井安全事故、突发性传染病等）都难以预测和预报。有些灾害即使可以预报，但因预报时间和发生时间间隔太短，赈灾的应急物资难以实现其时间效应和空间效应，即难以实现其物流过程。

我们所面对的现实是严峻的，而对应急物流系统的研究尚处在起步阶段。为使突发性自然灾害和公共卫生事件造成的损失极小化，急需对应急物流系统的内涵、规律、保障机制、实现途径等系统地进行研究，进而建立一套适合我国国情的应急物流系统。

所谓应急物流系统是指为了满足突发的物流需求，非正常性地组织物品从供应地到接收地的实时流动过程。根据需要，它包括物品获得、运输、储存、装卸、搬运、包装、配送及信息处理等功能性活动。

11.4.2 应急物流的特点

应急物流是在各类突发事件中对物资、人员、资金的需求进行紧急保障的一种特殊物流活动，它具有以下特点。

1. 突发性

顾名思义，由突发事件所引起的应急物流，其最明显的特征就是突发性和不可预知性，这也是应急物流区别于一般物流的一个最明显的特征。由于应急物流的时效性要求非常高，必须在最短时间内，以最为快捷的流程和最安全的方式进行应急物流保障。这就使得运用平时的那套物流运行机制已经不能满足应急情况下的物流需求，必须要有一套应急的物流机制来组织和实现物流活动。

2. 不确定性

应急物流的不确定性，主要是由于突发事件的不确定性。人们无法准确地估计突发事件的持续时间、影响范围、强度大小等各种不可预期的因素，这使得应急物流的内容随之变得具有不确定性。例如，在2003年上半年与SARS战斗的开始阶段，人们对各类防护和医疗用品的种类、规格及数量都无法有一个确定的把握，各种防护服的规格和质量要求都是随着人们对疫情的不断了解而确定的。在其他应急物流活动中，许多意料之外的变数可能会导致额外的物流需求，甚至会使应急物流的主要任务和目标发生重大变化。例如，在抗洪应急物流进行过程中，可能会爆发大范围的疫情，使应急物流的内容发生根本性变化，由最初的对麻袋、救生器材、衣物、食物等物资的需求，变成对医疗药品等物资的需求。

3. 弱经济性

应急物流的最大特点就是一个"急"字，如果运用许多平时的物流理念，按部就班地进行就会无法满足应对紧急物流的需求。在一些重大险情或事故中，平时物流的经济效益原则将不再作为一个物流活动的中心目标加以考虑，因此应急物流的目标具有明显的弱经济性。

4. 非常规性

应急物流本着特事特办的原则，许多平时物流过程中的中间环节将被省略，整个物流流程将表现得更加紧凑，物流机构更加精干，物流行为表现出很浓的非常规色彩。例如，在军事应急物流中，在以"一切为了前线、一切为了打赢"的大前提下，必然要有一个组织精干、权责集中的机构进行统一组织指挥物流行动，以确保物流活动的协调一致和准确及时;同样在地方进行的应急物流的组织指挥,也带有明显的行政性或强制性色彩。例如,在1998年的抗洪抢险战斗中,庐山站作为九江地区抗洪最前线的卸载站,承担了324辆列车的卸载任务,列车卸载最短时间仅为20 min,超过其卸载能力的一倍。当然,这种行政性和强制性与普通意义上的行政干预是不同的,前者是由专业化的物流组织机构组织的,是应急物流目标实现的一个重要保证,而后者可能会取得适得其反的结果。

5. 应急物流需求的事后选择性

由于应急物流的突发性和随机性,决定了应急物流的供给不可能像一般的企业内部物流或供应链物流,根据客户的订单或需求提供产品或服务。应急物流供给是在物流需求产生后,在极短的时间内在全社会调集所需的应急物资。

6. 流量的不均衡性

应急物流的突发性决定了应急物流系统必须能够将大量的应急物资在极短的时间内进行快速的运送。

7. 时间约束的紧迫性

应急物资多是为抢险救灾之用,事关生命、事关全局。应急物流速度的快慢直接决定了突发事件所造成的危害的强弱。

8. 社会公益性

在应急物流中社会公共事业物流多于企业物流,因此经济效益的重要性位于社会效益之后。

11.4.3 应急物流系统的结构

为了加快信息的交换速度,提高工作效率,将"减少组织层次,明确部门职能"作为应急物流系统部门设置的基本思想。应急物流系统可分为两部分:一是系统本部,二是加盟物流中心、物流企业(图11-7)。

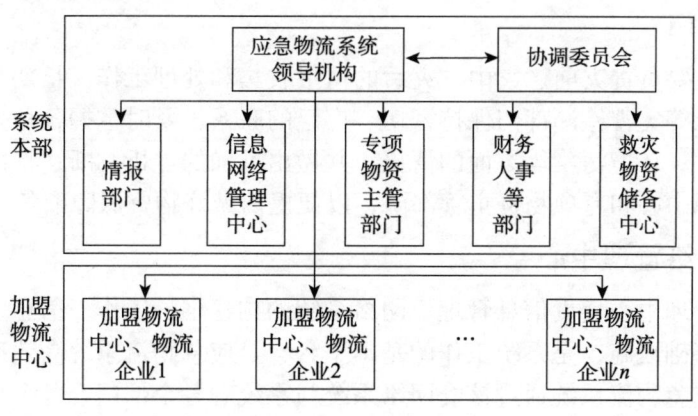

图 11-7 应急物流系统组织结构

1. 系统本部

系统本部是整个系统的枢纽，是平时的业务指导机构和灾时的指挥协调机构，本身并不进行物资采购、储存、运输、配送等具体业务。它的主要工作是通过各业务部门指导各加盟物流中心、物流企业和救灾物资储备中心解决采购什么、储备什么、输送什么、何时送、送到哪、发给谁等问题。使整个应急物流系统"有序、高效、实时、精确"。

2. 加盟物流中心、物流企业

各加盟物流中心、物流企业是应急物流系统物资保障的具体执行机构。根据应急物流系统分配的任务，利用自身的业务优势、技术优势筹集、储备、配送救灾物资，以最快的速度，保质保量地将救灾物资送到灾区、灾民手中。

11.4.4 应急物流系统的主要组成部分及职能

1. 应急物流系统领导机构

应急物流系统领导机构负责应急物流系统平时和救灾时期的组织领导工作。对上向主管的政府部门和该地区政府首脑负责并汇报工作，对下负责整个应急物流系统的组织管理工作，保证系统在平时及灾时的正常运转。

2. 协调委员会

协调委员会是应急物流系统平时、灾时工作的协调机构，也可起智囊团的作用，协助领导机构保持应急物流系统的高效运转。协调委员会成员由两部分组成：一是政府相关部门领导成员。其职责是给系统提供各种有用信息，对系统工作进行协调，在必要时利用行政职权支持系统工作，保证系统平时和灾时的各项工作能顺利进行。二是各加盟物流中心、物流企业的领导人员。这些人员对物流行业非常了解，是物流行业中的权威和专业人士。其职责是协助领导层进行决策，对各种应急方案进行审议，协助设计合理的运作流程，在救灾时期协助物资应急保障的协调工作。为了保证各加盟物流中心对系统工作的绝对支持和救灾时期物资应急保障的可靠性，各加盟物流中心、物流企业的领导必须是协调委员会的主要成员。

3. 情报部门

情报部门主要负责灾前、灾中、灾后的情报收集和处理工作。长期与地震、气象、卫生防疫、环保等灾害检测部门保持密切、广泛的联系，及时掌握各种自然灾害、公共卫生、生产事故、环境污染等方面的情报，并做出准确的分析判断，将信息提供给系统的信息网络管理中心和专项物资主管部门，以便提前做好物资保障准备。

4. 信息网络管理中心

信息网络管理中心负责信息管理、网络系统的构建维护工作。信息、网络系统是应急物流系统的基础设施，是系统工作的基本平台，是应急物流系统高效率、灵活性、可靠性的保证。应急物流系统通过该套网络系统与系统的各个部门、各个加盟的物流中心网络、信息系统进行连接，以便系统各专项物资管理部门了解各个物流公司的设备情况、人员情况、运营情况、运输能力、库房容量、主要业务等。在平时与公司间建立密切的联系，掌握公司的动向，指导其完善应急设施等。在应急情况下根据各物流企业的特点，合理安排好救灾物资的筹集、采购、流通、配送等各项工作。应急物流系统的网络管理系统的建设工作是系统工作的重点，系统能否在突发性自然灾害和公共卫生事件中发挥应有的作用，全在于该系统的灵活性与可靠性。因此，网络管理系统的建设不仅仅是指软、硬件或网络的建设，更重要的是信息获取、处理的能力和通过信息对业务的调控等能力。例如，根据地震、气象、卫生等部门提供的信息能够预测救灾物资的种类和数量情况的能力，掌握自身资源的信息，以及形成优化解决方案的能力，监控流程的动态信息以进行实时调整的控制能力等。网络信息系统的优势应该以上述能力为基础，以解决实际问题为标准。

5. 专项物资主管部门

专项物资主管部门主要负责单项物资的预算、预测和筹备工作，可分为医药类、食品类、被装类等主管部门。在收到情报部门或者其他可靠的灾情信息之后，指导相应的医药、食品、被装等物流中心预先做好物资的筹集、采购工作，以保证在灾情爆发或进入扩大阶段以前，便已有了充分的物资准备，可以在最短的时间内将应急物资送到灾区、灾民手中。

6. 各加盟物流中心、物流企业

加盟的物流中心是应急物流系统得以成功运作的基础，是应急物流系统各项保障业务的具体执行机构。平时各自自主经营，进行正常的商业活动，在应急物流中心的指导下，完善应急设施，制定应急方案，并根据情况做好救灾物资的在库管理。灾害发生后，在应急物流系统的领导和指挥下做好应急物资保障工作。

7. 救灾物资储备中心

为了加强自然灾害和重大事故的救助能力，许多省市都建有救灾物资储备中心，专门用于储备救灾物资。救灾物资储备中心的建立，对于提高为重特大自然灾害和事故提供救灾物资紧急援助的能力、提高抗灾救灾水平、保障灾民的基本生活、维护社会的稳定意义重大。作为一个综合性应急物流系统，建立这样一个直属的物资储备中心是很重要也很必要的。救灾物资储备中心的主要职能包括三方面：一是负责本地区（或上级代储）救灾物资采购、储存、调拨、使用、回收、维修、报废等环节的管理工作；二是保障本地区紧急救助物资按质按量供应；三是围绕救灾物资的储备功能，开展综合经营业务。根据这些职能，物资的储备具体包括三个层次：一是救灾物资的储存管理；二是协同应急物流中心做好救灾物资的调拨；三是救灾物资的使用和回收。

11.4.5 应急物流系统的保障机制

建立应急物流系统保障机制的目的在于使应急物流的物流充裕、载体通畅、流向正确、流量理想、流程简洁、流速快捷，使应急物资能快捷、及时、准确地到达事发地。

1. 政府协调机制

紧急状态下处理突发性自然灾害和公共卫生事件的关键在于：政府对各种国际资源、国家资源、地区资源、地区周边资源的有效协调、动员和调用；及时提出解决应急事件的处理意见、措施或指示；组织筹集、调拨应急物资；采取一切措施和办法协调、疏导或消除不利于灾害处理的人为因素和非人为障碍。

政府协调机制可通过突发性自然灾害和公共卫生事件协调处理机构来实施，国家可以通过法律、法规形式给这些机构特定的权利和资源，并建立从中央政府到地方政府相应的专门机构、人员和运作系统。

2. 全员动员机制

动员是一项民众广泛参与，依靠民众自己的力量，实现特定社会发展目标的群众性活动。它以民众的需求为基础，以社会参与为原则，以自我完善为手段。应急物流中的全民动员机制可通过传媒、通信等技术手段告知民众受灾时间、地点，受灾种类、范围，救灾的困难与进展，民众参与赈灾的方式、途径等。

3. 法律保障机制

从世界范围看，在应对突发性自然灾害的时候，国家相关法律法规起着重要作用。一方面，相关法律可以保障在特殊时期、特殊地点、特殊人群的秩序和公正；另一方面，可以规范普通民众和特殊人群在非常时期的权利与义务、可为与不可为。应急物流中的法律保障机制实际上是一种强制性动员机制，也是一种强制性保障机制。例如，在发生突发性自然灾害和公共卫生事件时，政府有权有偿或无偿征用民用建筑、工厂、交通运输线、车辆、物资等，以解救灾之需。许多国家都制定了上述功能的法律法规，如美国的《国家紧急状态法》、俄罗斯的《联邦公民卫生流行病防疫法》、韩国的《传染病预防法》等。

4. "绿色通道"机制

在重大灾害发生及救灾时期，建立地区间、国家间的"绿色通道"机制，即建立并开通一条或者多条应急保障专用通道或程序，可有效简化作业周期和提高速度，以方便快捷的方式通过海关、机场、边防检查站、地区间检查站等，让应急物资、抢险救灾人员及时、准确地到达受灾地区，从而提高应急物流效率，缩短应急物流时间，最大限度地减少生命财产的损失。"绿色通道"机制可通过国际组织，如国际红十字会，还可通过相关政府或地区政府协议实现，还可通过与此相关的国际法、国家或地区制定的法律法规对"绿色通道"的实施办法、实施步骤、实施时间、实施范围进行法律约束。

11.4.6 应急物流现状和发展措施

1. 我国应急物流现状

应急物流体系的完善和发达程度，直接影响和决定着应急物资的保障能力。我国应急物流体系建设问题表现为以下三个方面。

1）基础设施建设相对滞后

骨干运输通道能力不足，铁路网络结构薄弱，民航支线机场数量缺乏，公路通达度与衔接度明显不足，内河航道等级偏低等。东、中、西三大地带交通设施依次弱化，部分区域运网稀疏。此外，应急物流信息网络不够完善，信息传递不及时，缺乏信息发布和共享平台。

2）组织机制不健全

各类应急物资的采购、运输、储存、调拨、配送、回收等职能分散在不同部门、地区和企业，尚未形成中央有关部门之间、中央与地方之间，以及中央、地方和有关企业之间联动的组织机制。应急物流组织更多为临时性的，彼此间缺乏有效协调、沟通和整合，缺乏系统性和预见性，组织效率不高。

3）应急物资储备系统不合理

一是救灾储备中心布局不合理。从物流合理化角度看，救灾储备中心应尽可能靠近受灾地区，以对灾情做出快速响应。二是救灾物资储备分散于各部门，物资保障成本较高。三是救灾物资供需失衡。我国救灾物资捐赠基本属于应急捐赠，而社会捐助物资很容易出现种类、时间上的供需失衡，以及救援初期易出现应急物资缺乏而后期物资超常饱和，造成供应过多、浪费严重等问题。

2. 未来发展措施

随着应急物流在救灾抢险中作用的不断突出，以及国家和民众防灾避险意识的增强，我国应急物流体系从运输、信息、储备等基础设施到管理等都有了明确的发展方向。

1）完善网络化、立体化交通运输系统

重点投资和建设交通运输薄弱环节，构建网络化交通运输线。交通运输线路与线路之间要纵向到底、横向到边，既有直达线路，又有迂回线路，保证应急交通运输线路全时畅通。建立公路、铁路、航空、水路多维立体的运输网络，确保一种方式中断时，其他方式能及时补充。

2）重视应急物流信息系统建设

一要加强对应急物流信息平台的建设。这是因为全社会应急物资来源广泛，涉及层面多，活动环节多，各类信息都要依靠共用的应急物流信息平台传递。二要使应急物流信息传递方式先进、稳定。由于应急物资的刚性需求，必须确保应急物流信息传递手段比常态下的信息传递方式更为先进、稳定和更具抗干扰能力。

3）大力整合应急物流资源

有意识地对应急物流资源或物流功能进行规划、配置、重新组合和取舍，对分散的物流资源进行综合利用，对相关功能进行协调与集成，对物流管理与运作实施重组与优化、提升组织能力与服务水平，实现对应急物资的运输、仓储、包装、装卸搬运、流通加工、配送和物流信息等功能环节的有效集成或协作。

4）提升应急物流运作能力

在全国建立适当数量的应急物流中心，形成高效的应急物流配送系统。选择在区域的中心地区建设专业应急物流中心或配送中心，保障应对区域内突发事件，并对相邻区域做好后备和支援。利用社会资源，以市场化方式与具备条件的国内大型专业物流企业签订协议，明确其在遇到紧急情况时启动应急物流运作。

11.5 第三方物流

第三方物流兴起于20世纪80年代末90年代初，由于外包（outsourcing）成为工商企业的重要发展方向，企业越来越重视集中自己的主要资源和业务，而把其他资源和业务外部化，第三方物流因其在专业技术和综合管理方面的显著优势得到了迅速的发展。

11.5.1 第三方物流的概念

第三方物流（third-party logistics，TPL），是由物流业务的供方和需方之外的第三方去承担的物流。因为它常常以物流外包合同的形式进行操作，因此有时又被称作合同物流（constract logistics）、物流外包（logistics outsourcing）。又因为第三方物流公司一般是比较专业化的物流公司，能够承担全部的物流服务，所以有时又被称为全方位物流公司（full-service distribution company，FS-DC）、物流联盟（logistics alliance）。

第三方物流是第三方物流服务提供者在特定的时间段内按照特定的价格向使用者提供的个性化的系列物流服务。这种物流服务是建立在现代电子信息技术基础上的，企业之间是联盟关系。第三方物流服务业这一称呼中所谓的"第三方"，是相对于"第一方"托运人和"第二方"收货人而言的。它是通过与第一方或第二方，或者与这两方合作，承包提供其专业化的物流服务。于是，第三方物流服务业可以理解为：本身不拥有货物，而是为其外部客户的物流作业提供管理、控制和专业化作业服务的公司和企业。第三方物流有别于传统的外包物流，传统的外包物流只限于一项或一系列分散的物流功能，如运输公司提供的运输服务、仓储公司提供的仓储服务；第三方物流服务则根据合同条款规定而不是根据临时需求的要求，提供多功能甚至全方位的物流服务。

11.5.2 第三方物流企业的类型

按提供服务的种类划分，第三方物流企业有资产型、管理型和综合型三种基本类型。资产型第三方物流公司主要通过运用自己的资产来提供专业的服务。管理型第三方物流公司主要提供物流规划与策划、物流管理咨询服务等。综合型第三方物流公司则兼具以上两种公司所具有的能力，既能够提供管理咨询，又拥有必要的物流设施装备系统，能够承担各种物流业务。

按物流业务划分，有综合性物流公司和各种专业性物流公司。综合性物流公司能够提供运输、储存、包装、装卸、流通加工、物流信息、物流管理等各种物流服务。专业性物流公司只能提供某一种或者几种物流服务，如运输公司、仓储公司、搬运公司、物流管理咨询公司等。

11.5.3 第三方物流的产生和发展

第三方物流的产生可以说是社会分工的必然结果。社会生产和流通的分工，形成了生产企业和运输、储存等传统物流企业。一般地，生产企业既搞生产又搞物流，这时是以自营物流为主，也有少量的外包。物流企业则是靠承包一些社会物流业务而生存。这个时候没有"物流外包""第三方物流"的概念，其原因一是"外包"没有成为一种潮流，二是"外包"没有体现出一种效益源泉。当时物流企业的效益，主要是由它们承担的运输、储存等业务本身带来的，而"外包"这种机制并没有给企业带来明显的效益，因此也就没有引起人们的注意。

进入 20 世纪 90 年代后，市场竞争非常激烈。企业在激烈竞争面前，不得不集中企业的资金、人力、物力，并将其投入核心业务上，努力提高其核心竞争力，取得市场竞争的优势，保证企业的生存和发展。生产企业的核心竞争力就是生产，物流业务对于它们来说，一是物流量不算太大，二是高投资、高成本，所以它们觉得自己营运不如外包给一些物流企业更合算，成本更低，质量更高。而恰好物流企业也在集中资金、人力、物力发展自己的核心竞争力，它们的核心竞争力就是物流管理和操作。它们由于增强了物流能力，所以愿意承包各个企业的物流业务。正是由于一方面物流业务的需求方愿意外包物流，另一方面物流业务的提供方愿意承包物流业务，所以第三方物流服务业也就应运而生了。

第三方物流运行的良好效益，促进了第三方物流的立足与发展。物流服务的需求方外包自己的物流业务，大大降低了成本，省去了对于仓库、车队的高额投资。专业化的第三方物流公司的物流业务水平，比它们自己的营运物流业务水平高，这同样增加了它们外包物流的积极性。而第三方物流企业自身也通过承包物流业务，扩大了业务规模，充分利用了设备资源，提高了效益和竞争能力，也增强了办好第三方物流的积极性，并以其专业化、高效化、一体化的服务给全球经济的发展带来了强大的推动力。

信息技术的发展是第三方物流出现的必要条件。信息技术实现了数据的快速、准确传递，提高了仓库管理、装卸运输、采购、订货、配送发运、订单处理的自动化水平，使订货、包装、保管、运输、流通、加工实现一体化；企业可以更方便地使用信息技术与物流企业进行交流和协作，企业间的协调与合作有可能在短时间内迅速完成；同时，电脑软件的飞速发展，使混杂在其他业务中的物流活动的成本能被精确计算，还能有效管理物流渠道中的商流，这就使企业有可能把原来在内部完成的作业交由第三方物流公司运作。用于支撑第三方物流的信息技术有：实现信息快速交换的 EDI 技术、实现资金快速支付的 EFT 技术、实现信息快速输入的条形码技术和实现网上交易的电子商务技术等。

随着经济自由化和贸易全球化的发展，物流领域的政策不断放宽，同时也导致物流企业自身竞争的激化，物流企业不断地拓展服务内涵和外延，这也加速了第三方物流的出现。

同时，第三方物流的产生也是新型管理理念的要求。进入 20 世纪 90 年代后，信息技术的高速发展与社会分工的进一步细化，推动着管理方式的迅速变化，由此产生了供应链、虚拟企业等一系列强调外部协调和合作的新型管理理念，既增加了物流活动的复杂性，又对物流活动提出了零库存、准时制、快速反应、有效的顾客反应等更高的要求，使一般企业很难承担此类业务，由此产生了专业化物流服务的需求。第三方物流的思想正是为满足这种需求而产生的。它的出现一方面迎合了个性需求时代企业之间专业合作不断变化的要求，另一方面实现了进出物流的整合，提高了物流服务质量，加强了对供应链的全面控制和协调，促进了供应链的整体发展和提升。

某些国家，尤其是英国，零售供应系统的结构调整，促进了合同物流的采用。大的零售商已极大地增加了对采购物流的控制，并把它的日常管理外包给第三方物流企业。1997年，英国主要的零售商已控制了94%的工程配送（从配送中心到商店），将近47%的配送是外协的。零售供应链的"快速反应"（QR）压力，导致了运送的频率增加和订单规模减小，这也迫使供应商必须加大利用外包物流的力度，以分享服务的形式减少成本。在某些行业，如汽车和电子行业，由于广泛使用原材料"零库存"供应，也对第三方集运服务产生迫切需求。

在美国，第三方物流业被认为处于产品生命周期的成长期；在欧洲，尤其在英国，第三方物流市场有一定的成熟程度。在欧洲，目前使用第三方物流服务的比例约为76%；在美国约为58%，且其需求仍然在增长。同样的研究表明，欧洲24%和美国33%的非第三方物流用户正积极考虑使用第三方物流；欧洲62%和美国72%的第三方物流用户认为他们有可能在3年内增加对第三方物流的使用。随着对第三方物流服务需求的增加，第三方物流的供给也有相应地增加。有学者指出第三方物流供给的年增长率在20%～50%。

就世界范围而言，全世界的第三方物流市场具有潜力大、渐进性和高增长率的特征。这种状况使其可能拥有大量由不同背景发展起来的提供特色服务的物流服务提供者。在美国，目前有400多家第三方物流供应商，其中大多数公司并不是一开始就是第三方物流公司，而是逐渐发展进入该行业的。大多数第三方物流公司是以传统的"类物流"业，如仓储业、运输业、空运、海运、货代、公司物流部等为起点发展起来的。

在国际物流方面也有类似的物流服务外部化趋势。制造商的国际运输与产品配送对合同物流供应商的依赖性很大。荷兰国际配送协会（Holland International Distribution Council, HIDC）的调查表明，美国、日本、韩国等国家有2/3的欧洲配送中心是由第三方物流公司管理的。

11.5.4 第三方物流的基本特征和优势

1. 第三方物流的基本特征

（1）合同承包。第三方物流最显著的特征就是合同承包，即完全依据双方共同指定的承包合同的规定来承担指定的物流业务。承包合同规定了服务内容、服务时间、服务价格等，规定了承包和被承包双方的责任和义务。合同期满，承包业务关系就结束。

（2）个性化服务。第三方物流服务是面向一个个具体企业的承包物流业务，企业不同，业务的具体内容就不同。因此要求第三方物流服务应按客户的业务流程定制，体现个性化的物流服务理念。

（3）多样性、复杂性、随机性。第三方物流因为面向所有企业，所以业务种类多，就必然复杂，在时间上是随机发生、随机结束的。因此第三方物流企业必须具有能够承担各种业务、应付各种复杂局面的能力。

（4）规模化、专业化。第三方物流公司一般要承包很多客户的物流业务。实际上是面对整个物流市场提供服务。因此能够容易达到较大的业务规模，取得规模效益。

（5）信息化、科技化。在网络经济时代和信息技术高度发展的今天，市场竞争非常激烈，第三方物流企业只有运用现代信息技术及时地与客户交流和协作，才能够赢得客户、赢得市场，才能生存和发展。

2. 第三方物流的优势

第三方物流概念的提出可以说是物流业的一次革命，因为它有着很多传统物流无法比拟的优势，主要表现在以下八个方面。

第一，可以集中核心业务，发挥核心竞争力的作用。企业可以实现资源的优化配置，将有限的人力、物力和财力集中于核心业务，进行重点研究，发展基本技术，开发新产品，参与世界竞争。

第二，可以统筹运作，协调配合。第三方物流的客户多，市场范围广，规模大，可以将其承包的所有物流业务，在较大的范围内实行统筹运作、协调配合，这样可以在较大的范围内充分利用资源、节省运力、节省费用、降低成本。

第三，可以减少库存。企业不能承担多种原料和产品库存的无限增长，尤其是高价值的部件要被及时送往装配点，实现零库存，以保证库存的最小量。第三方物流服务提供者经过对物流程序的精心策划，可以最大限度地减少库存，改善企业的现金流量，实现成本优势。

第四，可以提高企业形象。第三方物流服务提供者与顾客是战略伙伴关系，他们为顾客着想，通过全球性的信息网络使顾客的供应链管理完全透明化，顾客随时可以通过互联网了解供应链的情况；第三方物流服务提供者利用完备的设施和训练有素的员工对整个供应链实现完全的控制，减少物流的复杂性；他们通过全球化的运输网络所提供的服务大大缩短了交货日期，帮助顾客改进服务，树立自己的品牌形象。

第五，规模优势。第三方物流大多是多客户运作，形成的规模优势将大大提高资源设备的利用率，提高专业化水平和工作效率，大大降低物流成本。

第六，专业化优势。第三方物流企业的核心竞争力，除了信息优势和规模优势以外，还能为客户提供高水平的运作技能。这种技能包括将客户业务与整个物流系统综合起来进行分析、设计的能力；采用专用设备、专用工具进行运输、储存的能力；先进的装卸能力；先进的自动识别、自动分拣技术等。这些专业化的技术能力将大大提高物流管理效率，降低物流成本，这是一般的非第三方物流企业难以达到的。

第七，信息优势。第三方物流企业面向整个物流市场，能够比较及时、全面地了解掌握物流市场的信息。它们一般都建立了基于互联网的计算机信息网络系统，因此信息收集快，处理速度快，给物流作业及用户查询提供了方便的条件，大大提高了工作效率和用户服务水平。

第八,服务优势。第三方物流具有基于互联网的计算机信息网络,因此有很好的客户关系处理能力,顾客可以在网上下订单,第三方物流企业可以随时接受客户询问和查询,可以根据顾客的要求和客户的特点"度身定制"物流服务。

11.5.5 第三方物流服务提供商的选择与评价

1. 第三方物流服务提供商的选择过程

第三方物流与企业的关系,体现在彼此合作的原则上,就是要成功地选择合适的第三方物流服务商。这个选择过程可归纳为以下五个步骤。

1)物流外包需求分析

这是制定外包策略的基础。在决定是否选择第三方物流服务时,首先应该对企业本身的物流过程进行分析,以确定当前的优势和存在的问题,从而明确物流外包活动的必要性与可行性。由于大多数第三方物流决策对企业目标的实现关系重大,所以通常对物流外包的需求分析需要花费较长时间。

2)确立物流外包目标

确立物流外包目标是选择第三方物流服务供应商的指南。应该根据企业的物流服务需求的特点确定选择的目标体系,并有效地抓住几个关键目标,这也是后面企业对第三方物流服务供应商绩效考核的主要依据。

3)制定物流服务供应商的评价准则

在选择物流服务供应商时,必须制定科学、合理的评估标准。目前企业在选择物流服务供应商时主要从物流服务的质量、成本、效率与可靠性等方面考虑。此外,由于第三方物流服务供应商与企业是长期的战略伙伴关系,因此,考核第三方物流供应商时,企业也非常关注降低风险和提高服务能力的指标,如经营管理水平、财务状况、运作柔性、客户服务能力和发展能力。

4)物流服务供应商的综合评价与选择

有效的评价方法是正确选择第三方物流服务供应商的前提,应该采用合理、有效的评价方法进行综合评价,保证选择结果的科学性。首先要根据评价准则初步选出符合条件的候选供应商,注意控制在可管理的数量之内,其次采用科学、有效的方法,如层次分析法、模糊综合评判法、仿真等方法进行综合分析评价,通过这些评价方法可以确定2~3家分值靠前的供应商。要确定最终的第三方物流服务供应商,还需要注意企业与供应商的共同参与,以保证所获取数据及资料的正确性、可靠性,并对物流服务供应商进行实地考察。最后对各供应商提供的方案进行比较权衡,从而做出最终的选择。

5)关系的实施

经过对供应商的考核评价,并做出选择后,双方应就有关方面起草并签订合同,建立长期的战略合作伙伴关系。

2. 第三方物流服务的控制

物流服务项目的控制是以成本和效益为基础的,对物流服务的提供方而言,控制的目标包括三个方面。

（1）物流配送系统必须以精确的时间、准确的地点以及优质的服务方式满足客户的要求。

（2）物流配送系统的运作必须以不断降低存货水平为前提，而计划、生产、物流的重新组合可以减少周转时间。

（3）物流配送系统必须保证低成本和高效率地运作。

第三方物流提供者对物流配送系统的合理控制对被服务企业的物流管理十分重要。控制系统必须建立以下考评指标：①准时发货率；②准时交货率；③提货准确率；④订货完成率；⑤产品线完成率；⑥库存准确率；⑦缺货损失；⑧每公里成本；⑨货物进库时间；⑩仓储运营成本。

3. 第三方物流的发展趋势

第三方物流的发展趋势将主要表现在两个方面：一是第三方物流将进一步发展壮大、成熟完善，所涉及的层面将更加广泛，这主要是指第三方物流服务业将会优化整条物流供应链，大力发展信息技术和通信技术，建立战略联盟合作伙伴关系，组织高效率的物流作业网络，以及网罗高素质的物流专业人才；二是随着第三方物流的逐步发展，其系统复杂性也将逐步提高，这将会导致第三方物流的某些领域的分化，但是这种分化不是第三方物流的灭亡，而是第三方物流成熟的标志。

首先，第三方物流将进一步发展壮大，成熟完善，特别是中国的第三方物流业，现在还有很大的发展空间，中国第三方物流企业无论是数量还是实力，都会有新的发展。对第三方物流服务提供者来说，不仅要做大做强、优化物流系统的每一个环节，而且要优化整条物流供应链。例如，运输服务无疑是物流供应链中最重要的一个环节。但是，自从集装箱运输在全球范围内大规模地普及以来，平均运费已下降50%左右，在个别贸易领域下跌幅度更大。在这种情况下，如果从第三方物流服务提供者的角度出发，转向优化整条物流供应链。例如，可以帮助客户实现零库存管理、降低仓储保管费、进行流通加工、提供各种增值服务等，就可以创造新的利润源泉。

其次，现代物流作业过程具有环节复杂、层次繁多、收发信息量大、技术性要求高等特点。对于跨国运作来说，各种物流信息是伴随着国际物流作业活动的展开而产生并瞬间消失的。因此，第三方物流服务提供者必须准确、及时、高效地捕捉各种信息并进行处理，才能科学地指导现代物流的高效运转。

再次，无论是发货人还是收货人，现代物流服务的顾客都希望用一个计算机接口、一个联系界面、一份合同和一套单据，便能解决所有的问题。顾客的这种要求迫使任何一家第三方物流服务提供者都不得不与其他物流公司建立战略联盟合作伙伴关系，以提高物流作业效率和扩大其物流服务范围。

最后，随着第三方物流的不断发展与完善，其复杂性也逐渐加大，使得任何一家第三方物流企业都无法高效地完成其业务，从而第三方物流内的某些领域由于其重要性或高度完善性，将有可能独立发展，成为第三方物流的一个重要分支。例如，随着运筹学方法在物流技术应用中的提高，可能使第三方物流在配送领域独立出来，成为专门的配送中心。目前，已有第四、第五方物流概念的提出，但这一趋势并不代表第三方物流的消亡，而是其成熟的标志。

课后习题

1. 电子商务是指整个贸易活动实现_____，买卖双方不见面即可进行各种商贸活动。
2. 电子商务的核心内容是商品交易，而商品交易涉及四个方面，即商流、资金流、信息流、_____。
3. 在电子商务环境下，_____成为物流业的主要组织形式。
4. 运输分为一次运输和二次运输。综合物流中心之间的运输指的是_____。
5. 从某种程度上说，电子商务时代的物流方式就是_____方式。
6. 电子商务对采购有哪些影响？
7. 物流企业为金融机构提供的服务主要是在融资业务中对_____的监管，有助于降低银行风险。
8. 狭义的物流金融服务是指物流供应商基于专业化的物流服务和信息平台向客户提供的_____融资服务。
9. 物流金融服务中，_____成为连接客户与金融机构的桥梁。
10. 物流金融运作模式中，_____模式是第三方物流企业与金融机构（如银行）合作共同提供物流金融服务的模式。
11. 物流金融服务的内容包括物流融资与结算服务、保险服务、_____。
12. 物流金融服务的共性风险有哪些？
13. 我国的《物流术语》则将逆向物流定义为：物品从供应链下游向上游的运动所引发的物流活动，分为回收物流和_____两大类。
14. 逆向物流形成的社会原因包括经济的驱动、_____和法律的压力。
15. 逆向物流形成的具体原因包括_____、产品召回问题和报废产品回收问题。
16. 逆向物流按照_____进行分类，可以分为投诉退货、终端使用退回、商业退回、维修退回、生产报废与副品，以及包装物等六大类别。
17. 逆向物流的特点有哪些？
18. 第三方物流兴起_____服务的发展，企业越来越重视集中自己的主要资源和业务，而把其他资源和业务外部化。
19. 按提供服务的种类划分，第三方物流企业有资产型、_____和综合型三种基本类型。
20. 第三方物流最显著的特征就是_____，即完全依据双方达成的合同的规定来承担指定的物流业务。

参考文献

[1] 董千里，等. 物流运作管理[M]. 2 版. 北京：北京大学出版社，2015.
[2] 王晓光，等. 现代物流学[M]. 2 版. 北京：电子工业出版社，2015.
[3] 段伟常，梁超杰. 供应链金融[M]. 北京：电子工业出版社，2019.
[4] 李学工. 冷链物流策划实务[M]. 北京：清华大学出版社，2019.
[5] 施先亮. 智慧物流与现代供应链[M]. 北京：机械工业出版社，2020.

教师服务

感谢您选用清华大学出版社的教材！为了更好地服务教学，我们为授课教师提供本书的教学辅助资源，以及本学科重点教材信息。请您扫码获取。

≫ 教辅获取

本书教辅资源，授课教师扫码获取

≫ 样书赠送

物流与供应链管理类重点教材，教师扫码获取样书

清华大学出版社

E-mail: tupfuwu@163.com
电话：010-83470332 / 83470142
地址：北京市海淀区双清路学研大厦 B 座 509

网址：http://www.tup.com.cn/
传真：8610-83470107
邮编：100084